苏霍姆林斯基教育学 上

——新教育实验网络师范学院原课程教材

魏智渊/编著

SUHUOMULINSIJI JIAOYU XUE（SHANG）

漓江出版社
·桂林·

图书在版编目（CIP）数据

苏霍姆林斯基教育学．上 / 魏智渊编著．—2 版．—桂林：漓江出版社，2021.3（2023.8 重印）
新教育实验网络师范学院原课程教材
ISBN 978-7-5407-9027-1

Ⅰ．①苏…　Ⅱ．①魏…　Ⅲ．①苏霍姆林斯基（Suhomlinskii, Vasilii Aleksanlrovich 1918–1970）—教育理论—师范大学—教材　Ⅳ．① G40-095.12

中国版本图书馆 CIP 数据核字（2021）第 021399 号

苏霍姆林斯基教育学（上）

——新教育实验网络师范学院原课程教材

编 著 者　魏智渊

出 版 人　刘迪才
策划组稿　文龙玉
责任编辑　章勤璐
封面设计　石绍康
责任监印　黄菲菲

出版发行　漓江出版社有限公司
社　　址　广西桂林市南环路 22 号
邮　　编　541002
发行电话　010-85891290　0773-2582200
邮购热线　0773-2582200
网　　址　www.lijiangbooks.com
微信公众号　lijiangpress

印　　制　大厂回族自治县聚鑫印刷有限公司
开　　本　710 mm × 960 mm　1/16
印　　张　19
字　　数　310 千字
版　　次　2021 年 3 月第 2 版
印　　次　2023 年 8 月第 2 次印刷
书　　号　ISBN 978-7-5407-9027-1
定　　价　39.80 元

目　录

第二章 智力

第三章　丰富多彩的校园精神生活

苏霍姆林斯基的教育学循环（代序）

——写在网师课程“给教师的建议”[①] 之始

干国祥

一

任何一个伟大的心灵，他的思想总是带有全息性质的。即他的视野几乎会触及人类灵魂的所有角落，他几乎思考过所有人类智力领域的重大问题。也因此，每一个阅读者往往能够很容易地发现自己原本就感兴趣的一些东西。于是，有人在苏霍姆林斯基的教育著作中，读到了“爱心”，有人则读到了“童心”，还有人读到了“课外阅读至高无上的重要性”……当然还可能是“爱母亲”“爱社会主义祖国”“集体教育”，等等。

也就是说，我们总是在那些大教育家的著作中，发现我们思想中原来就有的一种倾向，并通过这种阅读强化了我们自己这种思想的倾向性。简言之，我们总是能够，甚至往往只能够读到我们能够读到的。这就是所谓仁者见仁，智者见智——如果没有对话，仁者将难以见到智，智者将难以见到仁。人的“前有”和“前见”，既帮助我们发现一些东西，也在无形之中过滤了另外一些东西。有时候，可能过滤掉的那些东西，恰恰对原作者来说，是更为根本的（虽然我们获得的那些确实曾启发了我们，让我们受益无穷）。

研读苏霍姆林斯基，我们首先要认识到他作为一个教育实践家的全面性，即在苏霍姆林斯基那里，教育实践是居于第一位的，而教育实践并不是某种思想理论的落实，而是一桩与生命同样复杂的事物。在这里，理论总是灰色的，而教育实践的生命之树常青。也就是说，几乎没有一种理论可以阐明全息的教育事实。而理论与思想，只是实践过程中的有机成分，

① 新教育实验网络师范学院从2009年开设给教师的建议课程，后改名为苏霍姆林斯基教育学课程。

对教育实践家而言，并不存在高于事实本身的理论。

但另外一方面，我们也必须承认，总有一些因素，是居于苏霍姆林斯基教育的核心的——我说的是核心，而不是上位。核心是居于内部的直接起决定作用的，上位是居于外部的或带有前提性质的。譬如我们可以说，爱社会主义祖国（苏联）对当时的苏霍姆林斯基来说，就是一个外部的上位概念，属于他不可探讨的前提领域，属于他教育政治思想的前提性事实，但是我们可以说，决定他教育思想与实践的卓越的却并不是这个概念。我们同样可以说，教师的“爱心”虽然是一个绝不可少的前提，但是同样并不是他卓越教育思想的核心。因为这一因素既不能把他的创造性同其他人的思想区分开来，也并不能必然地把所有具有遵循热爱学生原则的教师，带到卓越的教育境界。

在承认理解永远是一种“偏见”（即带有见仁见智的局限）的同时，我们还得承认，偏见是我们走向真理的唯一道路——如果它能够把自己放进一个对话的场中的话。

所以，我们也愿意把自己的想法提出来，作为一种意识到前面的各种道路未能抵达苏霍姆林斯基教育思想深处之后的新的探索，以供对话与批评，以谋求一种对苏霍姆林斯基教育思想更为本真的理解。

二

依据我们的理解，我们把居于苏霍姆林斯基教育思想核心的因素，命名为“苏霍姆林斯基的教育学循环”。这个名字是苏霍姆林斯基不曾用过的，但是我们认为，要恰当地提炼出苏霍姆林斯基教育的精髓，这一命名将是有价值的。当然，这一命名所想指明的教育思想，在苏霍姆林斯基的作品中随处可见，且往往处于论述的中心，成为教育问题的“最后解决者”。这里选录了几个重要的处于文章论述中心的语段，我们正是把这些语段中蕴含着的教育思想（规律与原则），称为“苏霍姆林斯基的教育学循环”。

培养全面发展的个性的技巧和艺术就在于：教师确实要善于在每一个学生面前，甚至是最平庸的、在智力发展上最有困难的学生面前，为他打开精神发展的领域，使他能在这个领域里达到顶点，显示自己，宣告大写的“我”的存在，从人的自尊感的泉源中吸取力量，感到自己并不低人一等，而是一个精神丰富的人。……如果一个人不能宣告自己的存在，不能在人类心灵的某一个领域里成为主宰者，不能在活动中和成就中（这一点尤为重要）确立自己的地位，如果他没有感到自己作为一个创造者的自尊感，如果他不能自豪地抬起头来走路，那么，所谓个性就是不可思议的。(《给教师的建议》第81条)

如果你所追求的只是那种表面的、显而易见的刺激，以引起学生对学习和上课的兴趣，那你就永远不能培养起学生对脑力劳动的真正的热爱。你应当努力使学生自己去发现兴趣的源泉，让他们在这个发现过程中体验到自己的劳动和成就——这件事本身就是兴趣的最重要的源泉之一。离开了脑力劳动，就既谈不上学生的兴趣，也谈不上他们的注意力。……这件事鼓舞了孩子们，他们的思想变得非常好奇和活跃。他们体验到一种无可比拟的人类的自豪感：我们是事实和现象的驾驭者，在我们的手里，知识变成了力量。感到知识是一种使人变得崇高起来的力量——这是比任何东西都更强有力的一种激发求知兴趣的刺激物。可见，不要使掌握知识的过程让学生感到厌烦，不要把他引入一种疲劳和对一切都漠不关心的状态，而要使他的整个身心都充满欢乐，这一点是何等重要！当然，如果学生亲自去研究和发现了某种东西，亲自去把握具体的事实和现象，那么这种驾驭知识的情感就会更加强烈。此外，还有一种纯粹思考（运用智慧进行概括、系统化的活动）带给学生的欢乐。(《给教师的建议》第21条)

我们学校里有这样一条规矩：关于每一个对知识无动于衷、漠不关心的学生，我们都要在心理学研究会的会议上进行讨论。我们在思考，怎样才能找到人与自然界、人与知识相互作用的那个领域，以便在这个领域里用认识来鼓舞起他的精神。这里最主要的是，要使一个人终于有一天发现自己是知识的主宰者，使他体验到一种驾驭真理和规律性的心情。用认识来鼓舞起人的精神，这就是说，要使思想跟人的自尊感融合起来。通向这样一种精神状态的途径，就是知识要有现实性和积极性。我们认为，要唤醒那种无动于衷的学生，把他从智力的惰性状态中挽救出来，就是要使这个学生在某一件事情上把自己的知识显示出来，在智力活动中表现出自己和自己的人格。(《给教师的建议》第22条)

教学和教育的技巧和艺术就在于，要使每一个儿童的力量和可能性发挥出来，使他享受到脑力劳动中的成功的乐趣。……在这种做法下，所有的学生都在前进——有的人快一点，另一些人慢一些。儿童完成作业而得到评分时，从评分中看见了自己的劳动和努力，学习给他带来了精神上的满足和有所发现的欢乐。在这种情况下，教师和学生的相互关心与相互信任相结合。学生就不会把教师单纯地看成严厉的监督者，也不会把评分当成一种棍棒。他可以坦率地对教师说，某某地方我没有做好，某某地方我不会做。他的良心是纯洁的，他不可能去抄袭别人的作业或者考试时搞夹带。他想树立起自己的尊严。在学习中取得成就，这一点，形象地说，乃是通往儿童心灵中点燃着“想成为一个好人”的火花的那个角落的一条蹊径。教师要爱护这条蹊径和这点火花。（《给教师的建议》第 1 条）

三

在上述的所有引文中，我们都可以看到一种相似的结构——事实上，这一相似的结构几乎出现在苏霍姆林斯基的所有优秀的教育文章中。我们可以把这个结构梳理为：

生命在劳动/学习过程中克服困难、获取成功，进而获得高度的自我感受（自信自尊），以及责任感与意志力，和渴望再度通过学习、通过克服劳动/学习中的困难而获得幸福的动机。

就是说，没有从精神生活和智力活动中克服困难、获得成就，就不可能拥有一个人的自尊、自信和对劳动/学习的渴望。一个人没有自尊、自信和对劳动/学习的渴望，就不可能从精神生活和智力活动中克服困难、获得成就。

这是一个教育学的循环，因为我们认为它是苏霍姆林斯基教育思想的基础（虽然他本人没有清晰地提出这一循环），所以我们命名为“苏霍姆林斯基的教育学循环”。而这个命名显然仿效了一个非常著名的解释学循环：不理解部分将无法理解整体，而不理解整体也无法理解部分。这个由帕斯卡提出的解释循环，经施莱尔马赫的提倡，对狄尔泰、海德格尔、伽达默尔、埃德加·莫兰等著名的哲学家都有着深远的影响。

这一教育学循环也可以用图表示。

从这一循环中，我们可以得到许多教育的规律与金律：

1. 任何人对当前具体的学习/劳动的兴趣（渴望或厌恶程度），总是以前学习/劳动的结果。一个具体的儿童面对具体的学习/劳动，总是带着特定的历史经验进入的；而这次旅程，又将成为后面学习的渴望或厌恶的因素。

2. 儿童获得学习/劳动成就的途径，既应该是多元的，又是有所规定的。这里的多元，指的是应该创造丰富多彩的学校精神生活，让每一个儿

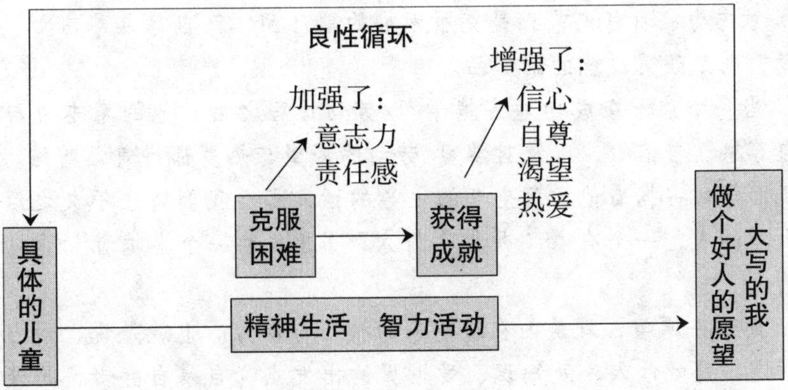

苏霍姆林斯基的“教育学循环”（干国祥制作）

童从中获得成功的机会。这里的规定，指的是每个孩子都无法回避主要学科的学习，而且也不能借其他领域的成功，来最终替代这些重要领域中的失败。

3. 在学习成长的过程中，核心因素是儿童内在的尊严感（也可以称为道德感），责任心、意志力、动机都根源于这种生命内在的感受。我们可以相信，一个儿童如果能够在某些正当领域中获得成就，赢得存在的尊严，那么他纵然无法在所有领域都获得同样的成就，也一定不会允许自己在主要领域出现恶劣的情况。为了保持自己的自尊，他既会在自己擅长的领域继续保持领先，又要在共同体认为主要的领域中克服困难，不至于成为笑柄。

4. 成就感，也就是幸福感和尊严感，是和所克服的困难的难度成正比的。也就是说，没有困难的学习/劳动，将不能产生真正的幸福感和尊严感。也因此，娱乐性的领域，虽然为生命的整体感提供了营养，但不能为这一核心——尊严——提供滋养。

5. 但是，前面所指的是“自己所克服的困难”，与之相反，如果困难过大，学习/劳动者最终没能克服，而成为一次失败（能够再度冲刺加以克服的困难依据此定义不能叫作失败，而只能视为多次挑战而克服的重大困难），那么失败将产生负面的效应——带来挫折、沮丧、畏惧的感受。

6. 每个人承受失败的能力是不一样的，除了无所谓的麻木之外，一个人在前面同一领域的成功越多、越大，能承受失败的能力将越大。能承受失败，我们定义为“愿意在此领域再次挑战”，而不是无所谓，或者转身在另外领域去获得成就感以弥补这里的失落感。

7. 意志力、责任感，正是克服困难的副产品；而自尊感、信心、渴望与热爱，则是获得成就的副产品。

8. 当一个孩子在成功地穿越学习/劳动过程之后，他的意志力与责任感，自尊感、自信心，以及对学习/劳动的渴望与热爱都将随之增强。如果这种正面学习占据着他学习生涯的主导的话，那么我们将在不久之后得到一个大写的人，一个有着“想做个好人”“想成为一个卓越者”这一美好愿望的人。

9. 而这一愿望，就是内在道德感的核心与动力。也就是说，对自己生命的肯定，是爱他人、爱知识、爱世界的出发点。自暴自弃者，是谈不上对他人和知识的热爱的。

……

四

如果不引入社会和共同体的要求、其他人的利益和评价，那么上面的循环容易被误解为是一个内在封闭的系统。所以除消遣性和娱乐性的活动因缺乏真正的内在困难可以排除在外，我们还要考虑社会要求、他人评价在这个过程中的决定作用。只有把社会的尺度（包括知识的错对和道德的是非，以及他人的评价）内化于学习/劳动的内容及其过程中，我们才能更好地理解一个人的成就感、责任感究竟来自何处。

也就是说，与社会要求相违背的学习/劳动，纵然获得了成功，获得了快感，而且可能这个成功也需要经历克服困难的过程，但经历者往往不得不同时带有一种负疚感。所以他的人格就会处于一种既乐之又厌之的矛盾中，为了人格的统一，他或者会舍弃“错误的抉择”而归属到社会要求的活动中，或者会走向反社会，以自己的快乐标准，作为唯一的尺度。当然，更多的人是处于一种微妙的两难中，在两个方面都做出一些妥协。

对教师而言，如苏霍姆林斯基所言，应该强调的是社会的需要不凌驾于个体的需要之上，因为强迫之下将不存在真正的责任感；但从受教育者的内部来看，苏霍姆林斯基也同样一再强调应该把自己的需要服从于社会的需要。

不考虑政治和哲学的不同立场，仅从心理学和教育学的角度，在默认社会主流价值的前提下，我们的教育确实是让学生通过学习/劳动，把一种合宜的价值内化为自己的价值。

因此，也许我们今天将不再能够接受苏霍姆林斯基所认同的那套苏联的价值标准，但作为一个原则我们仍然在遵循着：我们是在把我们自己所体认的正确的价值，让学生通过学习/劳动内化为他们自己的价值，并力求在此过程中不外在地说教、不强行地压迫。

另外，还有一对非常重要的矛盾——也许是更为严重的矛盾，这就是在智力活动中，统一的外在标准（标准答案）与学生个体能力的矛盾。

在苏霍姆林斯基的著作中多次谈到学习评价的问题，他甚至认为教师的评价（打分）是上述循环步向良性还是恶性的第一推动力。而苏霍姆林斯基对于学习困难生基于上述循环的科学做法，国内许多老师则简单理解为是“对学生的爱”，这真可谓是买椟还珠的又一例。

也就是说，基于上述教育学循环，既然所有学生都必须在智力活动中获得成就，因为在这一领域能否获得成就感，将决定着他是否热爱这一领域（具体的某门学科），决定着他对自己的智力和道德上的期许，决定着他进入的是一个良性循环还是恶性循环，那么老师何种做法是科学的，而相反的做法将首先是不科学进而是不人道的，这几乎就成了一条教育上的高压线。也就是说，在这里首先不是爱与不爱，而是有没有遵循一条在苏霍姆林斯基看来是绝对的规律与原则。

我们可以把教师在促进学生步入良性的教育学循环中能做的事归为三类：

一是开辟丰富多彩的精神生活，让不同孩子在不同领域获得成就；

二是在所有孩子必须穿越的重要的精神领域，即智力生活中，采取各种措施让学生能够自己去克服困难（这一点将在下文阐释）；

三是采取一种成长性的评价，即肯定学生的探索过程，在学生不会学习时不进行粗暴的打分，而是设法让他通过学习、掌握知识之后再进行评价。同时，在评价中区分对具体知识正误的评价和人格的评价，即在指出学生学习过程中知识的错误时，仍然肯定其人格，即他是在探索，在学习，在努力地克服困难。一句话，通过区分知识与人格，通过在他完成探索后再进行正式的正面评价的方式，即从成长的角度而不是欠缺的角度来进行评价，让每一个孩子都在智力活动中能够感受到成功的喜悦。

这最后一点在教师面对学困生问题的时候尤其重要。只要想到自己的粗暴评价虽然在眼前是公正与公理的，而且又省力方便，但事实上却是在为自己的教育成功设置绊脚石，自己粗暴评价所必然导致的事实将与自己的初衷背道而驰，我们就可以知道一个教师若真正理解了这一教育学循环，必将不屈服于任何条件、任何环境的借口。

五

也就是说，在我们归纳的苏霍姆林斯基的教育学循环背后，潜藏着另一个循环，一个非此即彼的“坏的循环”：

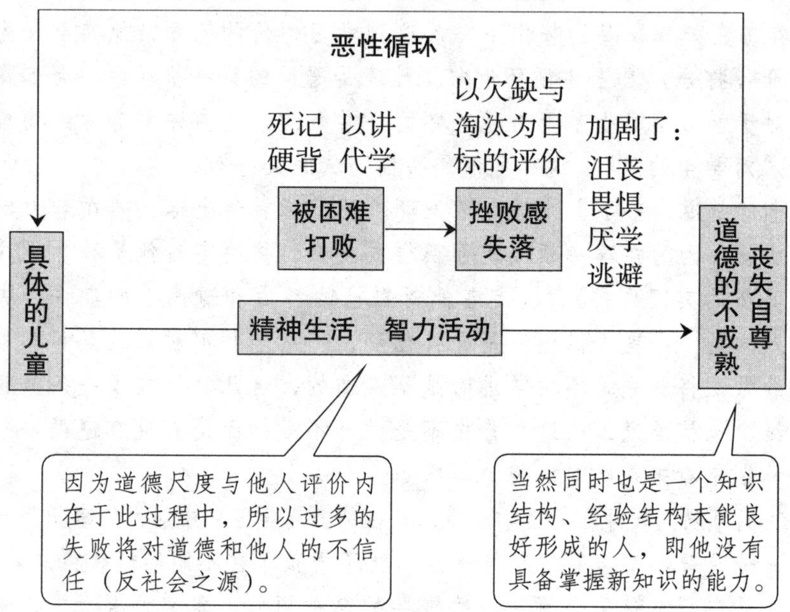

苏霍姆林斯基的“教育学循环”中隐含着的另一坏的循环（干国祥制作）

我们可以依据苏霍姆林斯基的教育学著作，梳理出导致这个“坏的循环”的若干条，还可以依据自己的教育理解，来扩充导致这一坏循环形成的各种因素。

上面我们已经涉及几条：

以死板的统一标准要求每一个学生（而不是丰富多元的精神生活）；

以外在的社会需要强迫学生（而不是让他在经历中体认社会价值）；

粗暴的评分让他对学习产生厌恶、畏惧之心；

另外，在苏霍姆林斯基的作品中还提到了教师代替学生学习所带来的恶果，而他强调的最多的，则是死记硬背的危害。

这一工作有待大家补充，这里暂不展开。

六

苏霍姆林斯基在其著作中，不仅一再提及上述教育循环中所蕴含的教育原则，而且还用大量丰富的经验，提供了促进良性的教育学循环形成的教育方法及其理论。

这些方法苏霍姆林斯基以他原创性的“智力背景”“两套教学大纲”“思维课”“读写的自动化”“智力挑战”等概念来加以表述。我们可以说，在理解其根本思想（我们认为就是前面所命名的“苏霍姆林斯基教育学循环”）的基础上，对这些苏霍姆林斯基概念的领会，将是我们学习苏霍姆林斯基教育思想的最重要工作。

我们把这些教育思想放在教育学循环中的“教师帮助学生自己穿越学习、克服困难、获得成就”这一关节点上来理解。

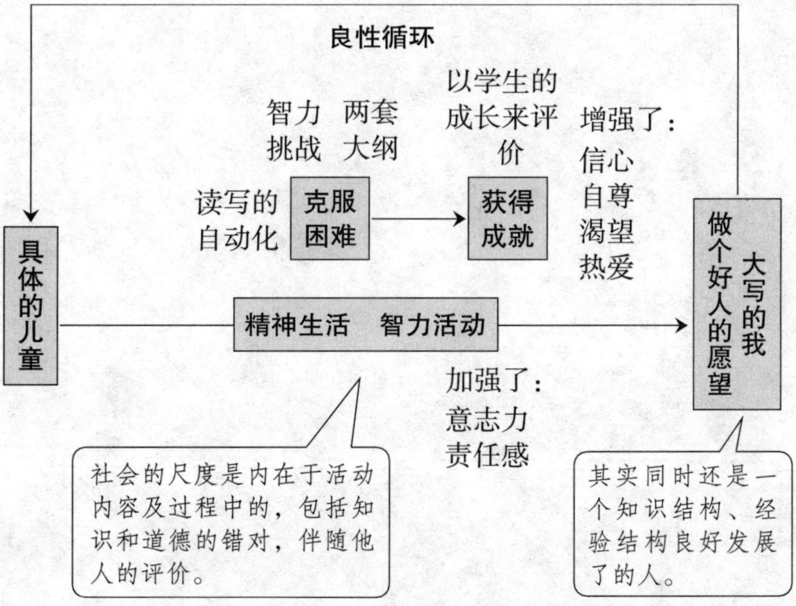

苏霍姆林斯基的“教育学循环”（干国祥制作）

也就是说，虽然学习和道德发展最终是一个学生个体内在经历的事，但是教育者的工作在这个过程中将起着主导的作用，是他的教育方法，把学生带向成功或失败，进而带向自尊或沮丧、责任感或不负责任的麻木、道德感或道德不成熟这些不同的方向。

穿越的，是学生自己；引导学生走向何处的，则是教师。

对这些教育方法的学习，不是本文的任务，这些将在我们后面的学习中加以展开。

2010年3月14日于江苏扬州宝应

指南：如何使用这本书

苏霍姆林斯基的出现，是一个奇迹。

在基础教育界，很难找到这样的人，他既拥有深厚的学养（尤其是教育学、心理学素养），又有漫长而扎实的实践（长达三十年之久），并且实实在在地创办了一所举世闻名的学校（帕夫雷什中学）。对我们而言，幸运的是，他还以超乎寻常的勤奋，把这一切思考记录了下来。这几方面的成就，使得苏霍姆林斯基成为一座活的教育学宝库，里面蕴藏着大量的细节，或者说活的教育学细胞，能源源不断地给后代的人们以滋养。

遗憾的是，虽然苏霍姆林斯基拥趸众多，但这座教育学宝库的能量，远远没有充分发挥出来，有许多因素妨碍了能量的发挥：苏霍姆林斯基并不系统的写作方式、苏霍姆林斯基著作中的意识形态色彩，以及读者的教育学素养与苏霍姆林斯基之间的巨大差距，等等。这导致了许多人对苏霍姆林斯基更多的只是赞叹，但却不得其门。其赞叹往往源于一鳞半爪的“收获”，例如感动于苏霍姆林斯基的勤奋或者对学生的爱，或只看到他对阅读的强调，等等。显然，这导致了相当程度上的误读，以及对苏霍姆林斯基真正的贡献的忽略（尤其是智力方面的成就）。

本书的意义，就在于尝试从苏霍姆林斯基众多的著作中抽取框架，梳理出“苏霍姆林斯基教育学”的基本结构，然后将他的著作择其精要，依据结构重新编排，并指出其中的关键，以协助读者理解苏霍姆林斯基的真正贡献，并使之在教育教学中真正地发挥作用。

作为编著者，自然希望本书得到合适的使用，所以不揣浅陋，编写此指南，供读者参考。

一、本书中的关键知识（第一套大纲）

本书的核心，是苏霍姆林斯基的“教育学循环”：

生命在劳动/学习过程中克服困难、获取成功，进而获得高度的自我感受（自信自尊），以及责任感与意志力，和渴望再度通过学习、通过克服劳动/学习中的困难而获得幸福的动机。

真正地理解和内化这一循环，是学习苏霍姆林斯基教育学的关键。在这一循环中，包含了若干关键概念，它们对循环本身发挥着决定性的作用，是苏霍姆林斯基教育学中的关键知识。

（一）自尊心

如果承认成长首先是内在之事，那么便需明白，自尊心是成长的关键因素。

而作为教师，可能摧毁学生的自尊心，也可能加强学生的自尊心，这又取决于三种重要因素。

1. 信任

2. 评分

3. 个别对待

什么是信任？如何评分？个别对待如何可能？对这些问题的理解都十分关键，它不仅仅是教师改变姿态，更是高度专业发展的结果。能否正确地回答这三个问题并形成信念，对教育教学至关重要，并且是根基性的。

（二）智力

智力问题是苏霍姆林斯基教育学的核心，也是非常容易被忽略和误读的。苏霍姆林斯基的教育学和心理学素养，主要体现于对学生脑力劳动过程以及对知识的长期研究中。这些研究与实践的成果，化为一些非常精彩的观念。

1. 两套大纲

两套大纲是容易被误解的概念，第一套大纲实质上就是教学内容，第二套大纲是苏霍姆林斯基的独特贡献，是为掌握第一套大纲而准备的智力背景。

掌握这组概念的关键，是有两套大纲意识，并且能越来越成熟地在教学过程中制定两套大纲。

2. 自动化读写

这是苏霍姆林斯基独创的非常重要的概念，在小学阶段特别是中段尤其重要，它也揭示了相当一批学生在高段以及中学落后的原因。掌握这一概念，对提升小学阶段教学质量是有决定性作用的。

3. 随意识记与不随意识记

在这里重要的是对随意识记的强调，知识如何活起来而不是被以死记硬背的方式存储下来？理解随意识记的原理是关键。

4. 交集点

如何让学生集中注意力？理解而非死记硬背地掌握知识的关键在哪里？交集点这个概念源于对思维机制的深刻洞察，对日常教学尤其有启发意义。

5. 思维课

这是针对低段以及学前儿童经验匮乏时的一种非正式教学方式。

6. 直观性

这是一个存在颇多误解的问题，诸如“语文教学生活化”等提法中，都包含了对直观性的误解。掌握这一概念，要真正地理解直观性的含义以及目的，并且能在教学中正确地运用直观性。

7. 劳动与智力

这里探讨的是劳动中的智力因素，是直观性探讨的延续和扩展。显然，非常有利于纠正现在许多学校对劳动的片面认识（例如，将体力劳动与脑力劳动分割开来）。

在智力部分，还要尝试将这些分散的概念再整合起来，这种整合，依赖于对下列问题的再思考。

1. 不同阶段学生的脑力劳动究竟是怎样进行的？

2. 后进生是如何形成的？如何辨识后进生的类型并有针对性地予以补救？

（三）丰富多彩的校园精神生活

这一部分的关键，是理解下面三个概念及它们之间的关系：

1. 全面（或丰富）

2. 个性

3. 和谐

这一原理，显然同样适合于班级。这一部分内容的掌握，取决于你对下述问题的思考：

1. 在你的资源条件下，你能在多大程度上确保孩子精神生活的丰富？

2. 在你的学校（班级）里，孩子有机会最大限度地发展自己的个性吗？你如何保证？

3. 你如何确保在班级整体水平与孩子个性发展之间，在主要领域的学习以及孩子的个人兴趣之间保持必要的平衡或者说和谐？

（四）道德教育

最重要的问题是：什么是道德？这个问题答案五花八门，但要真正地理解苏霍姆林斯基是如何回答的，从而将他的道德概念进行清理，与我们头脑中习焉不察的道德观念区分开来，需要厘清下述概念：

1. 道德习惯与道德气氛

苏霍姆林斯基是反对枯燥的说教的，他希望一切环境都具有教育含义。

2. 自我教育

这是苏霍姆林斯基强调的一个核心概念，要理解：如何引导学生自我教育？

3. 集体教育

这是教育中的重大因素，但集体教育有利有弊，分寸感在哪里？把握原理分寸，是掌握的重点。

4. 劝诫、表扬、惩罚……

这些经常用到的策略，应该如何在情境中正确使用？

本章附录了不少案例，研习这些案例，有利于内化本章相关知识。

（五）家校合作

苏霍姆林斯基的家校合作做得细致深入，他以这种方式改变了社区，履行了学校的社会责任。

在这一部分里，可以学到一些细致的家校沟通技巧，但更重要的是理解这个问题：我如何有效地构建家校关系，并且能为每学期列出计划？如果你是校长，或许还可以考虑学校与社区如何更密切地互动。

（六）教师发展

这里所涉及的问题十分广泛，但搞清楚下列问题是重要的：

1. 教师如何爱学生

当然，这包括了为什么要爱学生等问题。这个问题的重点，是理解“教师之爱”，或“睿智之爱”意味着什么。

2. 如何为自己设计阅读路径

这个问题涉及知识结构，以及本体性知识诸问题。最重要的是观照自己目前的状况，为自己找出一条合适的阅读之路。

3. 关于教育写作的问题

这涉及多种写作：计划及总结、教师日记等。

4. 教师如何成为研究者

日常教育教学应该是研究性的，但研究应该如何进行？

学习这一章，需要不断地对自己的专业发展有明确的反思，然后逐渐形成一条属于自己的有效的专业发展路径。

（七）学校文化

学校文化部分是给校长及相关领导看的，普通教师选读其中部分内容即可。

这部分的核心，不是构建一个学校文化的体系，而只是探讨一个问题：如何使教育教学研究成为学校的真正核心？

在这个背景下，当然也有另外一些重要概念：

1. 传统与仪式

2. 听课、评课与分析课

二、如何掌握这些关键知识（第二套大纲及延伸阅读）

苏霍姆林斯基教育学是非常全面的，几乎涉及教育教学的各个角落，所以要掌握上述关键知识并不容易，或者说，将是一个漫长的过程。这正是经典的特征。

要知道上述结论，或许只要把这本书读一遍就够了。但是理解上述结论，就非常难了，而要让上述结论吸纳进自己的个人教育学中使之成为一种教育学本能，就更需要长期的修炼。

（一）什么是理解苏霍姆林斯基教育学的智力背景或者说第二套大纲

理解苏霍姆林斯基教育学最重要的背景，不是任何另外的图书，而是你的活生生的教育教学实践。理解下述结论是重要的：

越热爱教育，热爱孩子，在教室里投入的精力越多，越能够理解苏霍姆林斯基的教育学理论。或者说，越具备阅读本书的良好的智力背景。

并不是你只要每天按时上下班，在教室里忙忙碌碌，你就拥有良好的实践背景，因为深入教室，或深入教育教学实践，并不是你的身体在场，而是你的灵魂在场。灵魂在场意味着你不是站在学生身边，而是与学生相互编织；你不是把知识教给学生，而是把知识融入灵魂，然后再活生生地影响学生。

对苏霍姆林斯基的误读或不理解，根源往往在于实践的这种不深入，因而缺乏了理解背景。

如果没有对教育教学的真正热爱，没有全身心地投入，要理解苏霍姆林斯基教育学是不可能的。如果阅读的目的，只是从中获取一鳞半爪的教育教学技巧（即所谓的方便法门），那么，不要等到读完本指南，你就可以合上书了。——它不适合你。

即便你有这份热爱与投入，也仍然要防止你的片面。例如，一个过于重视爱心的老师，会看不到苏霍姆林斯基对智力的重视以及在智力领域所取得的成就。

可以想见，因为教育教学中的投入探索是长期的，所以苏霍姆林斯基教育学也在相当长时间内是常读常新的：你会不断地有新的发现和领悟，因为你在教育教学实践中又深了一层。

（二）要想进一步深入苏霍姆林斯基教育学，那么，可继续研读他另外的作品（包括别人选编的）

例如：

1.《给教师的建议》，教育科学出版社，1984 年 6 月第 2 版。

这本书的好处是可以拆开来读，选择自己感兴趣的话题反复研读。

2.《要相信孩子》，教育科学出版社，2009 年 4 月第 1 版。

这本书中有不少案例，尤其是关于问题学生的案例，是一本通俗而启发很大的书。

3.《帕夫雷什中学》，教育科学出版社，1983 年 2 月第 1 版。

这本书推荐给校长阅读，是对帕夫雷什中学办学实践的全面总结。

4.《和青年校长的谈话》，教育科学出版社，2009 年 3 月第 1 版。

这本书推荐给校长阅读，主要涉及教育教学，清晰实用。

5.《怎样培养真正的人》，教育科学出版社，1992 年 5 月第 1 版。

这本书主要涉及道德教育。

6.《公民的诞生》，教育科学出版社，2002 年 4 月第 1 版。

比较全面地涉及教育教学的各个方面。

7.《育人三部曲》，人民教育出版社，1998 年 8 月第 1 版。

包括三本书，《把整个心灵献给孩子》《公民的诞生》《给儿子的信》。

8.《家长教育学》，中国妇女出版社，1982 年 3 月第 1 版。

收录了苏霍姆林斯基关于家校关系的诸多重要论述，以及一些信件。

9.《把整个心灵献给孩子》，天津人民出版社，1981 年 10 月第 1 版。

描写了苏霍姆林斯基五年间与一个班的三十一名学生朝夕相处的平凡岁月，内容是一年小学预备班和四年小学班的日常教育和教学工作。

10.《爱情的教育》，教育科学出版社，2001 年 4 月第 2 版。

关于爱情教育，苏霍姆林斯基的一些论述已经不太适合这个网络时代了。

11.《给教师的一百条建议》，天津人民出版社，1981 年 11 月第 1 版。

这是《给教师的建议》的前身，是由苏霍姆林斯基亲自编选的，现在几近“失传”。

12.《苏霍姆林斯基选集》（五卷本），教育科学出版社，2001 年 8 月第 1 版。（也可作为资源参考。）

以上，是本书的选文来源。若要专题研究和延伸阅读，可从上述图书中选取。

（三）拓展阅读

在每一章后面的“资源与拓展”中，已经列出了一些书目和文章，在这里强调一下，如果能够在读完本书后再继续研读下列作品，将有助于加深对本书的理解，并有助于弥补本书之不足。

1.《孩子们，你们好》，阿莫纳什维利，教育科学出版社，2002 年 2 月第 1 版。

这是苏联的另一位伟大的实践型教育家的作品，必读。

2.《特别的女生萨哈拉》，爱斯米·科德尔，陕西师范大学出版社，

2005 年 8 月第 1 版。

这是一本童书，是一本理解儿童，理解教育的极好的作品。

3.《教育人类学》，博尔诺夫，华东师范大学出版社，1999 年 3 月第 1 版。

这本书已经被列入网师课程，里面关于信任、危机与遭遇等的论述，十分精彩，也是对苏霍姆林斯基教育学中相应观点的深化和发展。

4.《我们怎样思维·经验与教育》，杜威，人民教育出版社，2005 年 1 月第 2 版。

杜威实际上是苏霍姆林斯基的一个思想来源，“我们怎样思维”部分，是对苏霍姆林斯基关于智力的观点的最好的阐释。

5.《儿童心理学》，皮亚杰，商务印书馆，1980 年第 1 版。

皮亚杰也是苏霍姆林斯基的重要思想来源，这本书的核心是：儿童是如何学习的？

6.《思维与语言》，维果茨基，北京大学出版社，2010 年 11 月第 1 版。

维果茨基是苏霍姆林斯基的重要思想来源，也是帕夫雷什中学老师必须了解的心理学家。

7.《教育的目的》，怀特海，生活·读书·新知三联书店，2002 年 1 月第 1 版。

这本书已经被列入网师课程，其中“浪漫—精确—综合”“自由—纪律”两组概念可与苏霍姆林斯基教育学参读。

8.《适于脑的教学》，詹森，中国轻工业出版社，2005 年 6 月第 1 版。

脑科学的研究，能有力地支持苏霍姆林斯基的结论，并且提供更广泛的启发。事实上，这本书所在的“脑科学与教育译丛”都是值得阅读的。

希望这些拓展阅读不会对大家构成干扰，因为首要的，仍然是认真而扎实的教育教学实践。同时，尽可能保持每天孜孜不倦地阅读，而这些书，都可以作为阅读的材料。

三、学校或区域读书会如何利用本书

据笔者所知，不少学校或区域都组织教师共读苏霍姆林斯基的著作，但多数时候收效不大，似乎不得其门。笔者相信本书在这方面将会有所贡献，可用以共读，引导人们走进苏霍姆林斯基教育的宝库。

总的原则是，少而透，切忌走马观花。

如果共读的次数比较少，宁可选读其中个别章节，而不能贪多求全。如果共读的时间比较充裕，那么建议：

（一）以主题为单位

主题不是指大主题，而是指小主题。甚至有些小主题也要分几次研讨，例如“两套大纲”“自动化阅读”，等等。因为这些主题虽然从属于“智力”这个大主题，但是它们太重要太关键了。共读要确保一个主题被透彻地理解，因此不建议在一次共读中讨论两个或两个以上的主题。

（二）精选材料

记住一个原则：材料总量，不能够超过50页。

材料建议由下述内容构成：

1. 精选的一则或数则解释这一主题的原文。

2. 精选的辅助材料。（例如本书中的解读，以及另外相关的资源，可利用“资源与拓展”中提供的线索。）

3. 案例。可以是苏霍姆林斯基的案例，甚至可以是文学作品中的案例，但最好的案例，是自己学校或区域的老师亲身经历并书写出来的案例。并且，最终讨论将越来越过渡到以讨论学校或区域的真实案例为主，这是让苏霍姆林斯基教育学活起来的最好的办法。如果案例之间，或案例与苏霍姆林斯基的理论之间存在着对峙或者说交集点，最佳。

（三）精心组织

1. 组织上要去行政化，让有学术才能的人或有组织才能的人担任主持或轮流主持。

2. 流程要细致化、常规化。例如：

（1）资源的整理发放，以及讨论题目的设计。（通常建议至少提前一周，并能跨越周末，以方便老师有充足的阅读时间。）

（2）要树立讨论规则，防止冷场，以及太多无效发言。

（3）做好讨论记录，尤其重要的是对讨论成果进行梳理并作为共识留存。

3. 要有必要的纪律。例如必须读完全部材料才能参与讨论，核心材料必须进行批注式阅读，等等。

对一所学校或一个区域而言，苏霍姆林斯基的著作甚至可以进行多轮阅读，例如每几年重读一次。因为案例是鲜活的，所以不但不是浪费，反而有益于深度建构。

持久的良好的读书会，是不断改进并逐渐形成文化的结果。

因为时间仓促，本书中附录的资源是有限的。

我们希望以后有机会能尽早建立专门的苏霍姆林斯基教育学网页，其中会包含不断添加的越来越丰富的案例资源，包括相关电子书及文章，为读者自学以及读书会组织共读创造更好的条件，欢迎关注。

第一章　自尊心

培养全面发展的个性的技巧和艺术就在于：教师确实要善于在每一个学生面前，甚至是最平庸的、在智力发展上最有困难的学生面前，为他打开精神发展的领域，使他能在这个领域里达到顶点，显示自己，宣告大写的“我”的存在，从人的自尊感的源泉中吸取力量，感到自己并不低人一等，而是一个精神丰富的人。

导 读

生命的整体性、差异性、发展性，决定了教育教学的复杂性。身为教育者，纵然拥有所罗门一般的智慧，也必须对这一切保持敬畏。

但这种复杂性，或者说不确定性，并不意味着教育教学没有规律以及没有核心。隐含在苏霍姆林斯基敏锐的洞察力中的“教育学循环”，就是对生命发展以及教育教学规律的一种精粹概括，或者说，是对其动力系统的深刻揭示。

然而在这个动力系统中，确实存在着一个核心，就像人的心脏一样居于最重要的地位，源源不断地将能量注入整个动力系统之中。这个核心，就是儿童的自尊心。

什么是儿童的自尊心？

所谓儿童的自尊心，乃是指儿童的自我肯定或者说良好的自我感受，是儿童对自身人格的珍视，是儿童内部所形成的一种深刻的积极的向上的状态。

自尊心既是教育教学的前提，又是教育教学最终在儿童生命中所体现出的一种状态。是否拥有成熟稳定的自尊心，将在最大限度上决定儿童的精神面貌与道德发展，也将在极大程度上决定儿童对知识的态度。而自尊心被摧毁的儿童，将丧失可教育性。

文选

〔1〕请呵护孩子的自尊心[①]

学生的脑力劳动、学习中的成功和失败，这是他的精神生活、他的内心世界，忽视这一点会导致悲惨的结局。孩子不仅仅在认识和掌握材料，而且还会对自己的劳动有所感受，对自己的成功和失败发表个人的看法。

对幼小的孩子来说，教师是公正的生动体现。请看得了一个不及格分数的一年级学生的眼睛……这个孩子不仅觉得自己是一个倒霉鬼，而且还对教师持一种怨恨的，有时甚至是敌视的态度。教师实际上不过由于孩子不明白某一点而打了一个 2 分，可在孩子心目中，他却成了一个不公正的人。

在一所学校里发生过这么一件事。一个学生怎么也弄不明白，植物是如何汲取养分和进行呼吸的，幼芽如何长成叶子，花如何结成果实，等等。教师经常提问这个男孩，而且每次都这么说："难道你就不能理解这些简单的、你本应理解的东西吗?"一次上课时，教师说："过几天，栗子树就要发芽了，我们全班都上咱们的栗树林荫道去，到了那个时候，如果阿廖沙还讲不出大家都懂得的那个道理，那么就无可救药了。"教师非常喜爱自己的宠儿——亲手栽培的由小栗子树长成的林荫道。上课前，他同几个学生一块儿又一次来到林荫道上欣赏点缀在每一棵树的枝头上的幼芽。可是到了第二天，当全班来到栗树林荫道来上课时，教师惊骇不已：树上所有的幼芽都被掐掉了。孩子们站在那儿神情沮丧。教师看到阿廖沙的眼睛

① 节选自《育人三部曲》，人民教育出版社，1998 年，172 页，标题有改动。

里闪烁着幸灾乐祸的火花。

在这一行动的后面，隐藏着孩子精神力量的大发作、大爆发，他内心深处的痛苦喷发而出。这个男孩对不相信他的力量表示了抗议。但在教育实践中往往还有这样的情况：孩子一连得了几个2分之后，就似乎同自己的命运妥协了，觉得什么都无所谓了。有时，孩子对自己的分数所持的无所谓的态度，成了小朋友们的笑柄，渐渐地，所有的孩子都习以为常了，大家习惯于万尼亚和彼佳只能得2分，不可能得别的分数。这是一个正在形成中的人在精神生活中可能发生的最可怕的事。如果一个人从童年时代起就缺乏自尊心，那对他还有什么可指望的呢？

最重要的教育任务之一就是使每个孩子在掌握知识的过程中体验到人的自尊心和自豪感。教师不仅应向学生展示世界，而且还应确认孩子是周围世界中一个会为自己的成绩感到自豪的积极的创造者。教学是在集体中进行的，但孩子是独立地在认识的道路上迈出自己的每一步的；脑力劳动，这是一种极为个体化的过程，这个过程不仅取决于孩子的能力，而且还取决于孩子的性格和其他很多经常不被觉察的条件。

孩子总是抱着坦率的胸怀和好好学习的真诚愿望进学校的。孩子甚至不敢想别人会把他看成懒汉或倒霉鬼。好好学习的愿望，这是人类美好的愿望。依我看，这是照亮儿童生活的全部意义和儿童欢乐世界的明亮火花。这一火花是微弱的和不设防的，孩子以无限信赖的心情把它交给您这位教师，而要是您没有觉察儿童的愿望，那就是说您还没有意识到为自己学生的今天和明天所担负的令人激动的责任。粗心大意地接触儿童的心灵，令人感到委屈的生硬的话语或漠不关心的态度，足以使这一火花就此熄灭。只有孩子在学习中获得成绩，只有自豪地意识并感受到，自己在沿着陡峭的认识小径迈步前进、向上攀登，这才是渴求知识的微弱火花所需要的合宜的空气。

徒劳无功、毫无结果的劳动，即使成人也会感到厌烦、迷惘和兴味索然，何况我们是在同孩子打交道。如果孩子看不到自己劳动的成绩，渴求知识的火花就会熄灭，儿童心中会结起冰块，在火花没有重新点燃之前（而再一次点燃它是多么困难呀！）用任何办法也难以融化这块冰；孩子失去了对自己力量的信心后，形象地说，他就扣上全身的纽子，戒心十足，一触即发，对教师的建议和批评就会采取粗暴的态度。或者更糟：他丧失自尊心后，觉得自己干什么都不行。当您看到这么一个漫不经心、毫不在意地准备耐心听老师整小时的训斥，毫不在乎地任凭小朋友说他，你是落后生，你会留级……的孩子时，您的心就会充满愤懑。还有什么能比扼杀一个人的自尊心更为不道德的事呢！

学生在童年和少年时代如何对待自己，他在劳动世界中把自己看成一个什么样的人，在很大程度上决定他的道德面貌。乌申斯基写道，孩子生来不贪懒，他爱独立做事，愿意什么都自己来干。应当教会孩子劳动，教会他思考、观察，理解什么是脑力劳动、怎么才算好好劳动。而只有在这之后，才能给他的成绩打分。一个从来不知道学习劳动欢乐的孩子，一个从来没体验过克服困难后的自豪感的孩子，这是一个不幸的人。不幸的人是我们社会的大灾祸，而不幸的孩子，则是大百倍的大灾祸。我无意于赞美童年时代；我不安的是早在童年时代，人往往已成为懒汉，他厌恶劳动，甚至轻视要竭尽全力劳动的思想。但为什么孩子会成为懒汉呢？亲爱的老师们，这是因为他不知道劳动的幸福。请赋予他这种幸福，教会他珍惜这种幸福，那时他就会珍惜自己的人格，就会爱劳动了。

给儿童以劳动的欢乐、取得学习成绩的欢乐，在他们的心中激发自豪感、自尊心——这是教育工作的头一条金科玉律。在我们的学校里，不应当有不幸的儿童——那种被什么也干不了的思想折磨着心灵的孩子。学习取得成绩，乃是孩子产生克服困难的动力和学习愿望的内在力量的唯一源泉。

如果孩子没有了学习的愿望，那么我们的全部计划、探索和理论就都化为灰烬，化为死气沉沉的木乃伊。儿童学习的愿望只能同学习成绩一起产生。出现了这么一种好似奇谈怪论：要让孩子取得成绩，就要他在成绩上不落后。然而这并非奇谈怪论，而是脑力劳动进程的辩证统一。只有当掌握知识过程中取得成绩而产生欢欣鼓舞的心情的时候，才能出现学习的兴趣；没有欢欣鼓舞的心情，学习就成为孩子的沉重负担。我倒很想把埋头苦干称作欢欣鼓舞乘以孩子认为他一定能取得成绩的信心。

乍看起来，给学生评分是很简单的事，然而这却是教师找到正确对待每一个孩子的方法的能力，是保护孩子心灵中渴求知识的火花的能力。在小学四年的教学过程中，我从未给学生打过一个不及格的分数——不管是书面作业还是口头回答。孩子们学习读、写和解题，一个孩子在自己的脑力劳动中取得了良好的成绩，另一个暂时还没有。一个孩子已经学会了教师正想教给他的东西，另一个还不会，但这并不意味着后者不愿意学习。我只在孩子脑力劳动取得良好成绩的情况下打分。如果学生还没有取得他在脑力劳动过程中力求达到的成绩，我就什么分都不给他打。他应当专心致志地想一想，把自己的作业重新做一遍。

一年级时，我是在学年开始后过了四个月才打了第一批分数。重要的首先是让孩子们懂得刻苦、勤勉的劳动是什么。孩子的作业完成得不好并不是由于他不愿意，而是由于他还没有什么是好、什么是坏的概念——那么凭什么给他打分数呢？我让孩子把同一作业做上几遍，使他以亲身的体验深信，他可以做得比一开始的时候好得多。这有着很大的教育意义：学生好似发现了自己的创造力；他看到自己的进步感到高兴，就努力做得比这更好。孩子把自己做得较好的作业与差一些的作业进行比较，就会体验到欢欣鼓舞的心情。

考察一年级的作业，我发现孩子们想法不一样，对自己劳动的评价也各不相同。譬如他们写“oca”（黄蜂）这个词，莉达、谢廖扎、卡佳、萨尼娅、帕维尔写得很漂亮、很整齐。尤拉的字母就越出了横线，写得歪歪斜斜；科利亚和托利亚不是在写，而是在画，他们的字母就同他们在图画本里写头几篇关于大自然的作文时一样。在彼得里克的练习本里则是一些小钩子。我没有忙着进行下面的练习，孩子们又把这个词写了好几次。每重复写一次，孩子们就好像登上了更高的一级，不管是写得差的还是写得好的，都是这样。孩子们眼见他们的事情进展得比一开始的时候好，感到高兴和幸福。

正是在这种欢乐之中产生自豪感和自尊心，多次体验过这种感情的孩子不会去寻找捷径，不会去抄袭旁人的作业。只是当孩子学会了重做自己的作业，并由此而产生欢乐感和自尊感时，我才开始给他们打分数——当然，只给成绩好的打分。有些孩子在开学后过了四个月就得了分数，有些则过了六个月才开始得分数。彼得里克和米沙在第二学年开始时才第一次得到分数。我给他俩补了课，让他们哪怕今天做得比昨天稍稍好一些，不让他们失去自信心。

教学，并不是机械地把知识从教师那儿传授到孩子那儿，它首先是人与人之间的关系。儿童对知识和学习的态度，在很大程度上取决于他对教师的态度。如果学生觉得教师不公正，他会大为震惊。而幼小的儿童往往把不及格的分数看成是不公正的，并为之深感痛苦，因为几乎从来没有过孩子不愿学习的情况。他愿意学习，只是他不会，他还没有能力集中注意力，没有能力迫使自己工作。

如果一个孩子今天、明天，乃至整年都感到对自己不公正，那他的神经系统一开始会兴奋，继而就会出现抑制——抑郁、消极和冷漠。兴奋和抑制的巨变会导致孩子得病。乍一看，这是一些奇怪的毛病，即学校神经官能症。离奇的是这种病通常只在学校，在人道主义应当成为师生关系中最重要特征的这个神圣场所发生。学校神经官能症是不公正的产物。家长或教师对待孩子的不公正态度千差万别。首先是冷淡。对孩子的道德和意志力的形成来说，没有比教师对学生的成绩漠不关心更为危险的了。其次是斥责、吓唬、恼怒，而不懂教育学理论的人，甚至还会表现出幸灾乐祸的神气：好，你不知道，那把记分册拿来，我给你打一个 2 分，好让你爹妈瞧瞧，他们的儿子到底是个怎么样的孩子……

我花了好几年的时间研究学校神经官能症。教师的不公正在孩子神经系统方面的病态反应，有的表现为紧张，有的感到委屈和苦恼，表现为万分躁怒，有的表现为怨恨，有的表现为故意装成（假装）的无忧无虑的样子，有的表现为漠不关心、极端的抑郁，有的表现为对惩罚、对老师和对学校的恐惧，有的表现为装腔作势、忸怩作态，还有的表现为冷酷无情，有时带有病态的表现（这极罕见，但不能掉以轻心）。预防学校神经官能症要靠家长和教师的教育学修养。教育学修养最主要的表现应当是理解每一个孩子的精神世界，能给每个孩子以必要的关心，并付出一定的精力，使孩子感到大人没有忘记他，并能分担他的伤心、委屈和痛苦。

对孩子来说，来自教师方面的最大不公平，是他确实认为教师给他评不及格的分数是不公平的，况且还企图让家长为此而处罚他。当孩子看到教师一定要把 2 分的事通知家长时，他就会变得冷酷无情，与教师和学校对立。脑力劳动就会成为他所仇恨的事。粗鲁的情感还会转移到对其他人的态度上，首先是转到家长身上。

很难想象还有什么比由于不公正而产生的情感上的麻木更能摧残儿童心灵的了。孩子一旦感受到了别人对他漠不关心的态度，他就失去了对善与恶的敏感性。他分辨不清周围人干的哪些是好事，哪些是坏事。他心里便产生对人的怀疑和不信任，而这就是怨恨的最主要的来源。

现在在教育界可以经常听到关于奖励的议论。诱人的理论像那短命的蛾子一样迅速地出现，又迅速地消失……可在教育工作中最主要的奖励和最重的（但不见得总是有效）惩罚是评分。这是最锋利的一种工具，使用这工具要求有高度的技巧和修养。

要取得使用这一工具的权利，首先得热爱孩子。不是在口头上对他说自己多么爱他，而要在对他的关怀中表达自己的爱心。Л. Н. 托尔斯泰写道：“如果教师只爱事业，那他会成为一个好教师。如果教师只像父母那样爱学生，那他会比那些通晓书本，但既不爱事业，又不爱学生的教师好。如果教师既爱事业又爱学生，那他是一个完美的教师。”①

出自内心的同情心，是不可能单靠教学取得的一种品质，而教师的富有人道精神的同情心是建立在智力、道德、美学和情感诸方面修养有机结合的基础上的，这种结合不仅要靠他的学识，也要靠他在集体道德关系中的社会阅历。教师应当意识到和感受到每一个孩子的命运都由他负责，学校正在培养的人的理智、健康和幸福，都取决于他的精神素养和他思想的完美性。……二年级的语法课。在学习了语法规则和分析了练习后，孩子们做独立作业，其目的是加深知识，同时也是检查。作业是要评分的。检查了作业本后，我发现米沙和彼得里克的作业完成得不好。如果我打一个2分，那么全心全意想好好学习的孩子会把这个2分当作一种批评：“你们的同学都进了一步，而你们却停步不前。”我批改了错误，把字写得漂漂亮亮，作为范例，没有给米沙和彼得里克打什么分数。发作业本子时，我对孩子们说：“米沙和彼得里克还没有争取到分数。孩子们，你们得好好干。独立地完成另外的练习。努力争取到分数。”

孩子们已经习惯于作业完成得不合格就得不到分数。在他们的思想意识中逐渐形成一种信念：完成了的作业并不是以教师的最后“判决”作为结束的最终一步。在孩子们面前，通向进步的道路并没有堵死：他未能做成的事，将来他会做成的，说不定今天或者明天就能做成。米沙和彼得里克并没有产生绝望的感觉，而得了不及格的分数的孩子，通常会觉得似乎比自己的同学落后了一步而感到绝望。就在课内，他俩提出要求：“请给我们练习。”我给了练习。在学习日的过程中，他们挤出时间完成了作业。（我们的学习日是这么规定的：每天每个学生有半个小时归自己支配，以便完成他认为必须首先完成的事。）两个孩子竭尽全力想取得分数，证明他们并不比别人差。我检查了作业——几乎同通常在这种情况下发生的完全一样，作业得到了好分数。

在作业要求进行创造性的智力活动、深入思考和探索研究的情况下，谨慎地用分数作为激起劳动愿望的促进因素，就尤为重要。一个孩子的思维进程迅速、敏捷，另一个孩子则缓慢，但这不是说一个孩子比另一个孩子聪明，或比另一个孩子劳动得多一些。小学的算术课、解题，是教育工作第一条金科玉律（让孩子体验在脑力劳动中取得成绩的欢乐，激发他的

① Л. Н. 托尔斯泰：《教育论文集》，莫斯科，1953年，342页。

自尊心和自豪感）的一块试金石。而且要努力做到，使最初遇到的那些困难不致成为儿童的绊脚石。在孩子们尚未学会独立思考、弄清习题的要求和找出解题的途径前，换言之，在孩子们尚未感受到在脑力劳动中取得成绩的欢乐前，我不给数学作业打分。这里尤其不能允许千篇一律地对待学生：一个月内，一个孩子可能得到三次算术分数，而另一个孩子一次也没有，然而这并不是说，后者什么也没有干，一点进步也没有。他在学习理解习题，而第一道由他独立解答的比较复杂的算术题则是孩子发展过程中重要的一步。

我对数学成绩不佳的学生已经进行了多年的观察，并由此证明，在普通学校低年级和中年级，成绩落后的学生从来都不独立解题。他们好似跟在浪头后面游泳，好似把脚伸到他的同学们已经站着的地方：从黑板上或向同课桌的同学抄现成的，实际上根本不知道什么是独立地完成作业。

……

决不允许让分数成为束缚儿童思想的枷锁。我总是让最差的学生，看起来最没有指望的思想迟钝的学生有机会思考一下他还不明白的东西。孩子们从来都没有对学习失去兴趣。我通过激发孩子们的自豪感、荣誉感和自尊心，做到使他们能努力去独立工作。

要让孩子想一想……这远不是那么简单的一件事。请仔细观察一下一至四年级学生的脑力劳动，您就会看到，在绝大多数情况下（几乎总是如此），孩子回答不出您的问题（或者完成不了作业），只不过是由于他还没有来得及想一想和集中一下注意力（通常是问题来得很突然，使孩子有点茫然若失）。我们这些小学班的教师曾专门集合在一起，商量如何让孩子有机会想一想。我们得出结论：任何时候都不能急于做出结论——这个孩子知道或者不知道。经常有这样的情况，教师对孩子说："你不知道，坐下！"孩子刚坐下，忽然脑子"清醒"了，原来他都知道……他很生教师的气。为什么会这样？我们未能立即找到这个问题的答案。必须观察、观察、再观察，应当研究大量的事实。

孩子达到集中意志和思想的目的之后，就会厌恶偷偷提示、带小抄和抄袭。我与孩子之间一向都保持着相互信任和相互关怀的关系。学生从不害怕坦率地告诉我，尽管他苦苦思索但还是没有完成作业。孩子们的一切疑虑、欢乐和痛苦都向老师诉说。我从来不是孩子们的报忧者，一个不及格的分数对孩子说来是一个重大的忧患。如果一个教师几乎每天都要对孩子说"你得了 2 分"，孩子的精神该有多痛苦呀。微不足道的痛苦，就足以使孩子感到自己很不幸。孩子一旦习惯于自己的痛苦，便开始对周围一切抱漠不关心的态度，心肠变硬了，到了这时候，悲剧就进一步发展了。一副铁石心肠，这是残酷的肥沃土壤。如果班内有不幸的孩子，而同学们又不设法减轻他们的厄运，那就永远不会有良好的、友爱的和相互关怀的集体。

然而也不能允许用分数来娇纵学生，遗憾的是，这正好经常在学校中发生。只要孩子说出了一个词，马上就给他打一个 5 分。往往还有这样的情况：用同一个问题提问好几个学生，而每个学生都得了分数。其结果是形成了孩子对学习的轻率态度。孩子始终应当意识到分数是在智力上做出努力的结果。

学生应当深信，智力活动——这是一种劳动，要求巨大的努力、集中意志力、善于迫使自己舍弃很多娱乐。正是在劳动的气氛中，才能形成顽强性和意志力。学生如果学会了批判地对待取得的成绩，对自己的工作感到不满，并力求做得更好些，他就永远不会成为一个游手好闲的人。

孩子亲身体验到如何在脑力劳动中取得成绩，就会习惯于自我监督。顽强工作、争取优异成绩的习惯，使孩子不能容忍粗心大意完成的工作、无所事事和懈怠懒散。

当劳动的欢乐和学习的成绩已成为激发孩子学习的主要动力时，班内就不会有偷懒的学生了。真正的教育大师很少去同个别偷懒的学生进行斗争，他们同作为智能冬眠的后果的懒惰进行斗争。

只给优良的脑力劳动成果评分的制度，渐渐为低年级班、中年级班和高年级班全体教师所采用。读者可能会问：在学季末或学年末，若是有的学生某门学科没有成绩，那该怎么办呢？问题就在于，对孩子来说，没有成绩是比 2 分还要大得多的灾祸。在学生的意识里便确立一种思想：如果我还没有分数，这说明我还没有好好地下功夫。因此我们几乎没有学年即将终了而学生还没有成绩的情况。四年期间，我有六次在学季结束时没有给孩子打分。家长知道，如果儿子或女儿的记分册里没有成绩，这说明并不是一切顺遂。他们也知道，没有成绩，这不是孩子的过失，而是孩子的不幸；而有了不幸，就应当帮助。于是我们一起来帮助学生。我说服家长们，要他们切勿要求孩子取得最高的分数，不要把不及格的分数看成是懒惰、懈怠和不够用心的标志。

个别教师轻率地使用分数这一细致的教育工具。在很多学校里已形成一种看法，3 分似乎是一种该受指责的东西。“我们在学习中要消灭 3 分！”

这种口号响彻少先队的集会。这种口号在儿童报刊上也可以见到。教师鼓励这样来对待中等的学习成绩，实际上是在挖自己的墙脚：造成孩子不求甚解、粗枝大叶。

二年级开学后过了几个星期，孩子们就登记记分册，把课内得到的分数记入册子。孩子企图向家长隐瞒分数的事，一次也没有发生过。如果分数反映进步的欢乐，就不可能不是这样。教师不需要在记分册里签什么名。签名是旧学校连同它师生之间互不信任和相互怀疑的气氛的残余。如果班内没有相互的信任，如果孩子企图欺骗教师，如果分数成为成人用来驱赶孩子的鞭子，正确教育的基础本身也就毁坏了。

学校最大不幸中的一种——孩子不诚实，既欺骗教师，又欺骗父母，就始于不公正地打一个2分。孩子为了向父母隐瞒自己在学校得的坏分数，向教师隐瞒自己的懈怠，他什么诡计施不出来呀。您愈不信任学生，孩子就愈在欺骗上花样翻新，懒惰懈怠的土壤就愈肥沃。懒惰，这是不信任的产物。我教的孩子，他们首先是活生生的人，是活蹦乱跳的孩子，其次才是学生。我给他打的分数，这不仅是他知识的测量器，首先是我对他这个人的态度。

我向全体教师建议：请你们珍惜孩子的好奇心、求知欲和渴求知识的火花。点燃这一火花的唯一能源就是劳动中取得成绩的欢乐和劳动者的自豪感。要用恰如其分的分数奖励每一次取得的进步和每一次困难的克服，但不能滥用分数。别忘记，你们教学技巧的基础，就在孩子本身，就在他对知识和对待您，对待教师的态度之中。这就是学习的愿望、激奋的精神、克服困难的决心。要关怀备至地加强这个基础，没有它就没有学校。

【问题与思考】

1. 为什么苏霍姆林斯基不赞成给小学生打不及格的分数？你赞成给学生打不及格分数吗？你认为打不及格分数有无可能造成一些问题？可能是哪些问题？如何避免这些问题的发生？（建议小学老师尝试一下，并记录和研究出现的问题。）

2. 为什么苏霍姆林斯基一方面反对给小学生打不及格分数，另一方面又反对用分数来娇纵学生（例如轻易打5分）？这对教学评价有什么启发意义？

3. 你如何看待考试中的作弊现象？借鉴苏霍姆林斯基的评分思想，你认为杜绝作弊需要采取哪些措施？

4. 苏霍姆林斯基所说的评分，是指教师本人所进行的评分。而实际上，多数教师还要面对由上级部门（包括学校、年级组、教研组等）进行的形形色色的考试，那么，苏霍姆林斯基关于评分的思想，还有意义吗？有怎样的意义？

〔2〕要爱护儿童敏感的心灵①

我开始教师工作的时候，刚刚17岁。那时我在五年级各班担任语言文学课教师并兼任少先队辅导员。

我第一年在少先队工作时，曾发生过一件令我终生难忘的事情：

一个一向沉默寡言，看来有些孤僻的五年级学生沃洛佳打伤了同班同学谢廖沙。事情发生后，沃洛佳一直执拗地沉默着，不愿对干出这件事的原因做任何解释。谢廖沙也一言不发，但在向老师告状时却再三重复说沃洛佳平白无故地就把他狠狠地揍了一顿。

当时我对孩子们之间错综复杂的相互关系还不很了解，因此轻信了谢廖沙，认为这次打架应该怪沃洛佳。于是我把作为一个教师的仅有的武器搬了出来对付沃洛佳。我决定向全班做一次训话，并认真地做了准备。我把沃洛佳形容成一个没有感情的、粗暴的、欺侮弱小同学的孩子。我坦率而发自肺腑的谈话果然对全班同学起了作用。我很满意，我感到班上孩子确实越来越相信沃洛佳是不对的了。

但是同学们越这样看，沃洛佳脸上的表情就越明显地使人感到他不是心悦诚服，不是后悔，不是希望老师原谅他。相反的，他有的只是恼怒，他自负地认为自己是正确的，并下定决心今后仍不和大家在一起。他的这些情感都毫无掩饰地、清楚地表现在他那万分激动的直接向我投来的目光里。

在我看来，沃洛佳根本没有像样的理由可以认为自己是正确的。因此，我把他坚持自己意见的表现看作是固执，而没有看成是优点——儿童应有的顽强性。我为了改变他的固执态度，继续分析他的行为，把他说成是一个没有勇气请求同学原谅自己的顽固儿童。

① 节选自《要相信孩子》，教育科学出版社，2009年，1页。

这种严厉的谴责我事后才明白是不公平的，它使沃洛佳再也不能忍受下去了，他从座位上跳起来，压低了声音激动地说：

“我可什么也不怕，我不说话绝不是因为我害怕。谢廖沙自己清楚我为什么要那样揍他，他没有把真情说出来。”

一次准备得如此充分的教育活动就这样彻底地失败了。我立刻与其说是明白了，不如说是感到了他是对的。因为只有坚信自己是正确的人才有可能这样坦率地说话。后来我了解到沃洛佳果真是正确的。

沃洛佳的这件事使我回想起过去我和孩子们之间，以及个别同学之间发生过的大大小小的冲突。是沃洛佳使我学会了非常重要的一点，那就是：为了关怀儿童，不仅要理解他们的精神世界，而且还要学会用他们的思想和感情来生活，把他们的忧伤、焦虑和为之激动的事情统统装在自己的心里。也就是像俗话所说的那样要“设身处地”。

从此以后我懂得了，教育者不应该是一个不动感情的，只按着某些具有抽象公正性的条条办事的审判官。教育者应该是一个活生生的人，一个和孩子们一样对周围事物有喜怒哀乐反应的人。一个真正的教师有时也会因一时不慎而犯急躁，但只要他是出于好心，孩子们是会谅解的。

随着我对儿童内心世界不断深入的探讨，随着我逐渐学会用他们的思想和感情来生活，我越来越明确了我们从事教育工作的人的一条十分重要的真理：在了解儿童内心世界的时候，不应伤害他们心里深处最敏感的地方——人的自尊感。不恰当的，没有分寸的关心，如果伤害了儿童的人格、自尊和自豪感，那么也会像直接的侮辱一样刺伤儿童的心灵。在我所工作的帕夫雷什中学里，我们是依靠培养学生的自尊感来和上课回答问题时彼此提示、课下互相抄作业和考试作弊等现象做斗争的。我们在开学后的头几个星期里就培养儿童以独立完成作业为荣的感情。这样做的结果，孩子们自己就会气愤地拒绝那些想要在书面作业时偷递小抄，或是在口头回答时进行提示的“好心的”同学。如果教师想要采取这种方式“帮助”同学，就更不妥当，更不得体了。遗憾的是，我在地理课上见到了一次表现得十分明显的这类“帮助”。课上教师要求七年级学生按照暗射图回答问题。但是教师特许一位久病的女同学按一般的地图回答问题。这个女同学把地图打开，挂到墙上之后，结结巴巴地回答起来。她答着答着忽然哭起来了。因为教师对她的宽容，使她感到受了侮辱。此后很长一段时间她都不再信任这位地理教师，教师在做了大量的细致工作后才恢复了和这位同学的正常关系。

至于教师因没有发现自己的做法不妥帖、欠周到而使学生越来越疏远自己的例子，在学校生活中就数不胜数了。十年前帕夫雷什学校里发生了一件我永远不会忘记的事情：

那是在一年级第一堂课上，四十双眼睛全神贯注地望着教师。孩子们屏住气息听教师介绍学校的情况和学生守则。当教师讲到手、耳朵、衣服都要保持清洁时，所有的孩子都把自己的手放到桌面上仔细地端详着，还互相地检查着。这时女教师发现一个坐在前排的，黑眼睛的小男孩的耳朵很脏，她看了这个小男孩一眼就说：

"大家看，格里沙的耳朵多么脏！他没有洗耳朵就来上学，这样是不行的。"

小男孩的脸先是发红，后来就发白了。39个孩子同时看着他。从孩子们的目光里可以看出，有的是出于孩子特有的好奇心，当时格里沙简直不知怎样才能回避这些目光，所幸的是没有一个孩子是幸灾乐祸的。

教师对她自以为成功的教育方法感到很满意。她想：这样一来，这个孩子就永远不会脏着耳朵来上学了。接着她又对孩子们讲应该怎样举手，教师提问时应该怎样起立，离开教室时应该怎样请求老师的允许。然而她却没有注意到格里沙一直到下课前都一动不动地坐在那里，也没有注意到格里沙已经不像在这以前那样目不转睛地注视着她的每一个动作。两只眼睛虽睁得大大的，但眼眶里却饱含着泪水。而教师却根本没有感到她的批评竟会使孩子伤心得哭也哭不出来。这是格里沙生平第一次真正感到伤心。

第二天，格里沙没有来上学。教师对此并没有予以重视，因为除了格里沙以外，还有两个男孩子也没有来上学。第三天格里沙来了，头发剃得短短的，脸洗得干干净净的，身穿一件白色的衬衣。他坐在那里显得有些紧张，呆呆地往一个方向看，也不知是在看课桌还是在看黑板。可是教师却只注意到格里沙洗得干干净净的耳朵和手，忽略了他那拼命想集中注意力的样子绝不是一个7岁儿童所应有的。

一年级算术课上，孩子们都学会了数小棍子，并能从一数到十。只有格里沙数起来没有把握，常常出错，而且还摆不好小棍子，因为他的手老是发抖。他总觉得全班同学都在看他的耳朵，所以把头垂得低低的。教师对这一切都毫无察觉，相反的，她认为格里沙心不在焉，注意力不集中，因此还责备他说：

“应该集中注意力!”

晚上，教师到格里沙家里去，找他母亲了解格里沙前一天没有上学的原因。母亲解释说：

“他第一天从学校回来以后就哭了。我问是不是有人欺侮了他，他说他肚子痛，于是我就让他留在家中了。结果他真的闹肚子，但很快就好了。后来他要求我把他的头发剃短，特别要求我把头给他洗干净，还有几次要我看看他耳朵后面洗干净没有。9月1日前，我因为不在家而没有来得及给他做好上学前的准备。开学那天他不是一个人去学校的吗?”

这次谈话后，还是没有使教师明白过来。

一年级的孩子们开始按字母表认第一批单词了。格里沙早在入学前就已经在家里学会了几乎所有字母，但在教室里他读得很不好，声音发颤，而且总是吞词尾，有时甚至把整个音节都丢掉了。教师又批评了他。这次是说他懒惰、散漫。

“你在家里是根本没有念吧? 不能总这么懒呀!”

字母在格里沙眼前跳动了起来……而女教师却怒不可遏。于是她又去找格里沙的母亲告状，说格里沙懒惰，注意力不集中，还说他性格很坏。

女教师所采用的方式是错误的，因而严重地伤害了孩子。可是她不但没有改正自己的错误，反而一而再、再而三地继续不公平地谴责格里沙，从而也就更加深了她自己的错误。

期中考试时，格里沙的算术和阅读都是2分。在校务会上，女教师把格里沙成绩低劣的原因归咎于孩子的懒惰、粗心大意、注意力不集中。发成绩单后的第二天，格里沙的母亲就来找我了。她坚决要求我把她的孩子调到其他班里去。起初，她一直不肯说出要求调班的原因，后来才把情况原原本本地说出来了。原来格里沙终于把自己的伤心事告诉了妈妈，向妈妈倾诉了自己极大的委屈。他含着眼泪重复地对妈妈说，所有的孩子都看着他的耳朵。

我们在教务会议上讨论了这件事。大家就教师在工作中应如何掌握分寸，还就儿童的自尊心、儿童的苦衷如何会引起儿童的痛苦等问题严肃地交换了意见。这件事情告诉我们，教师对自己所说的每一句话和所提的每一个意见都应该慎重从事，考虑再三。儿童的心是敏感的，这颗心可以吸收一切好的东西。如果教师能引导儿童向好的榜样学习，启发他们效仿一切好的东西，也就是不使儿童心灵受到伤害，不使他们感到委屈地自然消失。这位女教师在教育方法上所犯错误的根源，在于她对待儿童采取了冷漠无情的态度，她不应该在全班同学面前把孩子置于反面教材的地位。

事实上这件事完全可以采取另外的方式来处理：比如让孩子们看一看某一个手洗得干干净净的小男孩，或者看一看某个穿得又干净、又整齐的同学，然后再号召大家向好的榜样学习。说话的时候，教师可以有意识地特别看格里沙一眼，用自己的目光向格里沙示意。

这位教师的错误还在于没有注意、没有理解儿童的苦衷。这种错误是教师们经常容易犯的。他们往往批评了某个孩子之后就把这件事忘掉了。

教务会议决定把格里沙调到另一个平行班里去，正像大家所预期的那样，格里沙果然是一个既用功勤奋而又细心的学生。尤其突出的是，过去被那位女教师认为没有数学才能的格里沙，在五、六年级时就恰巧在数学方面表现出了极大的才能。

要想形成儿童良好的道德面貌，必须发展并巩固儿童自我尊重的感情。任何一个考虑问题较深的教师都知道，每一个学生，哪怕是一年级的小学生，如果他感到老师对自己的印象比自己的实际表现坏，他的自尊心都会受到极大的伤害。相反的，如果儿童不仅知道而且体会到教师和集体对他个人的优点既注意到了，又很赞赏的话，他就会尽一切努力变得更好。事实上教育技巧的全部奥秘也就在于如何爱护儿童这种积极向上的精神和努力提高道德水平的积极性。反之，如果儿童自己不想学好，那么任何一个教育者也无法硬让好的东西在儿童心里生根。因此，只有在教师和集体都能首先看到儿童身上的优点的地方，才可能出现这种积极要求向上的热忱。

……

每一个儿童都有自己的缺点和弱点。有的习惯于把今天的事拖到明天去做，有的喜欢在课堂上说话，有的认为把最亲近的伙伴拉到一起淘气是最大的乐趣，有的怕困难不愿自己独立解习题而愿去抄别人的，等等。因此有时使人感到儿童似乎从干坏事中寻找乐趣，事实绝非如此。尽管儿童的生活经验极其贫乏，但七岁的儿童已经完全懂得缺点对一个人来说并不光彩，因此总想方设法掩盖它，尽量不让集体察觉，以免受到大家的谴责。

有些教师尽量想通过直截了当的，似乎是最可靠的方法来改正学生的缺点。他们把孩子的弱点公之于众，希望儿童自己以批判的态度评论自己的行为，“醒悟”过来，然后努力改正。但在绝大多数情况下，这种教育方法是最不成功的，因为这样对待儿童的心灵，就好比把他们最敏感的地方——自尊心、个人尊严、自豪感统统暴露于外，并使之受到伤害。这样做的结果，是儿童就会很自然地起来保护他们自己，尤其是当他们确信自己有了痛苦而教师反倒觉得愉快时，更会这样做。

【问题与思考】

1. 请思考这个案例：

我在地理课上见到了一次表现得十分明显的这类“帮助”。课上教师要求七年级学生按照暗射图回答问题。但是教师特许一位久病的女同学按一般的地图回答问题。这个女同学把地图打开，挂到墙上之后，结结巴巴地回答起来。她答着答着忽然哭起来了。因为教师对她的宽容，使她感到受了侮辱。此后很长一段时间她都不再信任这位地理教师，教师在做了大量的细致工作后才恢复了和这位同学的正常关系。

为什么这个学生会感觉到受了侮辱？苏霍姆林斯基一直强调教学中的“个别对待”，包括在许多时候给不同的学生不同的题目，那么，学生难道不会感觉到被歧视？这之间的区别在哪里？现在有些老师尝试“分层作业”，你如何评价这种做法？

2. 仔细阅读格里沙这个案例，想一想，苏霍姆林斯基的意图究竟是什么？学生不可以公开批评吗？格里沙与沃洛佳这两个似乎截然不同的案例中，老师的错误有什么共性？违反了哪些原则？对你有什么启发？

［3］彼佳的故事①

很可能，你们当中的每一个人，都正在为这种现象伤脑筋：一个班里的儿童都在聚精会神地听教师讲解数的乘法，彼佳也在听。看上去他甚至比其他孩子听得更聚精会神、更用心，至少他是非常希望听懂的。结果，其他孩子都听得懂并掌握得很好，做完了习题。但是，彼佳却没有听懂，教师布置了独立作业，大家都在分析题意，着手一个一个地解题。不一会儿，班上所有孩子几乎都把题解出来了。只有彼佳一直坐在那里，对着习题发愁，垂头丧气：他无论如何也弄不明白题意。好几次他试图把式子列出来，加呀，减呀……但是得不出任何结果。更确切地说，他自己也不知道结果是求出来了还是没有求出，因为他不明白这道算术题是什么意思，

① 节选自《和青年校长的谈话》，教育科学出版社，2009 年，137—143 页。

老师要求他从中求出什么。有的儿童能懂得教师的讲解、提出的问题和布置的作业中的个别词句，但是弄不懂句子之间的相互关系。

在每一所规模大的学校里，想必都会有像彼佳一样的学生。一般说来，这类学生成绩不好，学习跟不上。但是，他们留级的原因，是相同的。如果教师费了很大的力气能把彼佳“拉到”五年级，这固然很好，但是也有这样的情况：这个孩子读到三年级，就再也升不上去了。这里有一种情况似乎有些奇怪和难以理解：彼佳比较容易学会阅读，一开始似乎也能够跟上其他孩子的速度，但是到了要同时掌握技能和知识的时候，他就越来越跟不上了。在这种情况下，校长常常责备教师不会教学生，而教师又责备学生不用心，不刻苦，花在做家庭作业的时间上太少，懒惰，抄袭别人作业等。教师的所有这些说法往往是正确的：儿童理解能力差、反应迟钝，常常是跟不用心联系在一起的，而不会想、不会集中思考又导致懒散。

为了帮助难教儿童克服这种毛病，教师在课上和课后都要对他们进行个别辅导。如果难教儿童能勉强地跟班升级，那主要是由于对他行了补课，对他降低了作业难度。当了解到难教儿童不管怎样努力也掌握不了跟其他儿童同样多的知识时，教师就开始用特定的标准来评定这类学生的学习成绩，并且对每一个难教儿童都有不同标准。这类孩子竭尽全力来完成教师要求他做到的事情。他信任教师，尊重教师。他珍视自己每一个微小的脚步。教师的表扬，是促使他学习进步所不可缺少的内在精力的活的源泉。教师从不责备彼佳懒散或者不动脑子笨，对他的力量也不丧失信心。他在精神上给孩子以支持。如果这孩子以难以置信的勤奋在学习，这种力量的真正来源就是他对教师的真诚的信任。这种教师确实是高明而又有极大耐心的：虽然他看到他花了很大的努力才取得了一点微小的、极其有限的进步，但是他相信，这孩子最终一定会达到他所追求的目标。我想把教师的这种信心、这种希望，比作医生对卧床不起的病重患者的那种信心和希望。

教师的这种信心和希望，终于获得了报偿：在彼佳的智力活动的某一个阶段上，出现了乍看起来无法理解的豁然开朗的局面。突然间，这个孩子读完了习题之后，一下子就理解出来，而以前这种习题他是根本解不出来的。他体验到一种十分兴奋的快乐感。他胜利了，一种豁然开朗的难忘时刻到来了：那些以前弄不明白的、搞不清楚的东西，忽然间在他面前敞开了，变得清晰了。这不是偶然的，而是一个人在脑力劳动中永不丧失信心的合乎规律的结果。的确，关键就在于要使儿童相信自己的力量，并有情感的动力。我们不可能用什么异乎寻常的办法，对难教儿童的意志施加影响，使他们的意志活动发生质变，不可能用强制的办法使一个人变聪明。谁要试图用强制的、“坚决的”手段来影响儿童，他就会犯难以纠正的错误。这种错误之所以难以纠正，或者一般地说无法纠正，是因为使用了这种手段之后就是那些必须采用的，而且唯一可以采取的办法，也变得不起作用了。要求老师的最重要一点，乍看起来似乎是非常简单的，但事实上是一种最细致的教育技巧，这就是：要加强儿童对自己力量的信心，并且要耐心地等待儿童智力活动中哪怕只是微小进步的时刻的到来。这种进步，这种豁然开朗的局面，并不意味着这个儿童在今后的学习上将会一帆风顺，会完全变成另一个人。事情远非如此简单，这个进步实际上非常微小，乍看起来它好像不过是偶然的成功。但这个进步使孩子体验到取得胜利的快乐，从胜利中汲取新的力量。你们要爱护难教儿童的这种快乐情绪。这种快乐情绪乃是教师施展教育技巧的基础。由一个胜利到另一个胜利——这就是对难教儿童进行的智育过程。如果他今天有什么还没掌握，你不要给他打“2”分，不要急于根据评分标准十分严格地评价他的学习成绩，使他受到打击。娇嫩的、纤弱的幼苗需要特别的照料。我的看法是，教育问题不是能用什么万能的方法一下子就加以解决。

对待事物的乐观愉快的心情，对自己力量的信心，用形象的话来说，就是照亮难教儿童前进道路的火光。如果扑灭这个火光，儿童就将陷入黑暗、孤独之中，感到无限悲哀和绝望。

现在让我们来看看，如果儿童丧失了对自己力量的信心，将会产生怎样的后果。

教师认为儿童跟不上班是由于不用心、不刻苦、懒惰，因此就在课上和课后尽量地加重这些学生的负担，并且叫他们留下来补课。可是这样做却收不到任何积极的效果。学习对彼佳来说变成了苦恼的、讨厌的事情。他知道，不论怎样反复地读课本和做作业，反正总是得“2”分。他似乎觉得，老师之所以把他留下来补课，只不过是为了再给他打一个“2”分罢了。他已经学会对老师和父母撒谎，学会了抄袭别人的作业。他甚至在能够独立完成作业的情况下也是如此。因为抄袭作业不用费脑筋，而且他的同班同学都同情他，总是“帮助”他——把作业给他抄，因为他们知道这样可以使他在学校和家里免去许多不愉快的事情。

对于把家庭作业借给自己的同学去抄的行为，无论怎样禁止，怎样恐吓，一般来说，都是无济于事的。你们仔细想过这是为什么吗？这种给同学以帮助的动机，实在是出于对不会做作业的同学的同情。但是那些懒惰的学生也逐渐地习惯于抄袭作业了。学生们出于习惯，对于懒惰成性的同学也不拒绝提供这种帮助。何况要求儿童分清谁是懒惰，谁是确实不会做，也是不可能的。

懒惰，通常来自散漫，并由此而产生无知。彼佳逐渐地变懒了，有时候也会变成一个恶作剧的人：当教师不愉快时，他反而幸灾乐祸。因此，毫不奇怪，"脑筋迟钝"的、"什么也不懂"的学生常给教师带来很不愉快的事。我们听到许多关于智育和德育相互联系和统一的议论。大家议论的内容很多，譬如：历史课上学习了斯巴达克思领导的奴隶起义，学生们便对压迫者充满了仇恨；学生认识了宇宙的无限性，便形成了唯物主义的信念，等等。这一切确实非常重要。但是这里必须具备这样的条件，即在学生掌握知识的过程中，要使他确立起自身的尊严感，珍惜自己的荣誉、名声。如果这些情感迟钝了，学生感到自己什么都不行，那么关于智育和德育统一的一切理论都变得毫无用处，因为学生的心里失去这些感情，他就会对周围发生的一切都采取漠不关心的态度。

看到一个孩子的自尊心丧失到如此程度，看到他竟然因为自己成了同学嘲笑的对象而感到得意，心里真有说不出的难过。

某种程度的、可能是不很明显的智力异常发展，会逐渐地转变成道德方面的现象。有多少这样难教的学生正坐在课桌旁（多半是坐在最后一排），他们又给自己的家长和老师带来多少麻烦啊！让我们设想自己处于彼佳的地位。如果我每时每天、月复一月地总是感觉到自己比同学落后，不能做到同学能做到的事，那么我的心情将会怎样？我会怎样对待老师？虽然关于斯巴达克思和宇宙无限性的讲述很生动，但是这在我的心灵里会留下什么呢？这些感到自己是失败者的学生怨恨、恼怒、任性、不听劝告、无礼，甚至变得残酷。他们坐在课桌旁边，心焦地等待下课的铃声，在教室里放起纸折的仙鹤（这是往好处说）。他们用小刀刻桌子，或者把电灯泡拧下来，有时候，好似晴天霹雳一般，传来了彼佳离家逃走的消息，教师大为震惊……观察表明，在某些班级里，教师对这类儿童，特别是对这一类，花费了那么多的心血，以致他往往再也没有精力去对大多数学生进行正常的工作。同时还不应忘记，如果一个班级里有两三个对什么事都无所谓，丧失了信心的学生，那么教师对这个班集体的教育影响实际上就大为削弱了。

【问题与思考】

1. 苏霍姆林斯基一方面说“为了帮助儿童克服这种毛病，教师在课上和课后都要对他们进行个别辅导”，一方面又批评“教师认为儿童跟不上班是由于不用心、不刻苦、懒惰，因此就在课上和课后尽量地加重这些学生的负担，并且叫他们留下来补课”这种现象，你认为这矛盾吗？区别在哪里？

2. 彼佳的案例启发我们，孩子的自尊心最重要的源泉是什么？老师可以在这方面做哪些工作？

〔4〕学习兴趣是学生学习活动的重要动力①

掌握知识和获得实际技能，是孩子在教师指导下的复杂认知活动。这一活动的重要动力是学习和掌握知识的热切愿望。列宁说：“没有‘人的感情’，就从来没有也不可能有人对于真理的追求。”②

孩子在教学过程中产生的真正激情，在培养学习愿望方面起着巨大的作用。教师的任务是坚持不懈地发展孩子对学习的真正满足感，以便使孩子产生和确立热切希望学习的情感状态。本文讨论的就是这个问题。

在分析 1949—1950 学年度八年级的功课时，我们注意到个别学生对学习、对自己的成绩和同学的成绩，有某种得过且过和漠不关心的态度。这种漠不关心表现在对书面作业的分数和回答教师问题的好坏都无所谓。就拿女生塔马拉来说吧。她在有几堂课上回答得很出色，但这种成功只是偶尔有之，并未使她情绪高涨，甚至并未使她高兴……学生格里戈里、阿拉等对自己的成绩同样抱无所谓的态度。不及格的分数未能使这些学生感到焦虑，他们对同学的成功与失败也无动于衷。我们给自己提出一项任务——对这些学生的课堂和家庭作业做一番分析，以便揭示这种消极被动和缺乏热情的原因。

通过听取和分析阿拉在文学、代数、物理和历史课上的回答问题的情况，我们得出的结论是：这个学生在回答问题的时候，并没有产生一种兴奋和激动的情绪，而这样的情绪往往是与学生紧张之后才能完成作业有着联系的。所以，在她的思维活动中，没有克服困难的强烈意向，而且，她

---

① 《苏霍姆林斯基选集》卷五，1 页。

② 《列宁全集》第 25 卷，人民出版社，1988 年，117 页。

也发觉不了困难之所在。例如，在评价拉季舍夫①的作品《从彼得堡到莫斯科旅行记》中的形象时，阿拉只是停留在最容易的地方。显然，在准备家庭作业时，她并无思考一切和分析一切的愿望，也就是说，她采取的办法是机械地背诵不怎么费劲就能在班里转述的最容易、最明白的东西。阿拉的回答声音单调乏味，既不能打动她本人，也不能打动同学。对这个班的不少学生也可以这么说。

我们注意到，对同学回答问题的好坏，在班里没有那种利害攸关的集体气氛，而这种气氛乃是热心对待整个集体学习情况的结果。一个学生回答得不好，前言不搭后语，全班对他漠然置之；同学的回答良好，知识掌握得不错，也不能激励任何人。如果说"2"分还能引起一个学生的不安，那么"3"分也就心满意足了。我们注意到，得了这么个"3"分，许多学生都能轻松地坐到座位上去。学生们把家庭作业首先当作应当去"背会"的几页教科书来接受的。

这种观察使我们得出结论：必须在教学过程的组织中找出学生在课堂上这种冷漠态度的原因。对教师某些课堂教学情况和工作方法的分析表明：教师本身对工作缺乏热情是导致学生课堂冷漠的根源。例如，文学教师在备课时没有把注意力集中在最困难的地方。不仅如此，他还力图最大限度地降低这个"难点"的难度，造成一种教材中没有任何复杂之处、一切无须特别努力就能轻易掌握的印象。大纲中的难点概念和难点部分，他没有着重强调，学生的注意力也没有集中在这些地方。这是不正确的方法。教师不是教会学生去克服困难，反而用"缓和矛盾"的伎俩人为地去降低难点教材的领悟难度。这样做的后果，难点教材有时实质上是被放过，或者一带而过。例如，大纲要求学习亚·尼·拉季舍夫的社会政治观点。在讲述这部分教材时，教师对学生说："你们只要记住拉季舍夫是俄国第一个革命者就行，这对你们足够啦。"教师的这种提示，导致了学生死记硬背现成词句，而不去深入理解概念的实质。

冷漠，对待学生的认知缺乏热情，是这位教师工作中的一大缺点。很糟糕的回答既不能触动他，也不能促使他去想一想学生知识贫乏的原因。无论是打"5"分，还是打"3"分、"2"分，他同样无动于衷，所以学生

① 亚历山大·尼古拉耶维奇·拉季舍夫（1749—1802）：俄国革命思想家、作家，其代表作《从彼得堡到莫斯科旅行记》（1790）对人民的生活满怀同情地做了真实描述，对专制政权和农奴制度做了尖锐的揭露。

并未把得到好分当作顽强学习的结果，而当作偶然的事：差分也被认为是不走运，碰上了“难题”。

我们得出这一结论，依据的是具体事实。学生赖萨的文学得了不及格。课间休息时，我们问她：“为了不得不满意的分数，你该怎么办?”她回答说：“如果我碰上一个比较容易的问题，我会答好的……”这句答话证明，某些学生寄予希望的不是自己的知识，而是运气。为什么学生对学业会产生这样的看法呢?

在研究学生的知识和提问方式时，我们查明：这位教师有意无意地对学习差的学生提出较容易的问题，而对学习好的学生提出较困难的问题。这种“定式”导致的结果是：学生们一听到教师面对全班的提问，差不多已经断定这个问题是对谁而发。在某些学生那里，确信自己“学习差”的观念已经形成。如果教师对这些学生提问时总是避难就易，又怎能不形成这种观念呢?例如，教师和全班同学都已习惯这样的评价：赖萨无论学哪门课，其中也包括俄国文学课，都只能得“3”分。她本人习惯于这种评价，教师们对此也坚信不疑。如果赖萨偶尔得了个“4”分，她此时此刻感受到的与其说是满足和高兴，倒不如说是尴尬。

在其他教师的工作中也能指出类似的缺点。数学教师在课堂上解几何题时，总是提问学习能力较强的学生，而没有把学习能力差的学生吸引到积极的学习活动中来。某些学生经常做不好家庭作业，而对此，这位数学教师和学生们都认为是不可避免的必然现象。

在分析了八年级学生的学习后，我们把“培养学习愿望是培养强烈兴趣的稳固情感状态”的问题提交学校教务委员会讨论。上述缺点的揭示，促进了批评与自我批评的开展。全体教师得出一致结论：学习的热切愿望是苏维埃学校里的一种政治道德情感，而培养这种情感首先有赖于我们教师。学习愿望并不取决于学生的某种天赋才能，这是在日常学习活动和克服困难的过程中培养出来的一种品质。学生，特别是高年级学生，是能够把教师语言的真正激情与虚伪做作的“热情”区分开来的。他们不喜欢冷漠无情——不是外表上的冷漠无情，而是隐藏在骨子里的教师不相信学生力量的冷漠无情，所以，真正的布尔什维克式的激情，应当成为每个教师不可或缺的品质。没有这一点，没有对学生的学业利害攸关的真挚情感，就不可能提出培养热切的学习愿望的问题。

教育集团向每个教师提出一项任务——在备课时深入思考学生克服学习困难的途径，无论在任何情况下也不回避这些困难，而要引导学生想办法克服困难，——虽说有苦难，但却有获胜的办法。每个学生都应当振奋精神、孜孜以求，争取学习的优异成绩。学生能否振奋学习精神，不取决于谈话、开会之类的某种特别措施，而首先取决于教师能否正确组织学生的学习活动。培养热切的学习愿望这一问题的提出，其本身就是促使每个教师去考虑自己工作的整个方法，首先是讲授新教材的教学法。

下面，我们再以那个八年级为例，展示一下全体教师在培养学习激情方面取得了什么成绩。在上半学期末，班里俄语不及格的有 4 名学生。这门课的这种差分只能靠埋头苦干的工作才能消除。为此，就必须使成绩不好的学生看到最初的，一开始也许是很不起眼的进步。学生尼古拉对不及格习以为常了，作文和听写的“2”分已不能使他感到焦虑了。他相信他的俄语永远也得不到好成绩，这种想法是如此牢固，以至他觉得完成这门课的家庭作业简直是一种沉重的负担。教师雷萨克为自己立下一个目标——打通“不感兴趣”这堵墙，在尼古拉和其他学生那里树立起能够成为文理通顺者的信心。

这位教师给 4 名俄语不及格的学生留了作业：每天抄写一页高尔基的《母亲》，在有关规则的基础上分析和解释每个词的拼写法。这项工作的真正成果只有在耐心细致和埋头苦干完成它的情况下才能显示出来。学生们之所以对它产生兴趣，是因为它与完成普通的练习不同。他们感到，教师对新的作业形式寄予了巨大的希望，相信他们的知识必能日臻完善。这增强了他们的毅力，才过了一个半月，就已初见成效。无论是尼古拉，还是其他 3 名俄语不及格的学生，都在《母亲》的原文中找到了他们几年来草率犯下语法错误的那些词。对其他文艺作品，他们现在也开始细心阅读，并且能在其中找到说明所学语法规则的例证。遵照教师劝告，他们编制了拼写法词典，在词典里，每一语法规则都有相应的栏目。所有容易拼错的词的正确写法都抄入了词典。终于来到了这一天，4 名成绩不好的学生俄语听写都能及格了。这一点更使孩子们欢欣鼓舞。

教师提议让这几个八年级学生做一次这样的家庭作业：以“伟大的俄罗斯语言”为题写一篇文章。他们对这次作业都很努力。文章两周后交给了教师。尽管在修辞上还有不尽完善之处，但从拼写法的角度来看，都写得合乎要求，被评为“3”分。这次成功不仅对“后进生”本人，而且对班里其他学生，都产生了巨大影响。大家都看到，由于勤奋学习，4 名学生都取得了一定的进步，而且都已相信，每个人只要严格要求自己，都可以学习得更好。在班集体里，终于形成了催人奋进的紧张气氛。这种气氛是整个学生集体的重要情感状态：随之出现的是成功地完成当前学业的信心。

创造这种成功的“预感”，是教师培养掌握知识的持之以恒的愿望的最重要任务。

我们得出结论：在掌握知识和完成作业的每一具体阶段克服困难的过程中，学习的热切愿望也是一种精神满足状态。但只有在为崇高目的所鼓舞的学生集体里，才能感受到这种精神满足。当4名学生的学业尚不能取得任何真正的成效时，他们在集体里感到自己是孤独的：集体虽说也同情他们，但不能代替他们学习。然而当这些学生取得初步成绩时，集体已开始把进一步提高学习差的学生的成绩视为自己的目的。

集体对这些学生的成绩的责任感，这些学生对集体的责任感，就是这样形成的。

取得优异成绩的高尚目的，也依托于对自己智力劳动的尊重感。对从前不及格学生学业的细心观察表明：他们已开始体验到学习活动的欢乐。当教师向全班布置新的作文题时，这些孩子已经没有从前使他们忧心忡忡的绝望感。相反，他们感觉到的是紧张的激动心情，这种激动心情也感染了全班。那些俄语作业一向只能得“3”分的学生，一个个也是心潮澎湃，希望取得优异的成绩。

现在，教师的任务是：善于保持整个班集体的紧张情感，并赋予它积极的性质，必须更鲜明地向学生指出他们应当奋力以求的目标。教师宣布一周后当堂写一篇题为“奥涅金与皮却林①”的作文（比较这两个人物形象的性格特点），并宣读了自己就这一题目写作的范文。这就是每个学生应当奋力以求的样板文章。全班聚精会神地聆听着。接着，教师又宣读了这篇范文不同写法的另一稿。学生们显然已经相信：俄语具有无穷的潜力。他们看到：同一种思想，可以用不同的语言手段表达。全班同学怀着浓厚的兴趣投入了当前这篇作文的准备工作。尽可能好地作好这篇作文的愿望，现在是以它可能实现的信心为基础的。学生们都力图深入地把当前这个作文题的内容弄清楚，把提纲编写好，把思想有条不紊地表达出来。在准备这篇作文时，这些八年级学生已不局限于课本，还广泛地利用文艺作品里的文字。

一周后当堂写出的文章，质量大大超过了以往的作文。我们对学生在

---

① 奥涅金是普希金诗体长篇小说《叶普盖尼·奥涅金》中的主人公；皮却林是莱蒙托夫长篇小说《当代英雄》中的主人公。

课堂上完成作文情况的观察证明，学生命笔时激动和紧张的情绪是积极的，这是就学生没有拘束之感而言，而以前的那种拘束之感，乃是平时对学习漠不关心的后果。在观察长期被认为无望及格的尼古拉时，我们看到，呆若木鸡和无动于衷的状态已为活跃所取代。这是才思奔涌的证明，也是完成相应作业所必需的。如果说从前上课 15—20 分钟他们还不能集中思想写作，那么现在铃声伊始他们已经动笔。别的八年级学生写作时也怀着同样的兴致。就这样，学习的愿望成了富有成效的积极情感，调动了学生的全部精力。文章写好后，学生已不复有以往交作文本时的那种沮丧情绪。相反，课间休息时，他们热烈讨论着自己的文章，没有一个学生感到失望或对成功缺乏信心。尼古拉得了“3”分，只有 4 个拼写错误和两个修辞错误。他立刻把写错的词抄进了自己的拼写法词典。在这次作文后，尼古拉的作文又有几次不及格，但现在暂时的失败不但没有使他沮丧和失去信心，反而激发他去克服困难。一经教师向他指出哪些规则还须特别注意时，他就能认真仔细地完成训练熟巧的练习。

教师在课堂上创造的精神饱满和乐观愉快的语调，在培养牢固持久的学习愿望和取得越来越好的成绩方面，具有极大的意义。常有这种情况，从一个教师授课的教学法观点来看，简直无懈可击，但对教材的讲述萎靡不振，针对性不强，以致在孩子们那里形成了一种郁闷心情。教师对教材无动于衷的态度，立即会“传导”给学生，这样一来被讲述的教材似乎成了矗立在师生之间的一堵高墙。这是一个难于捉摸和难于确定的概念，我们在日常实践中往往用“这堂课上得很蔫”这句话来批评这种“课堂语调”。在这样的课堂上，学生没有紧张思考的那种倦意，然而，比起上注意力集中和内容丰富的课来，孩子们上这样枯燥的课更加疲惫。我们学校每年分析本校教师的课都在 400 节课以上。这一工作使我们得出了如下结论：当一个教师不从学生的观点去注意自己的语言，不考虑他的语言应当激发出学生哪种情感的时候，往往会出现枯燥无味、萎靡不振的课。这种课从来也引不起孩子们真正的激动心情，使他们觉得很漫长，而且只有下课铃声才能带来些许生气。在这样的课上，是培养不出学习的愿望来的。所以，除开种种教学法要求之外，对一节课还得提出一个非常重要的要求：一节课应当激发出学生真正的激动心情，亦即对学习的满足感，因掌握新内容紧张思考的疲乏感。在分析和评价教师的每一节课时，我们一向把注意力放在课堂内领悟知识过程的活跃程度上，放在教师使全班同学感到有兴趣的程度上。以这种观点分析一节课，有助于个别教师和整个教育集团在课堂上培养牢固持久的学习愿望。

我们把培养学习愿望紧密地与学生的意志努力联系在一起。一个学生理当孜孜以求，力争学好，但这不是为了满足个人虚荣心和自尊心。激励学习的基本意志动因应当是：对学习的自觉态度，为共产主义建设者的未来活动做好准备，集体亦即班级和学校的荣誉感。为了培养学生的意志力和为集体争光的愿望，我们努力发挥学生集体的作用。当尼古拉和另几名俄语不及格的学生顺利地升入十年级后，学生集体帮助他们取得了更大的进步。

在尼古拉（已在九年级）加入共青团的团会上，他保证今后的学习只得“4”分和“5”分。共青团员们欢迎他的声明。对集体的责任感帮助他调动起克服学习困难的全部意志力。他以教师推荐给他题目写出了富有创造性的作文，还是在上半学年末，他的全部功课都得了“4”分。全班的成绩也有明显的进步：在 1950—1951 学年度读完九年级时，26 名学生中有 16 名得了“5”分和“4”分。

培养认真学习的愿望，是思想教育和共产主义道德教育的一个重要组成部分。明确学习目的和达到这一目的的手段，会使学习的愿望变得切实有效和富有理性。还是在中学里，达到生活中某种愿望就已在青少年男女那里形成。而我们则把帮助每个学生选择能实现的目的，亦即完全切合实际的目的视为自己的任务。在仔细研究孩子们的个人喜好时，我们力求做到让每个学生树立自己的理想。课外活动的正确安排，会促进理想的树立，苏联文学和苏维埃人生活的整个形象，也会对理想的树立产生良好的影响。

在我们学校里，经常举行读书研讨会。在一次读者会上，讨论了普·安格林娜①的《集体农庄田野上的人们》一书。普·安格林娜笔下的苏联女爱国者的形象，对树立社会主义农村经济的诚实劳动者的理想，产生了良好影响。十年级女学生尼娜在会上满怀激情地说，她的理想是成为一名著名的女拖拉机手和共产主义战士。理想的选择促进了尼娜学习成绩的提高，她成了一名优秀学生，顺利地读完了十年级。

学习的热切愿望，明确的学习目的，是学生学习活动最重要的动力。培养这种愿望与学校整个教育、教学工作有着密不可分的联系，而它的实现首先得依靠课堂。培养学习愿望也有助于巩固学生集体、集体主义情感

---

① 普拉斯科维娅·安格林娜（1912—1959）：1933 年苏联第一个女拖拉机队的组织者。两次荣获“社会主义劳动英雄”称号，1937 年起为最高苏维埃代表。

和互相帮助的意向。千方百计地培养这种感情并使之朝向正确的道路，是每个教师集体的任务。这是进一步提高学生知识质量，提高学校教育、教学工作思想水平的保证。

【问题与思考】

1. 请思考这一段话：

在研究学生的知识和提问方式时，我们查明：这位教师有意无意地对学习差的学生提出较容易的问题，而对学习好的学生提出较困难的问题。这种“定式”导致的结果是：学生们一听到教师面对全班的提问，差不多已经断定这个问题是对谁而发。在某些学生那里，确信自己“学习差”的观念已经形成。如果教师对这些学生提问时总是避难就易，又怎能不形成这种观念呢？例如，教师和全班同学都已习惯这样的评价：赖萨无论学哪门课，其中也包括俄国文学课，都只能得“3”分。她本人习惯于这种评价，教师们对此也坚信不疑。如果赖萨偶尔得了个“4”分，她此时此刻感受到的与其说是满足和高兴，倒不如说是尴尬。

难道不应该给学习差的孩子提出较容易的问题吗？难道这不正是“个别对待”吗？在《给教师的建议》第一条“没有也不可能有一个抽象的学生”中，苏霍姆林斯基又赞扬一个老师：

让我们看看帕夫雷什中学教师阿·格·阿里辛柯和姆·阿·雷萨克的数学课吧。在解答应用题的时候（而解题占用上课的90%的时间），他们所教的班好像分成了好几个组。在第一组里，是学习最好的儿童，他们无须任何帮助就能很容易地解出任何应用题；其中还有一两个学生能够即席口头解答，不需要做书面作业：教师刚刚读完条件，学生就举手要求回答。对这一部分学生来说，除了教学大纲规定的题目外，教师还要挑选一些超过大纲要求的习题：应当给这些学生的智慧以力所能及的、但并不轻松的、要求紧张地动脑的工作；有时候，需要给学生布置这样的习题，使他不能独立地解答出来，但是教师给予的帮助只能是以稍加指点和提示为限。

第二组里是一些勤奋努力的学生，他们能很好地完成作业，是和进行一定程度的紧张的脑力劳动、探求和克服困难分不开的。教师们常说，这一部分学生是靠付出劳动和用功学习而取胜的，他们能顺利地学习，是因为他们勤奋用功和坚持不懈。

第三组学生，能在没有帮助的情况下完成中等难度的习题，但是对复杂的习题则有时解答不出。在他们做作业的过程中，对这些学生的帮助要有高度的教育技巧。

第四组学生对应用题的理解很慢，解答也很慢。他们在一节课上所能完成的作业，要比第二组、第三组学生所做的少一半至2/3。但是教师无论如何都不要催促他们。

第五组是个别的学生，他们完全没有能力应付中等难度的习题。教师要为他们专门另选一些题目，始终只能指望他们在一节课上有所进步，哪怕一点点进步也好。这些学生并不是停滞不动、凝固不变的，凡是给人以成功的乐趣的脑力劳动，总是会得到发展学生能力的结果的。

有些教师能够做到使他的每一个学生在课堂上都取得进步。应当去仔细看看这些学生在上课时的脑力劳动的情况。在这里，充满着上面所说的那种师生间相互体谅的气氛，有一种智力受到鼓舞的精神。每一个学生都在尽量靠自己的努力去达到目的。你从儿童的眼光里就能看出那种紧张地、专心致志地思考的神色：一会儿发出快乐的闪光（正确的答案找到了），一会儿又在深沉地思索（从哪里入手来解决这道应用题呢）。教师在这样的气氛里工作是一种很大的享受。

这两位教师，都采取了“个别对待”，他们的区别在哪里？

2. 苏霍姆林斯基非常深刻地指出：“教师本身对工作缺乏热情是导致学生课堂冷漠的根源。”你对工作有热情吗？对所传授的知识有热情吗？无论你有无热情，你认为造成这种情形的原因是什么？而作为老师，自己还可以并且应该做哪些反思改进？

3. “创造这种成功的‘预感’，是教师培养掌握知识的持之以恒的愿望的最重要任务。”结合苏霍姆林斯基的论述，你认为，为什么要创造“成功的预感”？如何创造“成功的预感”？

〔5〕休怕成为慈爱的人[①]

我跟儿童劳教所的一个学员谈话，他15岁，名叫谢尔盖，瘦小，纤弱，我情不自禁地想问问他：孩子，你是怎么落到这里来的？他清癯的面庞上，一双炯炯有神的蓝眼睛流露出内心翻腾的思虑。这双眼睛里有多少悲哀和痛苦啊！我的心不由得沉重起来。谢尔盖偶然阅读了我的著作《要

① 《苏霍姆林斯基选集》第五卷，教育科学出版社，2001年，504页。

相信人》，给我写了一封信，请我听听他的“生活故事”，我就来见他。从我们交谈的最初时刻起，他那稚嫩的年龄和动作与非稚嫩的眼神、思想和体验之间的反差，就使我感到诧异。他的故事，接着是我在他家里了解到的他的情况，以及他父母的生活和他念的学校的情况，这一切使我大为震惊，迫使我十分痛切地思考一个问题：成人和孩子，他们的相互关系，长辈们如何向儿童、少年、青年传授道德价值观。下面就是谢尔盖伤心的“生活故事”。

“我的父母是集体农庄庄员，住在乌克兰草原南部的一个大村庄里。我有一个6岁的弟弟和一个5岁的小妹妹。我被关进了这里，你知道，是因为我一年前犯了罪。为什么呢，那得从头讲起，那年我9岁，在三年级学习。

“有一天夜里我醒了听见父亲和母亲在为什么事吵架。我当时听到的话把我吓蒙啦：父亲和母亲决定离婚。‘什么是离婚呢？’我的思想一闪，懂得这是他们要分开来住。后来听到，无论是父亲还是母亲，都不想要我。父亲坚持让我留在母亲身边，可母亲说：让他跟你走吧，我拿他毫无办法，他已经不听话了……深夜的这场争吵越来越激烈，从父母的嘴里，我第一次听到了这样侮辱人的脏话，吓得心惊胆战。我还听到一句可怕的话：父亲说我肯定不是他的儿子。

“我在痛苦和绝望中不能入睡，直到天明。早晨来到学校，这天我们班准备去森林游玩。叶卡捷琳娜·彼得罗夫娜昨天吩咐过，让每个人有的带粮食，有的带菜油，有的带土豆——在森林里熬粥喝。我该带的是一两捧小米。然而，这件事我的脑子里哪里还记得住？我到学校时，大家已集合了。

“‘小米在哪儿？’女教师问。

“我沉默着。一句话也说不出来。什么小米，什么去森林游玩，什么林间旷地里的篝火——这一切与落到我头上的灾难相比，都是没用的小事！

“女教师又一次质问我，我什么也没回答，后来，我不知嘟囔了一句什么话，算作答复。我自己也记不得我说的是什么。事后我才知道，我甩出了一句粗话：‘你干吗老是缠着我？’如果一天前有谁对我说会这样回答教师，连我自己也绝不会相信。

“‘别去森林啦！给我待在家里，你这出言不逊的家伙！’叶卡捷琳娜·彼得罗夫娜嚷叫起来，‘不仅今天不行，以后永远也甭想——夏天不许去，秋天也不许去。’

“我当时胸间憋着一股恶狠狠的怨气，眼前发黑。我走了，自己也不知往哪儿去。校园里，蜜蜂在翠菊上飞来飞去，微风拂动着缀满黄色大浆果的樱桃枝，云雀在蓝天上歌唱。可是这美景反倒使我的心情沉重。‘什么人也不需要我！’——这种思绪搅扰着我。突然一瞬间，我内心深处不由得生发出一种愤恨。‘好吧，既然你们对我狠毒，那我就以牙还牙！’我情不自禁地想在叶卡捷琳娜·彼得罗夫娜的眼睛里看到悲哀和痛楚，也让我的同班同学都高兴不起来，一个个愁容满面。我想也没想我在干什么，便开始揪下盛开的翠菊。我一边揪，一边把花朵扔在草地上。翠菊揪光了，我又开始揪下绸缎般青草的银色草茎，揪下罂粟花。我记得，我坐在揪下的花草旁，呜呜地哭开了。

“此时此刻，假如有那么一位亲切的好心人走到我跟前，哪怕只对我说上一句慈爱的话语，可怜可怜我，问问我的苦衷，我的生活也许就不会这样，完全不会这样。然而，走向我的不是这样一位好心人，也没有说上一句慈爱的话语。校卫走过来，一看到我在校园里胡作非为，便大声吼叫起来：‘呸！原来是这么个家伙在我们这里揪花！你这下流坯，罪犯，瞧你干的什么勾当？校长一来，准会把你开除掉！’

“我一声不吭地回家去了。第二天，没去上学，躲在芦苇丛中，点燃篝火，烤土豆充饥。父亲在那里找到了我。他用皮带把我狠抽了一顿，领我去学校。少先队辅导员拽住我的手，拉着我从一个教室走到另一个教室，说：‘把校园里的花揪个精光的就是他。你们想想，拿这种流氓怎么办？’我什么也看不见，只听到有人大声叫喊：把他赶出学校！

“我没有被开除，但对我来说艰难的日子来到了。女教师时刻都记住我是个小罪犯。全班去旅游，而我只能回家。父母亲无暇顾及我。父亲已准备离开家，正在收拾东西。

“学年末，全班又要沿第聂伯河去卡涅夫和基辅旅游。我喜欢读描写遥远异域他乡的书籍，想象着同班同学去旅游的地方，‘谁也不需要我’的念头又火烧火燎的，现在尤其叫我难以忍受。全班去旅游的那个星期，成了我苦挣苦熬的日子。我心里的愤恨增长起来。我开始仇视一切人。阅读各种读物，曾是我喜爱的美妙天地，现在就连书里写的我都觉得虚伪。我不仅再也不相信人，而且再也不相信书了。我焦虑不安地在栎树林里、池岸边、牧场上溜达，在灌木丛中燃起篝火，又找来被谁家撵出的一条老狗。老狗成了我的朋友，我喂它吃烤土豆和牛肉。在没有煮好的食物时，又从家里捉来一只母鸡，宰杀后在火上烧烤，与老狗茹奇卡一起进餐。过了一个星期，就在一天的傍晚，我看到同班同学们回来了，一个个晒得黑黑的，全都欢欢喜喜的。叶卡捷琳娜·彼得罗夫娜拉着个子矮矮的卓娅的手，亲切地向她微笑。‘谁也不需要我……’愤恨又从心灵深处涌了上来：别人的欢乐成了炙烤我心灵的烈火……我又一次情不自禁地想给快乐的人带来痛苦。我走进学校，来到温室，把那些花木全都折断和毁掉，然后在地上燎起一把火，逃之夭夭。从远处，我观看着，温室干干的框架突然冒出火焰。一种幸灾乐祸的感情充满了我的心。现在谁也没看见，谁也没指责我。女教师审了我老半天：‘这是你干的吗？’但我现在已善于瞅着对方的脸撒谎，而且信誓旦旦：‘我压根儿一点也不知道。’

“月复一月，年复一年，我生活在孤独中，任何人从来也没有用温柔的手抚摸我，任何人从来也没有问过我有什么心事。父母几次散而复合。我听到的是谩骂和侮辱母亲和女人的可怕话语。在学校里，把我排在最后一个座位，有一段时间，放学后就留下我做家庭作业，然后一挥手——想干什么由你去。我的心麻木了，成了一个冷酷残忍的人。秋季的一天（这事发生在六年级），在校办小农场掰棒子。女同学把饭包和饭兜放在田埂上。我第一个掰完自己那一垄的棒子，便径直走向饭包和饭兜，开始用皮靴把它们踩进污泥。我这样干没有任何存心作孽的意思，只觉得这是无所谓的小事。我受到了处罚：禁止在校办厂和体育馆活动，而父亲在收到教师对我所作所为的通报后，又把我毒打一顿……学校和家庭的惩罚，压根儿没有对我产生影响。父亲越是打我，我心里的怨气就越大。至于学校的惩罚，没什么可说的，无非是存心让我痛苦。校长知道，校办厂的劳动是我剩下的唯一的乐趣，可硬是禁止我进去。不久后，一台钻床的电机烧坏了。连校长也没有想到它是怎样烧坏的。

“我这就来讲使我判刑的最后一次罪行……我真没脸说它，也许，这是我的羞耻心 种好的感情。我想洗刷自己的心，洗刷掉那透心凉的冷漠、麻木……新年时，所有同学都在参加新年枞树晚会，我往电线上扔去一截铁丝，发生了一场火灾，造成两名学生终身残废。

“在侦讯时，在这以后，有人多次问我：‘为什么你这样干？可能是禁止你参加新年枞树晚会吧？’不，这次没有人不让我参加晚会。多年来，我孤独，我心里凝结着愤恨，也兴许就是残忍（我现在对自己的认识清醒多啦）——这是祸还是福呢？从我第一次知道连父母都不需要我的那个晚上起，善意的话语我就一句也听不进去了。

“年复一年，我明白了许多。现在我想成为一个真正的人，你们相信我吧，我想成为一个善良的人，我现在渴望自己教育自己，渴望在自己身上确立起还是当叶卡捷琳娜·彼得罗夫娜教育我时就应当确立起来的东西。那个教师叫我站在讲台旁，然后说，‘站在那里，让同学们看看你的两条腿……’现在我才知道，人们都是为了我好，我的教育者们也是。但他们就是不善于帮我，有些人甚至害了我。”

少年人这一令人震惊的内心自白，将永远铭刻在我的心底。它成了那些教育忧思的源泉，不管这多么令人遗憾，多么使人懊恼。然而，教师同志和教育工作者们，我们应当自觉承认，在我们的学校教育里，有许许多多昏沉的不文明现象，有时甚至是野蛮现象。这首先是忘却了一个最简单和最明智的真理：育人先育心。在由人的精神财富外化而来的和谐的交响乐中，最微妙、最温柔的旋律当属于人的心灵。在我看来，情感教育中的不文明现象，是经常导致悲惨结局的最大灾难之一。只要对许多学校的生活做一下粗略的了解，这种灾难就可历历在目。呵斥、恫吓、神经质的紧张和拔得高高的声调，这在许多学校里成了师生关系中常见的症状。教师习惯于恫吓、拍桌子和神经质地提高呵斥的调门，学生一连五六个小时处在不正常的惶恐状态中，只此一件，就已经是一种威胁——不仅威胁着身体健康，而且威胁着道德发展。神经紧张会使儿童心绪烦躁，心灵粗俗，并导致如下结果：他们的心对说话的通常语调不再有反应，而有反应的仅是更有力和更强烈的手段——恫吓、拍桌子、威胁。正如我们所见，这种不能容忍的教育不文明现象，是以学生的心日复一日、月复一月受到的极大折磨为代价的。学生的敏锐感觉迟钝了，他的心也仿佛麻木了，变成了一个对人类语言微妙的委婉之情、洒脱之韵、抑扬顿挫之气敬谢不敏的人，而语言的这种情调，他的心本当感觉得到，而且实质上也理当培养出心灵的敏锐感觉。在旷日持久的神经紧张和呵斥的气氛中，教师到头来也丧失了这种最微妙的语言情调。

“我在学校里工作了6年，”加里宁省的一位青年教师对我说，“年复一年，我逐渐感到，我对同学说出的话语越来越生硬，失去了自己语言的诚挚色彩，因为每时每刻我都被迫用自己的声音盖过班里的喊叫和喧哗。我感到，我的态度越生硬，同学们对我的话语就越冷漠，而我又不得不更频繁地求助于恫吓、威胁。下课回家，我疲惫不堪，头疼得厉害，一连几个小时什么也干不了，坐下来夜读，早晨起来，头又是昏昏沉沉的。”

在神经紧张和过度激动的气氛中度过一个学习日之后，学生们（尤其是少年）回家时神经系统也已是衰竭无力，不能动弹。坐下来做家庭作业时，头昏脑涨，心力交瘁，以致完成家庭作业变成了一种真正的折磨。而这种坐功的收获，只是肤浅的知识、头疼和明日上课时的疲倦，又会出现同样的冷漠，仅仅对呵斥和恫吓这种“剧烈”手段才会有所反应。

让我们来考察一下这个怪圈，让我们来想一想，我们采取置教育文明的基本道理于不顾的做法，带给自己和学生是怎样的灾难。呵斥、神经紧张，把教师领进了一条教育无力的死胡同。在这里，发生着的是最糟糕和最可怕的现象：学校，按其天性而言应是仁慈和人道的圣地，是修身养性与充满最微妙、最高尚的人类情感的圣殿。而现在，不管听起来多么奇怪，事实上学校有时却成了专横跋扈和没有公道的场所。教师对依他看来是故意破坏纪律、存心制造麻烦的学生束手无策，于是就求助于“激烈”手段——惩罚。这个词之前我想过不止一个钟头，但专横和不公，确实经常表现为对儿童心灵、意志、思想和感情采取的暴虐方式。而在不公的惩罚、强权和专横等“激烈”手段开始的地方，教师的身份便就此了结，继而出现的是儿童仇视的监察身份。我见到了叶卡捷琳娜·彼得罗夫娜，跟她认识了。我开始为现在接受她的教育，将来还要接受她教育的学生命运感到惊骇。这种人感觉不到自己学生的血肉之心，他们接触学生的心时用的是生锈的锯子，而不是释痛消愁的活命水。只有这活命水才能治病救人，不让他失节堕落和凶狠残酷。

假如在现代学校里，在我们的社会里，还有什么人采用真正的棍棒、树条和皮带等工具，或者使用打脖儿拐的方法惩罚学生，这当然是奇异现象。这种惩罚早已灭迹。但精神棍棒、精神树条、精神皮带和精神脖儿拐，以及对创伤的精神刺激和往创伤上撒精神盐面儿等，却不那么罕见。这就是给我们社会带来许多灾难，给人们带来痛苦和不幸的荒谬和愚蠢的教育不文明现象。要知道，共产主义的人——不仅是智能修养深厚、精神丰富和体质完美的人，而且是天赋有幸的快乐的人，而我们的教师和家庭应当赋予他这种无与伦比和无与匹配的财富。

我愤怒地提到那些不谙事理的家长，提到那些想象不到一位真正教师的工作有多么困难和复杂的家长，以便排除对教师不公平的责难。我认识数十名教师，他们的创造性劳动确实是英雄主义的劳动，而在我们国家里，这样的教师有成千上万。但我仍要痛切地说，不少生活悲剧，很大一个百分比还不得不归之于昏沉的教育不文明现象。由于这种生活悲剧，一个少年人在好的情况下尚能留在学校，落入“留校察看”的名单，而在坏的情况下则像谢尔盖一样，劳教所的大门把他一关就是好几年。正如常言所说，这种不文明现象总是“无独有偶”，学校和家庭都有份儿——不管有多奇怪，给人带来痛苦的教师的愚昧和冷酷与家长的愚昧和冷酷是互为补充的。当你说到这一点时，就往往能听到自己的教师同行提心吊胆地警告：“何必当众说穿这一点？要知道，家长会以为，一切过错全在学校，到那里我们的工作就困难了。”这是没有根据的担心。珍重自己孩子命运的家长，对教育困难的根源和原因十分清楚，他们从来不隐瞒自己的失误。然而，近10年来，在我们社会里，家长的教育不文明现象极大地增长起来。因此，为使我们的学校教育成为完全意义上的共产主义教育，我们的教师应当充分懂得，社会托付给我们的责任是何等重大。

去年秋天，14年前自己也坐在课桌后的一位父亲，领着自己的孩子来上一年级。我一辈子都记得他：他执拗、任性、很不听话，似乎总是要逆着最理智的要求去干。而现在，他领着自己的孩子来上学了。这位父亲很激动，很难找到表达自己思想的话语，于是恳求说：“我儿子跟我过去的性格一样。您看到他有什么不好的地方，千万别当着别的孩子说他，不然他会变得孤僻起来，变得沉默不语，教师要求他干的他偏不干。不好的地方您单独跟他谈——他会力争成为一名好学生的。我心里明白……”

我们教育的人，不管他是个多么“没有希望”和“不可救药”的钉子学生，他的心灵里也总有点滴的优点。假如我连这点滴的优点也不相信，那么教育对我便成了不堪承受的重荷，而对我教育的人而言便成了一种折磨。若是一个医生走进病房对一个重病号说：“您的病没有希望了，不值得医治了，您可以订购一口棺材。”对这样的医生，你们会怎样想呢？这个医生的冷酷一定会受到社会舆论的严厉谴责，而且他未必能在医院里继续工作下去。在学校里，也可见到类似的情景。这个学生“没有希望”了，他“不会有任何出息”。有人不仅对学生本人这样说，而且在会上当众对家长这样说。公开提及学生的智能缺陷，存心“数落”他，刺痛他最敏感的内心深处——这根本不是医治创伤，而是对温柔、敏感的童心的当头棒喝。这种当头棒喝日复一日地经常重复，会使心灵变得粗俗，会使学生变得迟钝，对自己的人格抱无所谓的态度。在我们社会生活中最仁慈的学校环境里，未必还能遇到什么比这更野蛮、更不能容忍的现象。当你了解到向学生施加的荒谬和冷酷的手段时，真会气得你火冒三丈，但照教师的谋划，这种“激烈”手段据说是要迫使学生好好学习，成为榜样。在一所学校里，有个女教师把两名二年级学生领到家长会上，叫他们朗读：一个读得很流利，很有表现力，充满感情；另一个则是在当众演示自己的无能：错误百出，不是重音读错，就是读非所写。拿一个人的无能示众，把无能作为道德不良加以演示的做法，是在公开贬低其人格——仅此一事，已经是巨大的灾难。但还有更大的灾难，人心与之不能调和的灾难——不会朗读的学生在家长们面前处之泰然，并未感到不安和沉重，连公开的凌辱也不能使他难受。这就是说，一颗温柔和敏感的心，已经受过这种精神皮带的多次抽打，以致整个生命体中最敏感的心肌组织，变成了磨满老茧的最僵硬的组织，无论是对惩罚，还是对善良的话语，都已麻木不仁、敬谢不敏了。

让我们思考一下，在我们社会里，为什么不少年轻人甚或成年人，不管是惩罚，也不管是善良的话语，正如俗话所说的那样——他们“一概不理”呢？为什么在白俄罗斯一座美丽的城市里，犯下重罪受到法庭审判的一个18岁青年，在法官问到他的职业时挑衅地回答“流氓”呢？这正是因为向着善良、慈爱、公道敞开心扉的心灵，在童年和少年时代遭受过不公正和没有任何道理的惩罚、贬斥，它已经裹上了一袭穿不透的冷冰冰的坚冰的铠甲，变得玩世不恭了。

我收到家长和教师的许多来信。下面就是一位女教师在信里说到的一件事：“我们一年级有那么一个像小圆面包似的小同学，他叫米沙……学校定出一项制度：只有鞋子刷得干干净净的学生，值日生才放他进校。这制度不错，但……有一天米沙没能在铃响前刷好鞋，上课迟到了。校长罚他站在走廊里，并且命令说：‘在这里站着，不许离开这地方。’我不知道这是校长决定惩戒学生，我看到米沙面壁而立，就问他：‘为什么站在这儿？’他默不作声，一对小眼睛里滚动着豆大的泪珠。我携住米沙的小手，领他进了教室。可您想怎么着？我的行为激怒了校长和全体教师，大家开始给我扣帽子：纵容破坏纪律的学生，想充好人。听到这些话我又痛苦，又委屈。”

另一位女教师在一个二年级学生手册上写道（当然是给家长捎话）：“沃洛佳上课总是笑。”父亲读罢，不明白儿子“总是笑”是好还是坏。但在学生手册上又一次出现了严厉的批语：“沃洛佳上课继续笑，请采取严厉措施。”母亲把沃洛佳痛打了一顿，沃洛佳再也不笑了。

这就是精神皮带的抽打，它们摧残儿童，使他的心灵变得粗野、残忍，使他变成一个没心没肺的人，对一切，尤其可怕的是对自己与自己的荣誉和尊严漠然置之的人。让我们想想吧，一个童年时代就经常待在警察局里的儿童，一个当着自己的同学甚或家长不止一次地被亮出来“批倒批臭”

的儿童，能成为怎样的公民呢？从一个心灵由里到外屡屡被折腾出来“示众”的儿童，又能期待他对社会主义公共生活的法规有什么尊重呢？对这种人来说，已经没有任何神圣不可侵犯的东西。

唯有慈爱才是有奇效的精神力量，它能保护儿童的心灵免遭粗俗和凶狠、冷漠和残忍的侵蚀，它能防止在最微妙的方面接触人的心灵时采取麻木不仁的态度，而首先是防止对善良、慈爱、诚挚的话语采取这种态度。这是我的教育信念的基础。也许，这些话会招来某些同行揶揄的笑声：怎么啦，做一个慈爱的人，可他们会骑到我们的脖子上拉屎。但我一千次地深信：引发儿童内心的邪恶的不是慈爱，而纯粹是成年人的粗暴、冷漠和严酷。至于那种骑在成年人脖子上拉屎、厚颜无耻、嘲弄善良和慈爱的人，他们并不懂得真正的善良和慈爱，他们的心已经磨出老茧，变得俗不可耐了。慈爱——不是娇纵，不是娃娃腔的咿呀之语。这是仁慈，是共产主义教育学最实质和最核心的东西。对于共产主义教育学而言，“人与人是朋友、同志和兄弟”这个道理不是漂亮的词句，而是人与人血肉相连的相互关系。共产主义教育学是从世界上最人道的人际关系的实践中产生的，是思想、人道观念和诚挚、善意的融合。我宁可说，这是每位教师作为活生生的个性，作为独特的心灵，用一颗善良的心加深了的人道观念。

慈爱——这不是对任性的纵容，不是轻率地满足闲得难受的儿童随心所欲的要求。对任性和随心所欲的要求加以姑息，会使一个人道德败坏，会像冷漠、凶狠、残忍一样使儿童的心变得俗不可耐，冷酷无情，因为一个“娇宠”出来的幼童只看得见自己，却看不见他人，他是利己主义者，而利己主义者的个人天地便是他的宇宙中心。可我们谈论的是慈爱和善良，它们会使一个人高尚起来，在他的心灵里确立起尊重自己和尊重他人的情感，确立起自己的人格。

慈爱的语言，具有上百种微妙的情感色彩，只有当您热爱儿童时，才能把握得精到。正如聋子对音乐不可理喻一样，冷酷无情的人对慈爱的话语也理解不了。

用慈爱之心育人，就要培养儿童把自己作为一个值得尊敬和自豪的有用之才。从童年起保护好敏锐的感觉、良心和心灵的纯洁，不使心灵迟钝、凶狠、残忍，不让它变得干涩、生硬、呆滞、麻木——这是我的教育信念的最主要的原则之一。我奉之为理想的是：一个受过中小学教育的年满17岁的青年，他的心灵对年长同志的话语应当十分敏感，只要稍稍有点儿责备的意味，就能使自己感到良心有愧。我不相信哪怕有一丁点儿类似于贬低人的尊严的惩罚。这种贬低始于把儿童的缺点“公之于世”的地方，始于把儿童的隐私拿来示众的地方，始于“把心窝窝从里到外抖搂出来”，当着同学展示某种不可侵犯的东西的地方。所有这些“激烈”手段，都会使儿童的心灵受到侮辱和伤害，使儿童把怨恨和屈辱铭刻在心底。

培育儿童的心灵，保护它免遭恶的侵犯，保护它免遭乍一看来并不明显的家庭和学校的精神棍棒的当头棒喝——这是社会教育最微妙的一个方面。如果人们走向生活时怀着的是一颗麻木或凶狠的心，如果还是在学校的四壁之内他们的心就已经“饱经沧桑”“看破红尘”，我们脸上也不会有什么光彩。

一个受精神皮带教育出来的人，怀着一颗麻木和凶狠的心，如果他担任摆布他人命运及其心绪和感情的领导，哪怕是一个小小的领导，那真叫人毛骨悚然。我们在生活里偶尔令人惊愕地遇到的那些官僚主义者，他们的冷酷、残忍和令人发指的迟钝，便是儿童和少年时代心灵的敏锐感觉已经麻木的结果。充当着家庭中的父亲、丈夫这个角色的人，如果也怀着一颗麻木或凶狠的心，我们又会做何想法？我们那些家庭暴君由何而来？他们全都来自粗暴笼罩着的环境。在那里，他们心灵接触到的不是善良和慈爱的话语，而是习惯于打后脑勺这唯一手段的粗大巴掌。纵使打后脑勺这一招被披上种种精神华服，但毕竟还是打后脑勺！应当说，这种环境既存在于学校，也存在于家庭。

孩子的毛病，要让知道的人尽可能少些，要让集体甚至一无所知，这只会有好处。要知道，我们与之打交道的是儿童的心，而这是最微妙和最敏感的方寸之地，接触它时应当分外细心和谨慎，慈爱和善良。在这个以心相见的相互关系的范围内，教师对学生优点和毛病的看法越细致入微和准确，儿童、少年对自己的毛病和优点就越敏感，做一个好人的愿望就越强烈。

集体的教育作用，完全不是使集体成为吓人的东西和法庭。只有当集体确立起个性的自尊与每个人的人格和荣誉感时，它才能培养出真正的人。借助集体培养人的艺术和技巧，可归纳为使每个人都感到自己能给集体做好事，能给它带来某种美好的东西，而且也正是由于这样，集体及其生活才变得更加幸福，更加美好。32 年的学校工作使我坚信：只有当集体在每个儿童和少年身上看到的优点比毛病和缺陷高出十倍、百倍时，集体才会成为强大的教育力量。这意味着，集体教育是教师对每个学生进行的一项细致和精密的工作，是对每一颗心的细腻、慈爱、人道的接触，是对每个人过好集体生活的精心和细致入微的培训。

读者也许会问：假如在集体中有流氓和蓄意破坏纪律的人，究竟怎么办呢？我千倍地相信：只有邪恶的存在才会使儿童和少年身上产生邪恶；只有善意才能使邪恶从儿童的心灵里消失。

慈爱，假如它能在人身上确立起自尊，就会具有一种奇特的性质：它能使儿童养成内心的羞耻感和良心责备感。要善于找到这样一种语言，并善于说出这样一种语言，以便既不贬低儿童，同时又能使他感到羞耻——这是培养心灵最重要的不容违背的准则之一。这种语言不会从教育学教材中背会，也不会写在教授的讲义里。它产生于教师的心田，因他的感情而具有某种特殊的情调。只有当教师用心灵说话时，学生才会听到教师的心声。“这事怎么会是这种结果？”“我现在跟你做点儿什么呢？”对儿童和少年说的可就是这样一些极平常的语句，可就是这些语句，也会触到最敏感的心灵深处，迫使他们去体验自己的行为，激发出心灵的高尚活动。语言的奇特力量，产生于教师的爱和他对人的深刻信心。对人的爱，对人的信心，形象地说，是慈爱的翅膀赖以飞翔的空气。没有这种空气，鸟儿就会像石头一样坠落地上，而似乎是慈爱的语言也只是死板板的声音。

让心灵之乐的迷人旋律充满我们的学校吧。要用慈爱和善良去接触世界上最温柔、最敏感的物质——儿童的心灵。要保护人的人格，要使人确立对自己的尊重，要培养儿童的心灵对善与恶的细腻和敏锐的反应。就像绿叶向着太阳那样，让您的学生的心灵向着慈爱和善良吧。

但愿您成为一个慈爱的人。

【问题与思考】

1. 这是一篇极优秀的论述。教育教学中的暴力，尤其是精神暴力，源头究竟在哪里？

2. 作为教师，你对学生施加过暴力吗？无论是体罚，或是精神暴力，请对自己的行为进行分析。尤其建议每当这样的时刻出现，将事件的整个经过详细地描述下来，然后进行反思，或许会有许多体会。

解　读

这部分内容，涉及与自尊心有关的三个重要主题：信任、评分、个别对待。

自尊心是教育学循环的核心。而自尊心内在地讲，最主要的源于成就感；外在地讲，则与学生获得的外部评价尤其是源于教师的评价息息相关。特别是教师的评价，能够极大地影响到学生的内在感受。

在师生关系中，信任是前提。没有信任，教育将无从发生。

成长，包括自尊心的形成，最终是学生个体内在之事。但教师运用评分或评价这一工具，可以在很大程度上影响甚至决定这一过程。因为学生的不成熟性，恰当地运用评分，能够促进学生的成熟，使学生更容易形成自尊自信，而不恰当地运用评分，则将会延缓学生的成熟，甚至摧毁学生的自尊自信，使学生形成自卑感或日渐冷漠麻木。

而因为学生之间存在的显著的个体差异，就决定了要促进学生的自尊自信，使之步入良性循环，就必须对学生采取个别对待的态度。将整个班级视为一个没有差异的整体，将每一个学生都等同于一个抽象的学生，是导致冷漠的最重要的原因。没有个别对待，没有对一个个具体学生的细致的洞察，没有与每一个活生生的学生之间进行的生动的交往，便无法推动学生形成良好的自我感受，也无法推动良性的教育学循环的形成。

一、自尊心培养的误区

苏霍姆林斯基举了这样一个例子：

在一所学校里发生过这么一件事。一个学生怎么也弄不明白，植物是如何汲取养分和进行呼吸的，幼芽如何长成叶子，花如何结成果实，等等。教师经常提问这个男孩，而且每次都这么说："难道你就不能理解这些简单的、你本应理解的东西吗?"一次上课时，教师说："过几天，栗子树就要发芽了，我们全班都上咱们的栗树林荫道去，到了那个时候，如果阿廖沙还讲不出大家都懂得的那个道理，那么就无可救药了。"教师非常喜爱自己的宠儿——亲手栽培的由小栗子树长成的林荫道。上课前，他同几个学生一块儿又一次来到林荫道上欣赏点缀在每一棵树的枝头上的幼芽。可是到了第二天，当全班来到栗树林荫道来上课时，教师惊骇不已：树上所有的幼芽都被掐掉了。孩子们站在那儿神情沮丧。教师看到阿廖沙的眼睛里闪烁着幸灾乐祸的火花。

如何用教育学循环来解释这一事件?

可以理解为：一个具体的儿童，在学习中遭遇困难而无法克服并导致失败，这种失败感连同老师羞辱综合作用导致糟糕的自我感受（丧失自信自尊)，以及丧失责任感与继续挑战困难的意志，并失去了再次学习的动机，最终导致道德上的不成熟，采取报复这种错误的方式来维护自尊。

每一种儿童行为背后，都潜藏着一种行为模式，每一种教师行为背后，也潜藏着一种行为模式。成熟的教师，能够洞察儿童行为背后的模式，也能够反思自己的行为模式并形成越来越成熟有效的专业模式。反思自己的行为模式，意味着教师经常地拟想不同的反应可能带来的不同后果，并不断地从中选择最佳模式。

例如，在这个案例中，教师可能的反应模式有：

1. 不歧视这个学生，给予他无微不至且持续不断的爱及照顾。

2. 不断地鼓励这个学生勇于挑战困难，例如，可讲一些励志的名人故事给他，鼓舞他的志气。

3. 不断地寻找这个孩子的闪光点，包括任何一点小小的进步，然后大大地加以表扬，以树立他的自信。

4. 通过表扬这个孩子在其他领域（例如体育、艺术等特长）的进步来帮助他树立自尊。

5. 研究这个学生的学习障碍，给予相应的单独辅导，使他能够战胜困难并取得成功。

不妨自测一下，你最经常运用哪种模式?

应该说，这种反应模式都是有效的，每一种反应模式，都代表了现实教育中教师行为中的一类反应模型。成熟的教师，会在拟想中进行评估。我们不妨分析一下前四种类型：

1. 爱心型：不歧视这个学生，给予他无微不至且持续不断的爱及照顾。

许多热爱学生但专业化程度不高的教师都会采取这种模式。当学生遭遇困难而灰心丧气时，不断地向学生传递信息：老师爱你，不会因为你的失败而嫌弃你。这种反馈的有效性源于，学生未受歧视，未遭受来自老师的雪上加霜的打击，在一定程度上获得了安全感。这种反应模式，将形成以下可能：

（1）积极的可能性：学生有安全感，就相对敢于探索，能够自己鼓起勇气克服困难并获得一定程度的发展。有相当多的案例表明，学生会因为老师的爱及照顾而拥有了更多战胜困难的勇气并确实战胜了困难。

（2）消极的可能性：学生因为得不到具体的指导，又无法依靠自己克服困难，所以就停留于当前状态，甚至有所退化，例如通过不断地示弱来换取老师的“爱”以及关注，维持一种自我肯定。同样有相当多的案例表明，老师与学生会形成这种情感上的相互依赖（老师依赖于学生对自己的依附和感激而获得“成就感”，学生依赖于老师源源不断的“爱”而维持自我肯定，但学生的学业成绩以及稳定成熟的情感并未因此得到发展）。

2. 励志型：不断地鼓舞学生的情绪，激励学生挑战困难。

励志是许多老师常用且比较有效的一种手段，励志的方式通常有：对美好未来的描述；优秀学生的故事；名人故事；成功故事……其潜藏的逻辑是：只要你努力，你就能行。学生在这种外在的鼓舞下会产生一定的勇气。这种反应模式，将形成以下可能：

（1）积极的可能性：学生受到鼓舞，在一定程度上克服了困难并获得成就感。

（2）消极的可能性：学生受到鼓舞，但无法突破困难而获得成就感，于是陷入沮丧。老师又加强励志的强度和频率，学生又受到鼓舞，但又无法突破困难而获得成就感，老师又……如此反复，直到学生厌倦，老师的励志效果递减直至失效为止。

（3）消极的可能性：学生受到鼓舞，但无法突破困难而获得成就感，于是产生错误的聚焦，即聚焦于态度本身，却怯于面对困难。最终进入一种怪圈，就像拼命空转但却没有谷物的碾谷机。但是学生却不断地通过没有挑战的自我激励行为而获得虚假的自我肯定（“我很上进!”）。

3. 赏识型：不断地寻找这个孩子的闪光点，包括任何一点点小小的进步，然后大大地加以表扬。

赏识型的特点，是改变学生的消极的自我认识，让学生对自己产生积极的评价："棒棒棒，我真棒；行行行，我真行。"基本方式，是通过不断表扬让学生获得良好的自我感受（自信）。这会形成如下可能：

（1）积极的可能性：学生因为受到了不断的表扬肯定，而增加了挑战困难的勇气，并获得一定程度的成功。年级越低，效果越明显。

（2）消极的可能性：学生因为小小的进步便轻易地和经常地被表扬，对表扬产生了厌倦，并没有更大的进步。

（3）消极的可能性：学生因为小小的进步便轻易被表扬，对表扬产生了依赖且容易自满，并形成肤浅的学习态度，不肯也难以面对比较大的挑战，或怕挑战大的困难遭受失败从而无法获得表扬。

对赏识教育的过度强调，会导致学习的肤浅化。因为赏识教育是非生产性的，它不是从克服困难获得成就入手，而是从态度上改变自我认识入手。从态度上改变自我认识是有必要的，但这是非根本性的。过度强调从态度上改变自我，会导致肤浅的乐观主义，导致对困难的逃避，也看不到在克服困难中的痛苦与自我否定的积极意义。

4. 转移型：通过表扬儿童在其他领域（例如体育、艺术等特长）的进步来帮助他树立自尊。

转移型是基于一种认识：每个人都有长处，没有长处的人是不存在的。这是非常正确的，每个生命都有其特质，那些看上去一无是处的儿童，常常只是老师没有发现他们的特质。更悲哀的是，有时候他们自己也没能发现自己的特质。转移型的反应模式，会形成如下可能：

（1）积极的可能性：学生会因在自己擅长领域内获得的自信自尊而形成"我能行"的心理状态和心理感受，并将这种自信自尊迁移到其他领域（主要是文化知识的学习领域），从而促进生命的整体发展。

（2）消极的可能性：学生会因为在自己擅长的领域内容易获得成就感并形成较高的自我感受（自信自尊），从而倾向投注更多的精力与时间于自己擅长的领域，并逃避在其他领域内面对挑战，结果形成了片面发展。

转移型的问题在于，它成功地转移了问题而不是解决了问题。强调一个孩子在体育上的长处固然可以增强他的自尊感，但无法通过这种强调而解决他在文化学习上的困难。

从以上分析可见，这四种行为模式都是有效的，在某些情形下还会发生关键作用。例如：

当学生因为缺乏安全感而畏葸不前时，教师要给予学生充分的关爱。在冷漠的彼此不关心的教室里，学生挑战困难的勇气会受到阻碍甚至丧失；

当学生并不缺乏能力，只是疲惫倦怠而不肯挑战时，教师要警醒或激励学生，让学生鼓起勇气面对挑战并形成良性循环；

当学生有严重的自卑情结觉得自己什么也不行，从而创造性受到阻碍时，教师要经常赏识鼓励学生，让学生知道“我能行”；

当学生发展不均衡，因在某些领域特别弱而对自我丧失信心之际，教师要通过对学生长项的强调，让学生恢复面对生活以及学习的信心；

……

成熟的教师，会根据对学生行为模式的洞察同时或交替使用这些策略。这些策略的目的，是积极地促进良性的教育学循环。尤其是，帮助学生树立积极的自尊心。

但是，若运用不当，上述模式均有可能产生消极的结果。为什么会产生消极的结果？因为学生的自尊心，即是指学生良好的自我感受或曰自我肯定，但是促进学生获得良好的自我感受或自我肯定有两条途径：一是改变外在的评价或转移焦点。爱心、赏识、激励，都是改变外在的评价的不同方式，而表扬学生在其他领域的成就，则是采用转移焦点的方式。二是学生通过自己克服困难获得成就，并进而获得良好的自我感受或自我肯定。在这两种途径中，前一种是外在的、辅助的，后一种是内在的、根本的。两种途径都有积极意义，但如果长期习惯于采用第一条途径（尤其是当这种途径有一定成效时），会导致积极意义逐渐丧失，而消极可能逐渐显现。久之，极容易造成对第一种途径的依赖，并最终可能形成虚假的自我感受，这在教育中是数见不鲜的。最严重的情形，学生将可能变得麻木不仁，爱、激励、赏识，越来越无法激发他们强烈的情感，更无法产生发展动力。

那么，积极的、成熟的自尊心究竟来自哪里？

苏霍姆林斯基说：

培养全面发展的个性的技巧和艺术就在于：教师确实要善于在每一个学生面前，甚至是最平庸的、在智力发展上最有困难的学生面前，为他打开精神发展的领域，使他能在这个领域里达到顶点，显示自己，宣告大写的“我”的存在，从人的自尊感的泉源中吸取力量，感到自己并不低人一等，而是一个精神丰富的人。……如果一个人不能宣告自己的存在，不能在人类心灵的某一个领域里成为主宰者，不能在活动中和成就中（这一点尤为重要）确立自己的地位，如果他没有感到自己作为一个创造者的自尊感，如果他不能自豪地抬起头来走路，那么，所谓个性就是不可思议的。（第81条①）

在学习中取得成就，——这一点，形象地说，乃是通往儿童心灵中点燃着“想成为一个好人”的火花的那个角落的一条蹊径。教师要爱护这条蹊径和这点火花。（第1条）

如果你想做到使儿童愿意好好学习，使他竭力以此给母亲和父亲带来欢乐，那你就要爱护、培植和发展他身上的劳动的自豪感。这就是说，要让儿童看见和体验到他在学习上的成就。不要让儿童由于功课落后而感到一种没有出路的忧伤，感到自己好像低人一等。儿童的乐观精神、他对自己力量的信心，——这是一条把学校和家庭联系起来的牢固的绳索，是一块吸引父母亲心向学校的磁石。一旦儿童对世界的乐观主义的感受遭到破坏，那么学校和家庭之间就筑起了一道铜墙铁壁。（第43条）

如果你所追求的只是那种表面的、显而易见的刺激，以引起学生对学习和上课的兴趣，那你就永远不能培养起学生对脑力劳动的真正的热爱。你应当努力使学生自己去发现兴趣的源泉，让他们在这个发现过程中体验到自己的劳动和成就，——这件事本身就是兴趣的最重要的源泉之一。离开了脑力劳动，就既谈不上学生的兴趣，也谈不上他们的注意力。（第21条）

苏霍姆林斯基强调，获取自尊心的核心路径，乃是儿童在教师的协助下尽可能地克服困难获得成就感。所克服的困难越大，成就感就越强，也就越容易获得自尊自信。而协助学生克服具体的困难，这需要教师既深刻地理解知识，也深刻地理解学生，并拥有相当成熟的教育教学能力。从协助学生克服困难的角度入手的行为模式，就是上述的第五种行为模式，可以称之为专业型。

① 第81条，指《给教师的建议》一书的第81条，后同。

爱心型、励志型、赏识型、转移型，都未抵达核心，只是将专业型中的某些要素加以突出强调而已，虽然这种强调在许多情形下非常必要，在特殊情形下甚至会起到决定作用。在教师专业发展领域，爱心教育、赏识教育、励志教育之所以流行，正是因为专业化普遍缺失，企图寻找捷径所致。这种捷径，常常会形成一种“表面的发展”，从而遮蔽真正的教师专业发展。

一个成熟的高度专业发展的教师，必然会：

1. 无限地信任和热爱学生，建立润泽的师生关系，但不将焦点放在师生关系上，而是聚焦于知识的学习；

2. 洞察学生当下面临的真实问题，并在着眼于学生整体的长远的发展的基础上，采取实实在在的专业策略协助学生突破困难；

3. 不断地通过外在的评价协助学生修正自我评价，使之更趋真实合理，并越来越不依赖于外在评价；

4. 鼓励和协助学生不断地增加挑战困难的难度与长度，在无止境的挑战与创造中不断地提升尊严感；

……

苏霍姆林斯基还提出一个非常重要的概念，即培养学生“成功的预感”。

所谓“成功的预感”，就是学生真切地感受到，摆在他面前的这个艰巨的学习任务，是他通过刻苦地努力（包括在他人的协助但不代替之下）可以达到的。一旦学生拥有“成功的预感”，就会产生强烈的学习愿望，产生挑战困难的勇气与力量并形成相应的智力上的紧张感。显然，要创造“成功的预感”，需要教师洞察到学生的现状尤其是思维水平并提出适宜的挑战。挑战过难，学生将无法产生“成功的预感”，反而会灰心丧气，认为“我不行”，自尊心会受到挫折；挑战过易，学生也无法产生“成功的预感”，而会因为挑战太简单而丧失动力，对差生而言，甚至有可能产生羞辱感，认为老师断定他只能做简单的题目。

苏霍姆林斯基教育学的核心内容，即是探讨：如何让学生获得学业成就？

回到阿廖沙这个案例，老师要做的不是讥讽挖苦，也并非空洞的鼓励，而是要洞察阿廖沙的困难所在并协助他克服。例如，和阿廖沙一起种植（而不是自己热爱种植，只让学生最后去观看），让他亲自动手，并在老师的协助下去发现植物的这些奥秘。一旦他自己发现了，知识便会烙印在他的心中，他就会获得成就感，从中感受到自己的力量，这就是自尊心的来源。

这当然不是一个简单的过程，而是包含了许多教育教学上的奥秘：

无限的信任；

师生的相互编织；

从直观开始；

让知识活起来……

这些内容，将在后面章节中逐渐展开。

二、信任

在缺乏信任的教室里，教学将成为一场交易：教师领取工资并支付（往往是静态的、机械的）知识，学生支付学费并获得分数。甚至，对相当多厌学的学生而言，这只是教师与父母之间的交易。纵然，在许多时候，这种交易会披上一些诸如“为了学生的一切，为了一切的学生，一切为了学生”之类的外衣，但是这种“为了”，是市场交换意义上的“为了”，是片面地视学生及家长为消费者的“为了”，是丧失了教育的意义与价值的功利主义的“为了”，危害甚大。

在这种功利主义教育背景下，也可能建立信任，但在这里，“信任”的含义是“履行合约”。任何一方“违约”，都有可能招致相应的惩罚。相应的，学生被分为好学生与坏学生，好学生是“值得信任的”，坏学生是“不值得信任的”，不值得信任，必定要持续不断地给予相应的惩罚以使之遵守规矩。纵然是好学生，这份“信任”也只是暂时的，是随时有可能根据表现予以收回的。

这是一种有条件的信任或曰有限信任。在教育教学中，教师确实经常要使学生以自己的努力来赢得老师（也经常包括同学）的信任。

但是教室毕竟不是市场，教育也并非单纯的商业行为。商业活动中，商人可以因为对方违约而放弃交易，但教育活动中，教师却无法也不能够因为学生的错误而放弃学生。教育的特殊性决定了，教师必须同时无条件地信任学生或曰无限信任，一切教育教学过程中的有限信任都必须建立于无限信任这一基石之上。

（一）无限信任与有限信任

什么是无限信任？

一言以蔽之：教师必须坚定地无条件地信任学生！纵然学生一直遭遇

失败，这种信任仍然存在并且根深蒂固。

苏霍姆林斯基说过：

教师对学生力量的信心表现在哪里呢？我们的工作的辩证法告诉我们，教师永远也不会遇到这样的时刻的到来，使他有权利说：由于我尽了自己的努力和操劳，这个学生已经达到极限，从他身上再也得不到更多的东西了。学校教育里的许多失误，其根源正是在于有些人抱有这种思想。请你记住：人的力量和可能性是不可穷尽的。一个学生可能在一整年里都没有把某种东西弄懂弄会，可是终于有那么一天，他懂了，会了。这种“恍然大悟”（我想把这种现象称之为“思维的觉醒”）的内在的精神力量，是在儿童的意识里逐渐积累起来的，而且我们，做教师的人，是在用自己的信心帮助它的积累。任何时候都不要急于灰心失望。学生今天不会的，过三年才能会，那么我在这三年里始终坚信人的力量是不可穷尽的。（第 86 条）

无限信任本质上是一种抽象信任或曰绝对信任（是应然的而非实然的），即这种信任并不落实于某一件具体的事情上，而是体现于对学生的发展可能性的信任，或者说，是对学生的力量的信任，未来的信任，对生命本身的信任，是岁月对种子的信任。教师要使这种信任逐渐转化为一种根深蒂固的信念。显然，在一定意义上也可以说，这种信任，是教师这一职业所必需的绝对律令。

可是，有时候我们似乎感觉到，学生明明已经“无可救药”了，信任从何谈起？

正如苏霍姆林斯基所说，没有任何学生可以说“已经达到极限，从他身上再也得不到更多的东西了”。教师对某些学生的判断，往往仅仅基于学生此刻落后的事实，而不是基于对学生潜在能力的敏锐判断。如果教师轻率地产生这种认为学生“无可救药”的判断并维系这种判断，那么这种对学生潜在的可能性的不信任就会被强化。这种判断，又经常与教师的教育失败所产生的挫折感有关，容易成为减轻挫折感的理由，甚至演化为推卸责任的借口。一旦这种无可救药的判断因种种原因成为教师的信念，那么可以说，教师对这种学生是不信任的，对这种学生的教育也是不可能成功的。

换句话说，教师不能因为学生在某一领域或某几领域中的暂时失败，就宣判学生为不可救药的（在逻辑上，这叫不完全归纳）。

应该承认，基于种种原因（遗传、儿童关键期教育的错误、教师专业不足、家庭教育缺失、社会影响等），教育是有可能失败的，或者所达到的高度极其有限。然而越是如此，教师的信任越重要。信任之，则一切尚有可能；不信任，则一切皆无可能。“没有教不好的学生，只有不会教的老师。”这句话绝不是事实，但这句话却表达出了一种对于教育而言至关重要的信念。在第78条《一个“差生”的“思维的觉醒”》中，那个叫巴甫里克的学生，他的思维，直到五年级才觉醒过来。而苏霍姆林斯基辅导过的许多差生，都是经过数年的细致努力，如果没有无限信任，这一切如何可能？教育者的神圣伟大便在于此。

如果没有无限信任而只有有限信任，将有可能产生非常糟糕的结果。例如，有的老师认为一些学困生只配做简单题目，只能达到某个较低的水平。教师的这种认识，纵然不直接地表达出来，也将深刻地影响学生对自己的信心。而一旦学生自己从内心深处认同了教师的结论，那就将真正地无可救药，结果常常连简单的题目也做不好，连较低的水平也达不到。也就是说，无限信任或有限信任甚至不信任，将会导致完全不同的教学行为和学习行为。

相反，教师如果对学生具有无限信任，那么学生就会感到，自己的落后只是暂时的，自己的人生并非一无是处，学生就有勇气面对挑战并越来越不惧怕失败。只有在这种背景下，有限信任才能够发挥积极的作用：学生知道，他要靠自己的诚实守信和刻苦努力来赢得老师的信任，老师会根据学生的努力程度，在一些事务上表达信任，在另一些事务上表达不信任，并逐渐协助学生更多地赢得老师的信任。

那么，无限信任与有限信任的区别在哪里？

无限信任，是对人的信任，有限信任，是对事的信任。对人的信任意味着，教师要相信每个生命，无论他现在处于何等落后的地位，以后必将获得深刻的发展，即使现在不知道他将如何发展。对事的信任意味着，教师必须在事务上提出适合学生的标准并苛刻地要求学生，学生能够持续达到目标，则加强信任，反之，则削减信任。要防止这种情形出现，即总是将人与事捆绑在一起，对事的批评演变为对人的否定，“你这件事做错了”变成了“你不行”。用干国祥老师的话来说，即“对灵魂无限信任，对错误零度宽容”。

（二）教师与学生的相互信任

除此之外，苏霍姆林斯基认为，教师必须言行一致并发挥榜样作用，让儿童感觉到自己是可靠的，值得信任的。他说：

我建议你，年轻的朋友：要像爱护最宝贵的财富一样爱护儿童对你的信任这朵娇嫩的花儿。它是很容易被摧折，被晒枯，被不信任的毒药摧残致死的。所谓要关心儿童的生活和健康，关心他的利益和幸福，关心他的完满的精神生活，这首先是意味着要爱护儿童对你的信任这朵娇嫩的花儿。儿童信任你，因为你是教师、导师和人性的榜样。你必须严格地、坚持地关心儿童，毫不妥协地反对我们的教育工作中那种对儿童漠不关心、冷酷无情的现象。（第 75 条）

你是明天的教师，请记住：每一个儿童都是带着想好好学习的愿望来上学的。这种愿望像一颗耀眼的火星，照亮着儿童所关切和操心的情感的世界。他以无比信任的心情把这颗火星交给我们，做教师的人。这颗火星很容易被尖刻的、粗暴的、冷淡的、不信任的态度所熄灭。要是我们，做教师的人，在心里也像儿童对待我们那样，把无限的信任同样地给予他们就好了！那将是一种富有人情的相互尊重的美妙的和谐。（第 86 条）

在学校里，不应当搞空洞词句和空洞思想。我想劝告教育工作者：要珍惜词句！当你要求儿童说出自己的思想的时候，要保持审慎而细心的态度。不要让那些儿童还不懂它们的意思的词句从儿童的口里说出来！不要让那些高尚而神圣的词句，特别是关于热爱祖国的话，变成磨光了的旧分币！真正的爱是不必声张的。应当教会儿童去爱，而不是教他们去谈论爱。应当教会儿童体验和珍藏自己的感情，而不是教他们寻找词句去诉说并不存在的感情。

不知羞耻是由不肯履行自己的诺言产生出来的。当儿童在精神上还没有准备，当他还没有足够的精神力量和坚定性的时候，你不要强迫儿童提出诺言。如果儿童自己提出什么诺言的时候，你要耐心地听，并且信任他，但是同时要提醒他：你要注意，如果自己没有信心去履行，那么提出诺言时就得慎重。要记住，经常地提保证和提诺言而又忘记了它们，这是一种坏习惯，它会使一个人的心灵变得麻木不仁，说了谎还不自知。

要让真理和信任在学校里（同样在家庭里）居统治地位。要让在学校里所说出的每一句话都结出果实，而不是一朵空花……（第 80 条）

也就是说，要与儿童建立信任，必须努力地做到：不用欺骗儿童的方式教育儿童；不承诺无法做到的事，一旦承诺，就要尽力兑现；不要鼓励儿童说大话、空话、仅仅为讨老师喜欢的话，以及许多注定无法兑现的话；不强迫儿童说违心话；耐心地倾听儿童，向儿童表达老师对他的信任，以及显示老师是可以信任的……

需要说明的是，与学生之间建立信任，需要花费相当的时间，并且这种信任是建立在共同生活以及协助学生挑战困难的基础之上的：

> 建立师生之间的友谊，是要付出巨大劳动，花费许多精力的。有些人认为，要建立师生之间的友谊，只要带领儿童去参观旅行，跟他们一起坐在篝火旁烤土豆吃，跟他们一起分享欢乐就行了（顺便指出，有些人认为，学习也是一种很快乐的事）。这些看法都是很错误的。建立跟儿童的友谊，这是要用我们的力量、我们的思考、我们的明智、我们的信念和我们的情操去鼓舞儿童的思想和情感的事。为了建立师生之间的友谊，必须具有巨大的丰富的精神财富。缺乏这种精神丰富性，友谊就会变成一种庸俗的亲昵关系，而这对于教育是一种危险的现象。（第 75 条）

友谊，包含着彼此之间的信任。而在庸俗的亲昵关系中，这种信任却往往不能帮助学生（其实也包括老师）发展自己的力量。因为在这种庸俗的闲暇关系中，情感上的依赖脱离了精神生活尤其是智力生活，并最终将学生的注意力引向师生关系而不是学业，而学业的停滞不前甚至倒退又会加剧这种情感上的依赖，最终极可能形成恶性循环。

除此之外，还要防止对学生的假信任。即并非真正地信任学生，而只是以信任为手段企图获得教育效果。

这一点，在教育教学中是极为普遍的现象。甚至可以说，许多劝告教师要信任学生的文章或书籍，都因忽略根本而导致假信任。以至于许多教师天真地认为，只要告诉学生“老师信任你”，就可以产生神奇的效果。实际上这是不可能的。甚至许多时候，教师以为自己真的信任学生，但如果探究根源，仍然是假信任。因为真信任不仅仅是个表态的问题，它主要取决于两个方面：

1. 教师是否热爱学生？

这种热爱意味着，在任何教育教学行为中，将学生的发展作为根本出发点。这一点说起来容易，做起来其实有相当的困难。因为在许多时候，学生的发展，会与学校的行政决策、学校对教师的要求尤其是短期考试成绩的要求等因素发生冲突，特别是有可能与教师的利益发生冲突，在这种情况下，教师如何抉择权变，将是教师是否热爱学生的试金石。

2. 教师是否有足够的专业能力？

极少有人意识到，信任的同时，甚至更主要的是个能力问题。如果你骨子里无法相信一个学生的未来，那么无论你重复说多少遍“我信任”也无济于事。无限信任的增强，往往离不开在教师指导下学生的点滴进步甚至不期而遇的飞跃。这种时刻出现得越频繁，教师越容易产生无限信任，这显然非常需要专业理解力和指导力。其中最困难的的确是，纵然学生一直落后，教师仍然坚信不疑。

三、评分

评分，从更宽泛的意义上说，评价，或者反馈，在教育教学中具有极重要的地位。学生是否拥有良好的自我感受，以及是有勇气继续努力，还是灰心丧气地放弃，在很大程度上取决于教师的评价。年龄越小的学生，对教师评价的依赖性越强。

苏霍姆林斯基高度重视评价问题，他在《给教师的一百条建议》第 17 条“评分应当有分量”中集中阐述了评分的问题，全文如下：

不可把对知识评分当作一项独立的事情从教学过程中分出来。只有当师生关系建立在彼此信任和关怀的基础之上时，评分才能成为促使脑力劳动积极起来的推动力。也可以说，评分是一种最微妙的教育工具。根据学生怎样看待教师所给的分数，可以准确无误地推断出他对待教师的态度如何，对教师信任和尊敬的程度如何。关于对学生知识的评分问题，我想提几点建议。

第一，宁愿评分的次数少些，但要使每次评分都评得更有分量、更有意义。我在漫长的教育生涯中，教过中学教学计划的几乎所有科目（仅制图为例外），从没有对学生在一堂课上的回答（即使是对两三个乃至更多问题的回答）评过分。我总是对学生在某一时期的学习评分，这种评分包括好几个项目在内，如回答问题（可能是对几个问题的回答）、补充同学的回答、书面作业（少量的）、课外阅读、实践性作业等。我定期研究学生的知识状况，学生也感到了这一点。到了一定时候了，我就说：“现在，我该对你评分了。”研究知识状况的下一个时期又开始后，学生就知道，什么都逃脱不了我的注意。有的读者可能会问：难道一切都记得住吗？可能有的人难以记住有关学生脑力劳动的一切，但我始终觉得这是最重要的事。如果忘记了值得注意的事，难道能做到边教学边教育，边教育边教学吗？

第二，如果学生由于某些条件和情况而没有能掌握好知识，我从不给予不及格的分数。没有什么比意识到无前途、认为自己啥也不行更使儿童受到压抑。灰心丧气和郁郁不乐这类感觉严重影响学生的整个脑力劳动，会使他的头脑好像处于麻木状态。只有愉快的乐观主义感觉才是注满思想江河的潺潺溪流。苦闷和抑郁，会使管感情冲动和管思想的感情色彩的脑皮层下的神经中枢不再促使智慧去劳动，反而像是把智慧禁锢起来了。我总是力求使学生相信自己的力量。如果学生想学知识而又做不到，就应当帮助他向前迈出哪怕是微小的一步，这一步便是推动思维的情感动力——认识的愉快感的源泉。

决不要急忙打不及格的分数。要记住，成绩带来的愉快是一股强大的情感力量。儿童想当一名好学生的愿望就依靠这股力量。要关心使儿童的这股内在力量永不衰竭。倘若没有这股力量，任何教育绝招也是无济于事的。

第三，如果你发现学生的知识含混不清，发现他们对正在学习的事物和现象的观念有点不明确，就根本不要做任何评分。在每个班我都对有的学生的精神生活进行细致的研究，凭他的眼神我就可以看出他对我提的问题是懂还是不懂。如果学生的眼神说明他对回答问题没有做好准备，我根本不去评他的知识状况，因为，应当先做到使学生有知识。

第四，应当避免提出这样一类问题，这类问题要求的回答只是十分准确地重复教师讲解过的东西或从书本上背熟了的东西。教学过程中有一件十分有趣的事情，我把它称为知识的转化，指的是思想不断深入知识，以致使学生每次再回到原先学过的东西上时，能从事实、现象和规律的某些新的方面、特点和特征加以考察和分析。知识的转化应当作为复习的基础。关于这一点，想单独作为一条建议提出。

苏霍姆林斯基讲的这几条，是基于当时的教育背景的：

在苏联传统的教学体系和学校实践中，往往把分数与评价视为同义的，所谓评价，就是由教师对学生掌握知识、技能、技巧的水平进行名目繁多的检查、课堂提问、测验、考试，根据这种检查、提问、测验、考试的结果，给学生评定成绩，即打分数。学生必须随身携带人手一册的记分册，遇有上述情况，把记分册递给教师，由教师在相应栏目里填上教师认定的分数。学生每天都有好几个分数带回家，家长从孩子的记分册上可以知道，他今天书面作业得了几分，课堂提问得了几分，等等。

——摘自《阿莫纳什维利的实质性评价》

所以，苏霍姆林斯基所讲的评分，不像许多人头脑中理解的大型考试及日常测验，而是指每天都在进行的检测评估，包括作业评分（现在多数日常作业都不再评分，甚至包括作文）。

（一）不要轻易打不及格分数

在苏霍姆林斯基关于评分的论述中，很难理解的是第二、三两条：

第二，如果学生由于这样或那样的原因和情况而没有能力掌握知识，我是从来不打不及格分数的。……

第三，如果你看出，学生的知识还比较模糊，在他们关于所学的事物和现象的表象中还有些不明确的地方，那你就根本不要给予任何评分。

许多教师会觉得困惑：

1. 不通过评分，我怎么知道学生的知识比较模糊，甚至还没有掌握？

2. 如果学生一直没有掌握，难道就一直不给予评分吗？

3. 评分难道不是一种很好的督促学生的手段吗？难道学生不是因为评分才更加明确地知道自己的知识还有不清晰甚至未掌握之处吗？

……

苏霍姆林斯基认为：

1. 在教学活动中，教师应该比较清晰地洞察到每一个学生的知识掌握情况：哪些是没有能力掌握的？哪些是比较模糊的？（“也许读者中会有人提出疑问：难道教师能把这一切都记在头脑里吗？也许，有些人会感到，要把有关学生脑力劳动的一切情况都记住有困难，但是我总觉得记住这些是一件最重要的事。难道把值得注意的事也忘记了，还能够对学生在教育中进行教学、在教学中进行教育吗？”）

这种洞察力，是专业能力的主要标志之一。教师是通过课堂上对学生的观察，通过提问得到的了解，以及理解学生作业中的信息等途径来获得这种洞察的。

2. 如果学生没有能力掌握知识，那么教师打不及格分数的意义何在？这时候的不及格分数，就很容易成为对学生的判定：你不行！如果学生一旦意识到了自己不行，他就会丧失努力的动力。所以当教师发现学生没有能力掌握知识或知识掌握得比较模糊时，应该停止评分，帮助学生去克服困难掌握知识，掌握之后再进行评分。

举个例子，学生的作业中出现了严重的错误，说明学生没有掌握或还比较模糊时，教师应该促使学生重新检查思考，必要时可向老师或同学请求帮助。等学生重新完成了知识的学习，教师再进行评分。否则，容易导致两种后果，一种是学生看一眼评分，然后就扔在一边（反正我就是这水平），一种是学生知道自己错了，但仅凭自己可能无法知道错在哪里，最终仍然无法深入地聚焦于自己掌握知识的盲点。

在这里，关键是，教师评分的焦点，是指向知识，还是指向人？

如果指向知识，那么，就必然是——

（1）以纵向的比较评价为主，横向比较只作为次要的参照，重要的不是我是否胜过别人，而是今日之我比昨日之我进步了多少；

（2）评分标准在很大程度上是因人而异的，且倾向于质性评价过程评价；

（3）在学生没有能力掌握某一知识的情况下，不能就这一知识进行评价；（学习既然没有真正地发生或完成，评价就没有意义）

（4）要让学生理解评分标准，直至最终形成自我评分的能力。

这种评分导致的结果是：学生会将注意力及精力聚焦于知识本身，会通过不断地查漏补缺，不断地挑战困难来获得发展并不断增强自信自尊（做最好的自己）。

如果指向人，那么，就必然是——

（1）以横向的比较评价为主，纵然比较只是作为次要的参照，重要的不是我进步或退步了，而是我是否胜过别人，我的名次提升了多少；

（2）“成则王侯败则贼”，一个人“行”或“不行”取决于跟他人的比较，评分标准是相对量化的，更重视结果评价；

（3）评分标准是一律的，只有公共平均尺度，而不会考虑每个具体的个体的能力问题；

（4）学生不一定理解评分标准，评分始终是由外部力量来进行的。

这种评分导致的结果是：学生为了分数而学习，分数高，则易骄，分数低，则易馁，容易对知识本身产生厌倦。

两者都能够激发学生的学习积极性，但前者激发的是内在的积极性，后者激发的则是外在的积极性。前一种评分难度比较大，因为需要较强的专业性才能做到“个别对待”，后者则相对简单便捷。

（二）从欠缺性评价走向成长性评价

所谓欠缺性评价，是从学生的不足处入手进行的评价。这种评价方式，聚焦于学生的欠缺，通过以评分等方式不断地揭示学生的欠缺来督促学生改正，更关注学习结果，是将学习结果与外部标准（例如全班的平均分、相对名次或及格线等）相对照来评价学习过程的。例如，通过测评不断地告诫学生：“这里错了！”“那里不行！”……

所谓成长性评价，即将评价与学生的成长结合起来，使之成为一个不断发展的过程。学生未掌握知识时不进行评分，只有学生经过努力掌握之后才进行评分，评分具有激励作用，主要作用是让学生在挑战学习困难的过程中感受到成功的喜悦。

好的评价，是成长性评价而非欠缺性评价。在成长性评价中，外在的标准只是参照物，更重要和根本的是内在的成长。一个极度落后的学生，可能每次都是全班最后一名，但他一直在进步，甚至可能是比较大的进步。那么，他就应该得到积极的评价，并有理由从老师的充分肯定中获得尊严。在必要的时候，老师还要为他进行独立的测评，这种测评排除那些他无力掌握的内容。

为什么在有的班级中会出现大量的抄袭（包括作业抄袭和考试抄袭）现象？

因为学生想要获得外部（老师、同学、家长）的肯定，想要获得尊严感或逃避惩罚（如果一个后进生连抄袭都不屑为之，那是教育中最可怕的情形）。他之所以不通过诚实学习的方式获得尊严感，乃是因为下列几种情形：

1. 因为原有基础等，他无论如何努力，都不可能胜过其他同学，索性放弃，或以抄袭来获取高分。老师如果只以分数论英雄，只重视排名，那么这类后进生的努力将得不到积极的评价，努力的动力便消失了大半。

2. 老师对学生的学习过程缺乏持续的关注和洞察，只关注最后的考试结果，学生遭遇困难得不到及时的帮助，学生懈怠了也得不到及时的督促。既然老师只关注成绩，学生便极容易只在成绩上“下功夫”。

所以苏霍姆林斯基说：

教学和教育的技巧和艺术就在于，要使每一个儿童的力量和可能性发挥出来，使他享受到脑力劳动中的成功的乐趣。这就是说，在学习中，无论就脑力劳动的内容（作业的性质），还是就所需的时间来说，都应当采取个别对待的态度。有经验的教师，在一节课上给一个学生布置二三道甚至四道应用题，而给另一个学生只布置一道。这个学生做的是比较复杂的应用题，而另一个学生做的则是比较简单的。这个学生在完成语言的创造性作业（例如写作文），另一个学生则在学习文艺作品的片段。

在这种做法下，所有的学生都在前进——有的人快一点，另一些人慢一些。儿童完成作业而得到评分时，从评分中看见了自己的劳动和努力，学习给他带来了精神上的满足和有所发现的欢乐。在这种情况下，教师和学生的相互关心与相互信任相结合。学生就不会把教师单纯地看成严厉的监督者，也不会把评分当成一种棍棒。他可以坦率地对教师说：某某地方我没有做好，某某地方我不会做。他的良心是纯洁的，他不可能去抄袭别人的作业或者考试时搞夹带。他想树立起自己的尊严。（第 1 条）

评分是针对知识的评定，而不是对学生人格的评定。无论何时，都要积极地肯定学生的人格，但具体地指出知识掌握中的错误。只有在这种情形下，学生才不会将知识上的错误与自己的人格捆绑在一起，才不会认为教师的评分是对自己人格的否定。许多教师在教学中经常混淆这两者，这不但是抄袭现象的根源，也是学困生大量出现的根源。

苏霍姆林斯基还说道：

我们力求使父母们懂得：对学业成绩的评定，并不反映对儿童道德面貌的评定。违背了这一点，会给儿童带来很深的痛苦，有时候甚至摧残他的心灵。把学科成绩的评分跟道德面貌的评价等同起来，是缺乏理智地追求表面成绩（分数）的结果。我们认为，不能容忍把一切都归结为一条简单化的结论——好分数就是好学生，没有得到“应得”的分数就意味着这个学生“不够格”。在这种奇怪的、缺乏教育学常识的观点里，没有把人看成是多种特征、品质、才能和爱好的和谐的统一体。

遗憾的是，这种观点已经渗透到许多家庭和社会生活中去了。当我看到许多文章里写道或者听到许多人说："三分"是代表毫无用处的、很差的知识这种议论时，我就感到不胜愤慨。尊敬的教师同志们，你们应当坚定地对自己说："三分"——这是一种对于完全令人满意的知识的鉴定。顺便提一下，如果所有的教师都能用正确的观点来看待这些问题，那么谎报成绩的现象就会消失，因为现在有许多学校给不及格的知识也是打"三分"的，这是一种令人遗憾的现象。还有，家长们也将不再要求自己的孩子做到不可能做到的事，因为并非所有的孩子都具有同样的能力：一个孩子很轻松地就能得到"五分"和"四分"，而另外一个孩子得到"三分"就是很大的成就。今天，当我们即将实现普及中等教育的时候，记住这一点是特别重要的。（第43条）

成长性评价的最终目的，是从外在评价走向内在评价，从教师评价走向学生评价，从学校教育走向自我教育。

强调基于学生成长的过程评价，并不是完全否定集体或外在的标准，因为：

（1）学生学习，需要有外在于自身的标准作为参照；

（2）知识有相对客观的标准，而同一个班级的学生，又处于大致相同的心智发展阶段；

（3）作为一个班级，需要有一个共同的智力氛围并相互激发影响，因此在尊重差异的基础上，也必须有集体公认的标准。

这里讨论的评分，是指由老师掌握的评分（这毫无疑问是最重要的）。但在现实教育中，还经常有外部评分，例如，各种由教育局或学校、年级组组织的重大考试。这类考试，往往是困扰老师的根源。

外部评分有其合理性与积极意义。例如，具有学力测试功能，考查师生是否达到国家规定的教学标准，为教师更好地进行教学提供参照；具有选拔功能，考查学生的综合及单项学习水平，利于检测学生特长以及高一级学校招生。但外部评分往往被异化，成为日常教育教学的指挥棒，这就严重地影响到了教育教学。

但对教师而言，不能靠抱怨来逃避，或"理直气壮"地以评分为棍棒来进行非常粗暴的教育，而是积极地利用各种评分活动，尽量消解其消极面，利用其积极面。

（三）通过评价促进良性发展

在教育学循环中，居于核心地位的是自尊心，自尊心来自成就感（或者说“高度的自我感受”），那么高度的自我感受来自哪里？会由哪些因素决定？

假如一个学生考了3分，他将获得怎样的自我感受？这种自我感受取决于哪些因素？

我们不妨设想几种情形：

第一种情形，在班集体中，他的成绩究竟是上游、中游、下游？或许在这次考试中，3分已经属于优异成绩，或许在这次考试中，3分属于较差成绩。一个人在班集体中的排名将会影响他的自我感受，形成自信或自卑，增强或降低自尊。

第二种情形，或许这次测试，以他原来的水平而言，只能达到2分，但他经过努力达到了3分；或许以他原来的水平而言，可以达到3分或4分，但他只达到了3分，停滞不前或倒退了。这会导致不同的自我感受。

第三种情形，无论这3分在班级中排名多少，或相对于他自己是前进了或者后退了，老师将对这3分进行评价，老师的评价，会影响到他的自我感受。

无论哪种情形，起决定作用的是学生的自我感受。良好的自我感受会增强责任感，进而增强学习积极性。

但是这种自我感受有可能是虚假的，是过高或过低地估计了自己的成就。

导致过高估计自己成就的最重要的因素有两个：一是学生本人轻浮乐观的学习态度，小富即安，不思进取，“60分万岁”之类，就属于这种类型。二是教师对学生的虚假评价，动辄就奖励小红花，“棒棒棒，你真棒”满天飞，尤其在小学特别是低段，孩子很容易受到这种评价的影响。

导致过低估计自己成就的最重要的因素也有两个：一是学生一直存在的自卑心态，这类自卑感强的学生往往有消极的心理暗示，即使取得进步，也常常归为偶然，或者“别人更好”“别人没正常发挥”之类。二是教师对学生的有意贬抑，这有时候源于偏见，有时候是老师习惯于贬低学生成绩以刺激学生上进。

……

还有许多因素，诸如班级风气、教师以及学生的个性等诸多因素都会影响到学生的自我感受。

如果我们对种种影响自我感受的因素进行概括的话，那么，不妨这样讲：自我感受来自挑战困难之后所获得的评价。这种评价，既包括外在的评价（老师、同学、集体），也包括内在的自我评价。而外在的评价，最终也是通过影响学生的自我评价来发挥作用的。

那么在教育中，评价的本质或者说意义是什么？

我们会发现，评价的本质，是帮助学生形成良好且良性的自我感受（自尊自信），进而激励学生，增强学生的责任感和意志力，进一步提高学生的学习积极性，并相应地促进道德水平的提高。

很显然，在教育教学中，教师的评价，起着至关重要的作用。

那么，教师评价的目的是什么？随着学生年龄的增长，评分应该有什么样的变化？有哪些要点需特别注意？

根据教育学循环，教师评价的目的，是协助学生明确目标，更好地挑战困难，并逐渐形成良好的自我评价能力，提升良好的自我感受，以提高学习积极性，推动意志力、责任感以及良好的道德品质的形成。

因此，这里的关键在于：

1. 教师评价的最终目的，是帮助学生形成自我评价能力。

2. 因此，必须努力使学生理解评价标准（这同时也意味着评价标准必须科学而清晰）。

3. 因此，评价必须建立在相互信任以及怀有好意的基础上，并且是激励性的。

4. 因此，评价必须不只针对结果，而是针对整个学习过程的反馈。

5. 因此，集体的教育气氛必须有助于促进个体自我评价的形成。

6. 因此，必须创造越来越多的机会让学生进行自我评价，教师可对学生的评价本身进行评价。

……

学生的自我评价能力是逐渐提升的，教师评价应该有利于推进这一过程，并提升学生自我评价的质量。这意味着，教师在不同的阶段，评价学生的方法（或者说培养学生评价能力的方法）将有一定的差别。

这种差别大致是：越往低年级，学生自我评价水平越低，越依赖于外在评价，越往高年级，学生的自我评价水平越高，越容易进行自我评价。

以低年级为例，小红花等手段之所以有用且必要，就是因为这一时期，学生更信任和依赖于老师的评价。所以，老师充满爱意和激励的评价，比较容易为学生所接受并促进标准的内化。而越往高年级，小红花等手段越趋于失效，并且，越来越不利于标准的内化（有时候甚至会使僵硬的标准内化）以及自我评价能力的形成。

再以作文教学为例，一轮有长度的作文训练流程可能是这样的：

1. 教师提出标准（训练目标以及要达成的程度），标准不但是条理化的，而且，同时可能是以范文的方式直观呈现的（也可能是以病文分析的方式呈现）；

2. 学生按照要求写作，教师不断地依据标准对学生的作文进行评价反馈，这种评价反馈越具体越有效，越抽象越无效，学生是通过这种评价反馈理解标准的，这也是作文的核心环节（修改），是标准内化过程；

3. 学生理解标准，可以以标准为尺度自由写作，这意味着标准的内化以及有能力借助标准进行自我修正而不再需要借助教师的评价，说明知识掌握良好，是知识的运用阶段。

（四）为每一个孩子树立标准

可以想到的是，任何评价，都需要确立标准。

那么，什么是标准？标准从何而来？成长性评价要求为每一个学生树立标准，这是否可能？如何可能？

所以要注意的是：

1. 标准并不只针对学习结果而言，标准贯穿学习活动始终，是学生必须遵循或朝向的样式。

2. 标准可能是抽象的，也可能是描述的，还可能是直观的。越接近低年级，标准越趋于直观（即以范例等方式呈现），越接近高年级，抽象化的标准越普遍。

3. 标准越清晰、具体、精确、完善，越有利于推动学习活动。

许多教学活动之所以成效不高甚至失败，与缺乏清晰的或合理的标准有很大关系。

在工业产品的生产过程中，标准是外在的，并且贯穿生产的始终。从原料的选择与购买，到加工过程中的每一个环节，一直到产品成型并打上标记，每一个环节都符合标准，才能生产出合格的产品。

但教育与此不同的是，教育面对的是活生生的人。活生生的人是不能被当成加工对象的，每个人自己是自己的主人，自己有足够的自由选择自己成为怎样的人。在这种情况下，标准的制定，就不能不考虑如下因素：

1. 外在的公共标准。包括文明社会的普遍标准，由国家制定的具备法律意义的课程标准等，这些标准在教育教学中将被逐步细化。

2. 班级学生所处年龄阶段可接受的标准及程度。也就是说，标准（无论是道德标准还是学术标准）应与学生的生理、心理、道德发展阶段相适应，不能逾越也不应该延迟。

3. 单个学生的发展阶段以及当前状况。单个学生的发展阶段可能与平均阶段并不一致，要充分考虑这一因素。另外，也要考虑单个学生当前的种种具体情况，例如身体状况、情绪状态、道德及知识基础等因素。

考虑这些情况意味着，并不存在着一个绝对的死板的标准，因为并不存在着千篇一律的抽象的学生。在教育教学中，既有相对一致的统一标准（否则教学无法进行），也要考虑每个学生的具体情况，使标准在使用过程中保留一定的差异性。也就是说，在统一中要有个别对待，在个别对待中也有统一的标准作为背景参照。

此外，更重要的是，最终，标准制定要从老师、集体逐渐转移到每个个体。个体的自由表现在，他在尊重公共标准的前提下，不断地根据自己的意愿和潜能，为自己提出和创造更高的和更个性化的标准并通过达到或超越这些标准而获得尊严。

所以，为每一个个体制定标准，意味着教师在集体精神生活的背景下（这一精神生活包含了集体的公共标准），协助每一个个体通过不断地为自己制定适合自己的并越来越高的标准而获得发展。

在这种情况下，分数不是评价，而只是评价结果的形式。

我们经常说“冷冰冰的分数”，为什么？因为分数只能标识结果，无法体现学习过程，分数也能显示差异性，但无法显示出真正丰富的差异。

例如，同样3分的作文，差异可能是非常大的，甲同学可能擅长叙事，乙同学可能擅长议论，更不用说风格上的诸多差异，但在分数面前，这些差异被抹平或者抽象化了。

再如，甲同学的3分，可能是非常努力学习的结果，而乙同学的4分，可能是放松懈怠的结果。但在分数面前，这一切也被抹去了，甚至会导向不恰当的对待。

但分数是有意义的。分数是相对客观和便捷的对学习结果的评定，可以为老师的进一步教学提供依据，也方便考查集体的学习成果并为每个个体提供更简便的参照坐标。

而评分往往掌握在教师手中，教师如何利用好评分这个工具，是苏霍姆林斯基非常重视的一个问题。他反复强调的是，不能将评分当成棍棒，而应该将评分当作检查以及激励学生积极学习的手段。

四、个别对待

未来的教师，我亲爱的朋友！在我们的工作中，最重要的是要把我们的学生看成活生生的人。学习——这并不是把知识从教师的头脑里移到学生的头脑里，而首先是教师跟儿童之间的活生生的人的相互关系。（第 13 条）

“把我们的学生看成活生生的人”，包含了几层意义：

1. 每一个学生都是独一无二的，都是充满个别性的。

2. 教育教学，因此并不是“把知识从教师的头脑里移到学生的头脑里”，而是“教师跟儿童之间的活生生的相互关系”。

3. 这种相互关系，要求教师洞察每个学生的个别性和当下性，并在教育教学中做到个别对待。

（一）两种“个别对待”

“个别对待”常被仅仅理解为态度之事。例如：

1. 能够给予个别学生（优生或差生）以个别照顾，尤其是对差生的关爱，肯为这些学生付出精力。

2. 在课堂上能够注意到不同学生程度的差异，并给予适当照顾。

但是，更重要的是专业上的“个别对待”。什么意思呢？有些老师，在教室里转来转去，与每一个孩子个别谈话，但他做不到“个别对待”。就像许多公开课，貌似双边活动很热闹，但是并不是“个别对待”。而另外有些老师，面对全班同学讲话，却能够做到“个别对待”。

为什么？

因为个别对待的前提，是教师能够敏锐地洞察学生的天赋、气质倾向、家庭背景、知识基础、兴趣爱好、学习态度及成因、道德素养、思维方式、知识障碍……洞察得越深入全面，越能够做到个别对待。

这种洞察力的形成涉及许多方面的知识及要求：

1. 教师的教育学及心理学素养。指默会的能力，即一种教育学心理学敏感，而不是机械的教育学及心理学知识。这种敏感，往往是在专业阅读的协助下，通过与学生持续地深入地交往而有意识地训练出来的。

2. 教师精深的本体性知识即学科专业知识。缺乏对知识的深刻理解，会导致两种情形：一是教学中不得不更多地关注知识，无法分配更多的注意力给个别学生；二是缺乏足够的经验，无法理解和把握学生的思维障碍。

3. 教师对具体学生的调查了解。包括对学生家庭背景、知识基础等情况的了解，以及在持续的教育教学交往中对学生的有意识的了解。

换言之，既要理解知识，也要理解学生，才能谈得上良好的“个别对待”。

如果教师对学生的思维品质和道德素养了解不够，那么，即使与学生一个一个地谈话，也必定不是“个别对待”，只是“轮流对待”。而优秀的教师，在面向全体学生的时候，也不视之为铁板一块，而视为一个又一个活生生的学生，他在讲述时，能够根据每一个学生的微妙反应不断地调整讲述，这又是“个别对待”。

与“活生生的人”相对的，是苏霍姆林斯基在第一条中所说的“抽象的学生”。视学生为“抽象的学生”，必然在教育教学中采取相对千篇一律的做法。有几条非正式标准可以参照：

1. 教师始终用同样的标准要求所有学生，并据此评定等级；

2. 上课时，注意力始终集中于所教知识而非学生的思维以及学习态度上；(课堂往往是表演型而非对话型，虽然常常有“群众演员”配合表演)

3. 所有学生的作业自始至终都是一致的，很少针对个别学生（或优生，或差生）布置特殊作业；

4. 在师生日常交往中，说得多，听得少；

5. 喜欢好学生，厌恶（而非深切同情）成绩不好的学生；

……

这种机械的标准化的教学，往往与灌输、规训相联系。

（二）“个别对待”何以可能

教师教学往往是面向全体的，在班级授课制中，“个别对待”何以可能？

这里涉及一个根深蒂固的误会，有的教师以为，只有在针对单个学生进行辅导时，才是“个别对待”。“个别对待”被理解为面对一个又一个的孤零零的个体。

实际上，在教学中，“个别对待”是指在统一性前提下保持多样性。这里的统一性是指教学进度的相对统一，是指教师面向的是全体学生；这里的多样性是指教师要在课堂上与每一个学生保持一种可能的对话关系，能够觉察到每一个学生的细微变化，并在必要时予以反馈。

换句话说，如果认为教学不是独白，而是师生之间的对话，那么这种对话，必然不是与抽象的“全体学生”的对话，而是与一个个活生生的学生之间的不断流动的对话。在基于对话的课堂（好的讲授，也是无声的对话，并不以外在的发言为标志）中，个别对待是必然的，越是良好的对话，越需要教师高度自觉的个别对待。

1. 教师不但要备教材（知识），更要备学生，即在备课时就已经开始“个别对待”，考虑到班级不同孩子的复杂情况，尤其是优等生和学困生。

我认识几十位这样的教育能手。他们的教育素养从备课就能看得出来。他们是按照教学大纲，而不是按照教科书来备课的。他们仔细地思索过教学大纲以后，就把教科书里有关的章节读一遍。他们这样做是为了把自己置身于学生的地位，用学生的眼光来看教材。真正的教育能手知道的东西，要比学校里学习的东西多得多，因此他不需要在课时计划里把要讲的新教材都写出来。他的课时计划里并不写叙述（演讲、讲解）的内容，而只写一些为了指导学生的脑力劳动所必要的关于课堂教育过程的细节的简短的纪事。教育工作的能手对于课堂上所学的自己那门科学的起码知识了解得如此透彻，以致在课堂上，在学习教材的过程中，处于他的注意中心的，并不是所学的东西的内容本身，而是学生，是学生的脑力劳动，是学生的思维以及学生在脑力劳动中遇到的困难。（第 87 条）

在第 2 条中，苏霍姆林斯基也曾说过：

教师在讲三角函数，但是他的思路主要不是放在函数上，而是放在学生身上：他在观察每一个学生怎样工作，某些学生在感知、思维、识记方面遇到哪些障碍。他不仅在教书，而且在教书过程中给学生以智力上的训练。（第 2 条）

2. 在授课过程中，教师必须保持开放姿态。这种开放意味着：教师必须保持倾听姿态，倾听班级里每一个学生的“声音”，即他们的思维活动（这种倾听可以通过观察他们的眼神等身体行为，以及适当地提问和练习来完成，并建立在对学生思维活动的正确估计的基础上）；教师必须根据倾听到的信息不断地调整自己的讲述。与此相反的，则是机械地照本宣科。有些课堂上，老师讲得滔滔不绝甚至娓娓动听，但却不知道根据学生的反应不断地加以调整。

总之，如果缺乏“个别对待”，课堂将有可能陷入灌输、单方面的宣讲，或表演（如某些公开课，连同对话都是精心预设过的“伪对话”），而无法成为真正的“交响乐”。

案 例

案例一：小亚的故事

我是一个带了12年课，做了7年班主任的教师了，带过普通文化班，带过艺术特长班，但第一次带高考补习班，共有学生107人，是一个超大的大班，学生来自全省各地市，习惯和思想参差不齐。在住宿方面，学校并没有给补习班留出单独的教学楼和住宿楼。学生宿舍分布在高一、高二、高三年级的公寓楼的顶层。或者一楼公厕和洗手间改造的大集体宿舍内。上课教室分布在最远的实验室的四楼。学生宿舍的分散使归寝管理起来有相当的难度。

故事就发生在高考补习班，主人公叫小亚。

“老师，你是不是怀疑我？”

9月份高一开学后第二周，高一某个班级晚上发生一起事故。据本寝室的女生讲，晚上两三点有位低个子的女生从窗户跳入寝室，并拿起了一位熟睡女生放在床头的手机，宿舍内有人被惊醒，吓醒的女生不由自主地大声喊叫，喊叫声惊醒了宿舍同学，跳窗进来的人打开宿舍门迅速走掉了，走出门口时把手机顺手放在了门口的柜子上。

第二天早上被吓醒的女生告诉他们班主任朱老师，昨天晚上跳窗进入她们宿舍的女生是我们班的女生小亚。

高一的朱老师找到我，说高一发生事故的女生寝室怀疑是我们班女生小亚，她们判断的依据是夜晚潜入宿舍的女生与小亚的身高、体形、发型非常相像。她们还反映一个情况，就是小亚常在晚上下夜自习后站在她们宿舍门口，不说话也不走开，高一朱老师班的女生看见小亚后心里非常恐惧。

我第一反应就是小亚可能心理不正常，但首先要弄清到底是不是小亚，我悄悄地把小亚同宿舍的女生叫出来两个，询问她们宿舍昨天晚上是否全体女生都在宿舍住了，有没有人晚上离开宿舍。她们告诉我，小亚晚上不在宿舍住，不知道她去哪里住了。她们还反映一个情况，小亚不大正常，常常无缘无故地坐在床上，不吭声也不说话，她们也感到恐惧。

小亚原来也是在本校高中部上高中的女生，班主任李老师和我非常熟悉，曾经问过李老师小亚的情况，李老师说："小亚是一个特别情绪化，好走极端的女生。对小亚最好采取的措施是不要多理睬她，你越理她她的事情越是没完没了。"在高补班组班后让学生写过一次周记，周记上小亚认为我是一位她经历过的最好的老师，而前班主任李老师是她最恨的老师。小亚还主动担任班里的体育委员，带早操。

作为一名女生本来带早操的就特别少，而小亚主动愿意担任这样的职务，很让我感动，我写给她一封信：你是我认识的优秀女生之一，感谢你为班级所做的工作。小亚担任体育委员就意味着她是班干部之一，应该对自己严格要求，但是小亚却是上课我行我素的人，开始旷早操，旷早读，起到很不好的带头作用。当我用班规对她进行处罚时，她告诉我她心理有问题，在某一天她准备离家出走。这件事着实吓我一跳，准备离家出走可是大问题，我想做好她的工作，和她聊了一上午。小亚说，是在小时候7岁左右的时候有过一次心理伤害，具体内容她不想谈，在家里父母经常吵架打架，对她漠不关心。她想以自己的出走来对父母进行一次警告。我告诉小亚，希望她把我当作是她的朋友，希望她的行为能第一时间让我知道，希望我能帮她做些什么。

我跟小亚讲离家出走她有可能遇到的几种情况，无论哪一种都非常让人担心，都不是正确的选择。父母和家庭的问题如果是促使她离家出走的原因，那么我们可以做到的是以自己的努力来改善父母的关系，希望她让自己坚强。

我请小亚原来班内的一位比较善于做思想工作，和小亚关系又比较好的学生相迪做小亚的工作，并把了解到的情况告诉我。

一波未平，一波又起。小亚离家出走的问题还没有解决，高一老师又询问关于小亚晚上是否跳入女生宿舍的问题。

小亚是特别敏感的人，我悄悄询问她们宿舍女生关于她是否在宿舍住宿的问题还是让小亚知道了。她直接找到我："老师，听说你怀疑我跳窗去高一女生的宿舍?"

我问小亚有没有去高一出事的女生寝室，小亚说去了，因为心情不好，想离家出走。我问有没有拿人家手机，小亚说想借用一下。我问她什么时间去的，小亚说下夜自习后，当时我也没仔细问清时间（这是我的一个疏忽，因为当时女生宿舍发生事故应该是半夜）。当时小亚很抵触地问："老师，你是不是怀疑我?"我说："高一年级查这事，高一班主任怀疑是某个学生所为。我应该了解一些情况。以后要找别的班别的年级同学，请注意时间地点和场合。"

没想到小亚自己去找高一班主任朱老师去了，并且要人家拿出怀疑她的证据来。朱老师和高一女生拿不出证据，让小亚理直气壮。

后勤服务公司介入追查此事。由于最近学生宿舍盗窃现象严重，并且高一女生宿舍出现有人深夜潜入的现象让学校有关领导非常紧张。后勤服务公司与市刑警队联系，把失盗宿舍（并非高中有外人潜入的宿舍）留在窗上的指纹进行取证，他们圈定了一批怀疑对象，其中就有小亚。刑警队和后勤服务公司的人员直接找到我们班小亚所在的女生寝室，让此宿舍内所有女生摁手印。手印摁了四次，也不知道是怎么搞的，说是不清晰，把人心弄得一时非常紧张。

"你不就是个班主任而已!"

周日晚上学校开例会，针对宿舍楼最近发生的失窃事件学校要求班主任对学生做安全教育。从两方面进行，一方面是要注意加强自我保护，另一方面要洁身自好。我在教室做了强调和要求，然后我离开了。

周一早上六点我来到教室，在办公桌上发现小亚写的一封信。折叠的信封上是三个字，触目惊心：林××。（我的名字，三个字，让人触目惊心。）

前两行是这样写的：我不叫你林老师，我叫你林××，因为你不配赢得我的尊重。

中间对组班到现在进行了从头到尾的抨击："当你说处罚学生视心情而定时我不禁笑了，你管理班级真的很幼稚、很可笑。"

"某某班主任在学生遇到问题时会说：'你们待着，我去问问。'而我们遇到问题你却推脱责任，任由刑警队找我们摁手印，某某同学评价你四个字：八面玲珑。"

快结尾处说了这么一句话："你不就是个班主任而已！"

看着满纸的她对班级和我个人的批判，我的火气腾地就上来了，在她眼里我不过是一个笑柄而已。

这封信深深激怒了我，我去了班里。小亚不在，我等了十几分钟她来到了教室，我叫她到我办公室一趟，她对同桌会心一笑，好像预见到事情的发展一样，瞅见她那样笑，我更是生气。来到办公室，我告诉她："我不想跟你解释，从你这封信中我发现你根本就不懂得我对你的付出和关心。你不需要在文一班待下去了，我对班级严格管理时班规涉及你个人你对老师憎恨，老师松一些时你又看笑话说风凉话。我的班级不需要你这样的人。"

她大大咧咧地说："我不走，我就在文一班待着。你不是一直都怀疑我吗？你不是怀疑我是小偷吗？"

"我什么时候怀疑你是小偷了？"

"昨天晚上你对全班同学教育时说要洁身自好，说这话是什么意思？你明明就是冲着我来的。"

"我是在对同学进行安全教育，教育需要两方面来做。"

"你就是怀疑我是小偷！"小亚大叫，一点也不像个学生，很泼。

太冤枉老师了，班级有这么一位学生，如何进行管理，有第一个就有第二个！

我非常生气地告诉她："八点之前从我班消失！文一班还不需要你这样指手画脚攻击老师的人！"

小亚去找隔壁班的英语老师，英语老师拒绝接收她。我在想一个问题，如果小亚不离开教室怎么办？我怎么收场？对小亚这种气焰压不下去，以后我怎么进行管理?!

八点前我去教室，她坐在位置上，我怒气冲冲地走到她课桌边的走道上：

"请你给我出去！"

小亚得意地说："我不出去，我就在教室。看你怎么办？"

"你不出去我出去！只要你在教室我就不来文一班！"

是我而不是小亚离开了教室！

我非常生气地离开教室，预备钟前正好年级主任和主管校长来查早读情况，小亚追着校长说："我们老师不让我在教室待，她说我是小偷！"

当主管校长和年级主任带着小亚来我办公室时，小亚还是跳着说："你在班里说我是小偷。”

“我什么时间说你是小偷的?”

“我不在教室的时间，有同学告诉我的。”

真是太冤枉人了，而且就在校长面前。说不清这事也说明我太没素质了，一个班主任怎么能在教室公开说学生是小偷。

“去把同学叫来，我们对证。”

小亚去叫了两名学生过来，学生都说：“老师说要洁身自好，没有说你是小偷。”小亚对我说：“我以为你在班里说我是小偷!”

“老师打我!”

早起，给后勤服务公司打电话，催问刑警大队调查的结果。（但刑警队所查的事情与潜入高一女生宿舍，不是一回事）我希望结果能出来，希望不是小亚，然后双方都有后退的机会。

把老师和学生双方逼入墙角的感觉太难受了，小亚和我都经历着这种心灵的拷问。

我感觉，我是成人，虽然受伤害够多的了，有一个学生，两个学生，再多一个也能承受。而小亚毕竟还是个孩子，有着广阔的未来。未来的路还长着，给孩子一条退路，如果能让她退得漂亮些，则更好。

十点多，后勤服务公司从刑警大队调出结果。指纹跟小亚对不上，我去找小亚时她在教学处，我告诉她，高一宿舍失窃的侦查结果是我们班女生被排除了。

“那你当时凭什么怀疑我？你一直都不相信我!”她叫嚣着，把手伸到我脸上，我把她的手推了回去，她吆喝一声：“老师打我!”

此时的我真想打她!

预备钟过后，我到教室，针对全班同学，我说，请大家做证，我把小亚的事情从头到尾给全班同学说清楚，我把高一宿舍发生了深夜有人潜入事件，高一女生的怀疑，我所做的工作，针对学生宿舍发生的盗窃事件学校、后勤服务公司所做的工作，刑警队的取样一一告诉全班同学，老师没有说明任何一位同学是小偷。有些事情老师所做的工作需要告诉你们，有些事情没必要告诉你们，今天小亚逼着我非要把实际情况给大家做一个交代，那我就做一个交代。

小亚跑到讲台前，我允许她把自己的想法讲出来。小亚讲的过程中态度很疯狂，她甩了非常狠的一句话：“你不就是一个班主任而已吧?”

我拿起黑板擦拍了一下桌子，告诉同学：“我就是一个班主任而已！而且告诉你们，我现在连班主任都不是了！从现在起我辞去文一班班主任。”

解释完我告诉她：“你也去高一调查过了，哪一句是我编的可以当面指出来。昨天我说学校怀疑是你晚上跳下高一寝室，拿了高一女生的手机，这句我说错了。我没调查没有发言权，我向你道歉。”我当着全体同学的面向她道歉，然后问，可以吗？她说，可以。

然后我说：“你说，我不过是个班主任而已。我现在明确告诉你，我已不是班主任了。你的‘而已’可以去掉了。”

然后我离开教室，有两名男生拦住我：老师，您不能走！我眼含泪水推开他们。

我离开教室，正好教委打电话让我去开会，我离开学校。下午在教研室开会，收到小亚的短信息：第一条：“老师，我现在坐在教室，想着平静的生活真好，这样的结果我想到了，（每个人）都有自己的原则与忍耐。所以就这样坐着，仅此而已。”

第二条：“中午我没睡觉，刚才下课睡一下，醒来竟想早上的事不是梦。我感谢你一开始对我的保护，但我现在问你一句：你是不是说我是小偷了！”

我不想理她。如果她怀疑，可以去询问班内任何一位同学。

我找到主管校长，希望可以辞去文一班班主任，校长说：“文一班需要你。”

我没有去教室。第一天，借去教委开会之名……

第二天，我上完课就离开教室……

“她就是要面子，我偏不给她！”

教学处把小亚的家长打电话叫了过来。听了小亚一面之词的家长气势汹汹地来到学校。

小亚的父母很嚣张，在教学处闹事：“从来没有见过这样给孩子背黑锅的老师！我家孩子不是小偷……”（当时我并不知道，是教学处工作人员告诉我的）教学处工作人员把我所做的工作对小亚的父母做了介绍，他们渐渐地冷静。

小亚的爸爸给我发了一条短信：“林老师，我们来学校不是闹事的。”

我告诉他们：“我们如果能面对面谈谈，事情可能会明白的。”

小亚的爸爸和妈妈来到办公室，是从农村过来的，小亚的妈妈腿有残疾，爸爸在外打工。小亚也跟着过来了，我请小亚把事情的前因后果讲给她的父母听，把我所做的工作告诉他们。并告诉他们，并不是我怀疑小亚是小偷，以我的人格和老师的师德保证，我绝不会说一位学生是小偷。也不是我发起对小亚的调查，这是学校的一个集体案例，学校和老师所做的工作都是常规性的工作。我所做的不到位的地方，如小亚所说的，刑警队来取证时没有保护学生。但作为一位老师来讲如果相信自己的学生最好的方式是调查清楚，清白是一种更好的保护。

我和小亚的父母

小亚的妈妈说："你能不能跟老师好好说话？能不能跟老师道歉？"

小亚说："我就是这性格，我就是这脾气。"

然后甩一句给我："你不是就要面子吗？"

又对她妈妈说："她就是要面子，我偏不给她！"

……

第三天，我来到办公室，桌上放着小亚的一封信，她告诉我，她感激过我，感谢我对她的信任和保护，她要离开了，谢谢我还她以清白。祝福我，祝福文一班的兄弟姐妹们能在高考中取得好成绩。

我五味杂陈。

【案例分析】

这是一件"惊心动魄"的案例。一件突如其来的入室事件，导致了一对原本关系不错彼此信任的师生相互指责，最终结束了师生关系，不欢而散。

这个案例的"结"在哪里？是什么样的一股力量推动着"我"和小亚，使矛盾逐渐升级，并最终无可挽回？假如用一个比喻，将"我"与小亚的关系，比喻成一种恋爱关系，那么我们可以对这个案例进行重新梳理。

（一）

这是一场一见钟情式的恋爱。

"我"与小亚的相遇，是典型的一见钟情："在高补班组班后让学生写过一次周记，周记上小亚认为我是一位她经历过的最好的老师，而前班主任李老师是她最恨的老师。小亚还主动担任班里的体育委员，带早操。"

之所以一见钟情，一方面是因为“我”是一个优秀的关心学生的好老师，并没有因为前任班主任的建议而疏远小亚，另一方面，则是因为小亚以前的前任班主任对小亚冷淡、漠视，导致了小亚的仇恨，因此感受到新的班主任的关注，自然格外认同。师生之间不断地相互呼应，包括小亚主动担任班里的体育委员，也是对“我”的一种回报。从某种意义上，两个人迅速陷入“热恋”之中，彼此都美化了对方。小亚视“我”为最好的老师，“我”也视小亚为“我认识的优秀女生之一”。

但是“热恋”之后，仍然要“共同生活”，要面对“柴米油盐酱醋茶”。而事实上，小亚并不是一个优秀的学生，因此，没多久，就“开始旷早操，旷早读，起到很不好的带头作用”。“我”作为班主任，当然要维护原则，当要用班规对小亚进行处罚的时候，小亚告诉“我”，自己心理有问题，在某一天准备离家出走。小亚为什么要这样说？当她无法做到足够优秀的时候，她用这种示弱的方式恳求“我”：我需要帮助，请你继续爱我。“我”其实并没有读懂小亚的信息，小亚的方式收到了效果。

正在这时候，意外发生了。有人夜里从窗户跳入高一某女生寝室，被发现后逃走。她的“身高、体形、发型”和小亚“非常相像”。再加上一系列的“旁证”（“小亚常在晚上下夜自习后站在她们宿舍门口，不说话也不走开”“小亚晚上不在宿舍住，不知道她去哪里住了。她们还反映一个情况，小亚不大正常，常常无缘无故地坐在床上，不吭声也不说话，她们也感觉到恐惧”），“我”展开了调查，其实这次调查的对象很明显。

因为怀疑，“恋人”之间出现了裂隙：

小亚是特别敏感的人，我悄悄询问她们宿舍女生关于她是否在宿舍住宿的问题还是让小亚知道了。她直接找到我：“老师，听说你怀疑我跳窗去高一女生的宿舍？”

我问小亚有没有去高一出事的女生寝室，小亚说去了，因为心情不好，想离家出走。我问有没有拿人家手机，小亚说想借用一下。我问她什么时间去的，小亚说下夜自习后，当时我也没仔细问清时间（这是我的一个疏忽，因为当时女生宿舍发生事故应该是半夜）。当时小亚很抵触地问：“老师，你是不是怀疑我？”我说：“高一年级查这事，高一班主任怀疑是某个学生所为。我应该了解一些情况。以后要找别的班别的年级同学，请注意时间地点和场合。”

当小亚听说“我”对她的调查后，跑过来问“我”，“我”的回复已经是彻底的“公事公办”了，这种“公事公办”从程序上也无可挑剔，但是让已经与“我”建立关系的小亚觉得无法接受，她感觉受到了伤害，因此才主动跑去找高一班主任要她拿出怀疑的证据，后面后勤服务公司和刑警队的介入，进一步加剧了紧张气氛。小亚需要“保护”，这种保护，不是包庇，而是“相信我，支持我”，但是“我”在班级里公开讲话，强调要加强“自我保护”和“洁身自好”，这让小亚感觉到绝望，因此关系破裂。小亚给“我”的信里说：“我不叫你林老师，我叫你林××，因为你不配赢得我的尊重。”这是感情破裂之后的“绝交信”。爱之深，恨之切，被抛弃的悲愤、失望、怨毒，一起化为对“我”的全面攻击。

“我”并没有理解小亚怨毒背后真正的信息，相反的，很自然地也陷入了愤怒并进行还击，从请她离开教室，到最终小亚离开学校，这案例以“我”的“胜利”而告终。

（二）

“胜利”之后的我为什么会“五味杂陈”？很显然，因为小亚的离开，虽然让我保住了面子，但实际上，这次“分手”，没有“胜利”可言。原因很简单，因为曾经深深地“爱过”，曾经建立过关系。

那么，是什么导致了一对“恋人”最终走向“分手”？

是“骄傲”。

“我”是一个优秀的老师，但还没有优秀到可以不在乎一切。“我”之所以与小亚“相爱”，某种意义上是因为她满足了“我”的“骄傲感”（“小亚认为我是一位她经历过的最好的老师，而前班主任李老师是她最恨的老师”）。作为刚上高补班的老师，“我”需要这种认可。因此，“我”也做出了积极的回应，这种彼此的肯定，满足了双方的“骄傲”，因此迅速进入“蜜月期”。

但是，考验不期而至。当高一女生寝室入室事件发生后，“我”的下意识的反应是什么？“我”并没有站在“小亚”的角度去考虑问题，而首先想到的是——“我”的班级出现了小偷。换句话说，“我”是一个“骄傲”的班主任，一个优秀班主任，“我”的班级出现这类事件，是对“我”的损害，因此“我”急不可待地展开调查。但也因为“我”是一个优秀的班主任，所以并没有给小亚留下什么把柄。但“我”从调查开始，一直在班上公开谈这件事，已经毫无疑问地表明了“我”的怀疑。

于是，“我”与小亚之间的亲密关系也慢慢发生了转变，从“我—你”的关系转变为“我—她”的关系，面对小亚的询问质疑，“我”始终是一副公事公办的态度，小亚感觉到，在自己最需要信任和帮助的时候，自己被曾经最信任的“我”遗弃了，因此，同样骄傲的小亚便不顾一切地报复：“她就是要面子，我偏不给她！”她的意思是，与其你先抛弃我，不如我抢先一步抛弃你。而“我”出于“骄傲”，也不甘示弱，只有彻底打败小亚，“我”才能够继续维护自己的“骄傲”，包括自己在学生以及同事之中的威信。

有意味的是，据了解，在这件事中，同事与学生的态度很不一致。同事普遍觉得小亚蛮不讲理，认为她最终离开学校是活该，班里的学生，则对“我”有一点看法，认为“我”在这件事情中处理不妥，没有保护小亚。

“分手”以后，我们要重新想一想：什么是爱？

一个成熟的教师，需要一种深刻的悲悯，尤其是面对失败的孩子。但是骄傲会让我们只想到自己，而遮蔽我们本该关心和关注的最重要的东西。想想看，纵然是小亚偷了东西又如何？如果是她偷了，教育也只是刚刚开始。教师的骄傲，使得“我”从一开始，就把注意力，以及关注重心及方式，有了微妙的变位。

在这个案例中，“我”或许应该悬置此事，因为太危险。更重要的是，这件事“我”还未获得授权处理。“我”无权全程负责此事，所以，就不应该在信息不对称的情况下，过于积极地处理这件事。相反，应该更快地处理离家出走的事，即更认真地准备走进小亚的故事，聆听她的声音，理解一个灵魂的形成。

在这件事中，“我”的职责在哪里？小亚是“我”的学生，是“我”教育——首先是保护（但不是庇护），其次是理解，再次是转变（改进）的对象。在这种情况下，“我”要做的，其实不是急于调查出真相，反而应该冷静，要显出对学生一定程度的爱护与关心，防止可能造成的伤害。“我”必须为小亚考虑：假如她犯了罪（错），我如何保护她？作为老师，要遵守的原则是：对错误零度宽容，对灵魂无限爱护。也就是说，要将错误与人格分开处理，无论她有没有偷窃，我都要站在她的身后，支持她受伤的灵魂。因为我知道，她的偷窃是一个受伤的遥远结果。

什么是爱？也许一个老师要对学生有这样的承诺：无论发生什么，我永远站在你身边，甚至共同承担你的错误与罪过，这就是爱。对于老师而言，爱不是交易，爱是一种宗教，一种信仰，一种面对学生的状态。爱并不意味着不要严格要求，但爱是起点也是终点，爱提供最基本的安全，让所有迷途的孩子，无论经历多少挫折，都能够相信，前方有一个温暖安全的“家”。为什么班上的学生会对“我”有看法？因为所有学生都渴望在危难来临时，有人会保护他们。他们可以接受对他们错误的惩罚，但不能接受被抛弃。

在这个事件之后，小亚最终是不会记恨“我”的，因为至少“我”还爱过她。这与对错无关，与是非无关，只与爱有关。

（三）

这个案例，触及了师生关系中最深或最根本的地方。

很多老师明白应该对学生表达善意，尤其是学困生，或者曾经受过种种伤害的学生。因为如果没有爱与信任，他们便很难恢复对学习的信心，甚至很难恢复对生活的信心。

帮助学生树立自尊心，并使师生的相互信任成为教育的良好基础，绝对不是一蹴而就的事，更不是随随便便地鼓励或赏识所能达到的。鼓励或赏识，或表达善意，只是一个开端，而不能成为万能的“策略”。仅仅有一个良好的开端，对教育而言是远远不够的，还必须经过漫长岁月中的相互驯养①。

就是说，师生之间的信任也好，学生的自尊心也罢，都要经历一个不断的强化过程（可能是正强化，也可能是负强化）。这个过程，对教师或学生，都是一种考验（就像婚姻是对爱情的考验一样）：

（1）倾听与理解。

教师向学生表达了善意或最初的信任，并不就是全部，真正的信任首先意味着倾听与理解。请注意苏霍姆林斯基所亲身经历的这个案例：

我开始教师工作的时候，刚刚17岁。那时我在五年级各班担任语言文学课教师并兼任少先队辅导员。

我第一年在少先队工作时，曾发生过一件令我终生难忘的事情：

---

① 驯养，出自法国作家安东尼·德·圣－埃克苏佩里的童话作品《小王子》，意指彼此之间相互信任、相互照料的亲密关系。

一个一向沉默寡言，看来有些孤僻的五年级学生沃洛佳打伤了同班同学谢廖沙。事情发生后，沃洛佳一直执拗地沉默着，不愿对干出这件事的原因做任何解释。谢廖沙也一言不发，但在向老师告状时却再三重复说沃洛佳平白无故地就把他狠狠地揍了一顿。

当时我对孩子们之间错综复杂的相互关系还不很了解，因此轻信了谢廖沙，认为这次打架应该怪沃洛佳。于是我把作为一个教师的仅有的武器搬了出来对付沃洛佳。我决定向全班做一次训话，并认真地做了准备。我把沃洛佳形容成一个没有感情的、粗暴的、欺侮弱小同学的孩子。我坦率而发自肺腑的谈话果然对全班同学起了作用。我很满意，我感到班上孩子确实越来越相信沃洛佳是不对的了。

这是新教师常犯的错误，源于“正义感”，结果丧失了真正的公正。许多伤害是无意的，是缺乏倾听与理解的结果。

在小亚这个案例中，教师也是善意的，但是这种善意更多的是情感性的，而没有伴随着相应的认知性。或者说，缺乏了一种倾听与理解。教师始终没有真正地进入小亚的心灵世界，反而丧失了主动性，一次次地被小亚有意无意地牵制……

结果，信任并没有真正地结出善果。小亚在三分钟热情之后，并没有优异的表现，反而暴露出了越来越多的问题，而这些问题吞噬着彼此之间的信任，并为关系的恶化埋下了伏笔。而如果能多一些真正的倾听与理解，那么最初的信任就会得到真正意义上的加强，并推动小亚进入良性的教育学循环。

（2）信念与考验。

对学生的信任，要经历并且必须经历考验甚至转化为信念，才能成为教育坚不可摧的基础。许多新老师进入职场，往往先是满腔热情，不久，“平生意气尽消磨”，最终，成为牢骚满腹的应付者，或成为灭绝师太式的强悍者。

案例中的教师，虽非新老师，但因为专业上的不成熟，在面对小亚这样有特别障碍的学生时，也不自觉地重复了这一条道路，在考验面前，最初的善意化为怨气，曾经的爱化为恨，最终，“五味杂陈”。

考验从小亚担任体育委员时就开始了。小亚“旷早操，旷早读”，这是最初建立关系之后的故态复萌。可以想象的是，老师对这种态度采取了两种极端的方式，先是容忍（寄希望于这是偶然事件，寄希望于彼此的关系会唤醒小亚的自觉性），后是冷漠（照章办事，依据班规进行惩罚），在这种忽冷忽热的应对中，关系在不知不觉地恶化。老师缺乏更为细致的工作，比如利用最初的信任，既理解小亚（冰冻三尺，非一日之寒），又有具体的措施协助矫正……在这一场考验中，教师的失利，与专业化程度不足息息相关。如果在过程中不断地协助之、纠正之，严爱相济，那么小亚就能够不断地从她自己的进步中获得自我肯定，同时加强自我控制。可惜的是，因为老师的反应失当，小亚解决困境的方式，不是加强自我控制，而是诉诸情感，有意无意地利用了老师的同情心，并一次次地透支了老师的信任。结果，她自己也不知不觉地陷入了恶性循环。

而在关键的考验中，老师暴露了最深的潜意识。在作为出发点的最深处，老师放置的不是学生，而是自己。不是把保护学生当成自己的本能，而是把保护自己当成自己的本能。而显然，这一点很快地被小亚觉察到了，并且，她做出了激烈的反应。在许多时候，老师甚至自己都没觉察到这一切，或者说有意无意地掩盖了这个事实。

但是，要真正地培植信任，真正地走进学生的心灵，就应该勇敢地直面自己的内心世界，并通过一次次的遭遇来反思，最终使信任成为信念，根植于心。毕竟，在教育中起根本作用的，与其说是意识层面的教导，不如说是潜意识层面的熏染。

（四）

对于“我”来说，这个案例的书写，是一个艰难的过程。

好的案例，必定像小说一样精彩。这需要对案例本身有一种比较透彻的理解，有了这种理解，书写者就会对原材料进行恰当的剪裁，使之洁净、真实、丰富，以一种最佳的方式，让自己和读者，更好地通过阅读进入事件本身。

在这一事件中，第一主人公甚至不是小亚，而是“我”，因此叙事的重点，是写出“我”在前前后后的内心变化，写出我眼中的“她”在每时每刻的“真实印象”。同时，“我”一方面认真、负责、好胜、自得，另一方面也自信、固执、不服输，要通过叙述把这一切真实地呈现出来。而小亚，则在“我”的眼中不时地起伏着。

看看这段书写：

我第一反应就是小亚可能心理不正常，但首先要先弄清到底是不是小亚，我悄悄地把小亚同宿舍的女生叫出来两个，询问她们宿舍昨天晚上是否全体女生都在宿舍住了，有没有人晚上离开宿舍。

这是“我”接触信息下的第一反应，但非常可惜，这里的内部信息严重缺失，即“我”对此事的真实想法，没有书写出来。这个案例中，“我”没有获得清晰的呈现，至少不如小亚呈现得更为清晰。所以这是一个非常奇怪的现象，“我”是书写者自己，为何反而显得面目模糊？或许可以这样理解：是“骄傲”导致了这件事，也同样是“骄傲”偷偷抹去了自己存在的痕迹。

我们来看这一段：

早起，给后勤服务公司打电话，催问刑警大队的结果。（但刑警队所查的事情与潜入高一女生宿舍，不是一回事）我希望结果能出来，希望不是小亚，然后双方都有后退的机会。

把老师和学生双方逼入墙角的感觉太难受了，小亚和我都经历着这种心灵的拷问。

这是一段非常矛盾的话。“小亚和我都经历着这种心灵的拷问”，“我希望结果能出来，希望不是小亚，然后双方都有后退的机会”。唯一真实的是，此刻，两个人都情绪激动，但是，这个激动的情绪是不能表述为“我希望结果能出来，希望不是小亚，然后双方都有后退的机会”的。

事实上，“我”在虚构着可能性：在何种情况下，我的尊严会受到伤害，在何种情况下，我的尊严会得到提升，最好的结局是怎样，然后怎样。在这件事中，事实上，就程序而言，“我”完全可以置身事外。“我”为何卷入？为何越卷越深？为何甚至催促刑警队快点到来？

作者在书写这个案例的时候曾说：“（这个案例）原来整理出来过，但是无意中自己做过趋利避害的剪辑。所以，一直心怀不安。”这说明，书写是需要勇气的，大半的老师在书写案例的时候，并无本案例作者这样的勇气。

问题是，即使具有了这种勇气，也需要有不自觉的趋利避害的剪辑，因为潜意识里的“骄傲”仍然会发挥作用。

因此，案例写作，首先需要直面自身的勇气（许许多多热衷于表现自己“高超”的教育技巧的案例还不在讨论之列）；其次需要对案例本身的反思及理解。若有了足够深入的反思，便会增加洞察力，明白哪些是重要的，不能疏漏的。这样的书写，我们才能够在书写中“看到真实的自己”，并根据“真实的自己”更好地“修改”自己的未来。

案例二：举左手举右手

一个男孩子，很调皮，成绩也不好，但是和其他学生一样，也渴望老师的表扬和肯定。班上来了一位新老师，同学们都想得到这位新老师的喜爱和欣赏，所以，他的课，同学们纷纷举手要求回答他的问题。

这个小男孩也不例外，只要老师一提问，他就把手举得很高。好几次，老师叫起他，可是，每次他都只能木木地站着。老师很奇怪，把他叫到偏僻处，问：“你为什么总是举手，却不回答问题呢？”

小男孩有些不好意思，说：“举手只是想要面子，想得到你的好感。原以为你不会一次次地喊我。”

老师想想说：“我们定个协议吧。以后，你遇到不能回答的问题，举左手，遇到能回答的问题，举右手。看到你举右手，我就叫你。”男孩开心地笑了。

这以后，男孩每逢提问，照旧举手。老师有时有意把问题提得很简单。他举右手，老师叫起他。他兴奋地回答出来。慢慢的，他的自尊心和自信心得到了提高，也更加喜欢学习，从此再也不是什么都不会的问题学生了。

一位教育家说：“要像对待荷叶上的露珠一样小心翼翼地呵护孩子幼小的心灵。”说得多好啊！

【案例点评】

如果没有猜错的话，这是一个编造的案例，但流传甚广。

学生的自尊心是如何建立起来的？按照苏霍姆林斯基的观点，来自成就感，是通过挑战并克服困难而获得的。

案例中的孩子，只是想获得老师和同学的欣赏，但又不是通过努力学习来获得。而老师的回应，是继续让他在同学面前保持能够回答问题的假象，让他以不被戳穿的方式维持一定的自尊，甚至为他而有意将难度大大降低，但是，却看不到对孩子切实的学业上的帮助。

实际上，只有在极特殊的情形中，教师才可以做这样的让步，并且这样的让步永远是暂时的，只是一种过渡或手段，最终，教师必须将学生引导到通过努力学习获取自尊的道路上来。

这类心灵鸡汤式的故事无涉专业发展，将原本复杂的教育简单化，仿佛只要教师灵机一动，或具有爱心，就可以轻松地转化学生，这迎合了相当一部分老师的心理需要，是要警惕的。

资源与拓展

本章涉及的每一个概念，都是表面看起来容易理解，但要深刻领会直至化为信念与行动却非常困难。

因为本质上，对苏霍姆林斯基来说，这是30年与学生朝夕相处的经验的凝聚，对读者而言，也只能在与学生的不断的相互编织中去领悟。并且，这种领悟将随着岁月的推移而不断加深。

尤其是遭遇相应的困难的时候，阅读本章或有启发。而除本章外，还有一些很好的资源涉及本章的中心主题以及若干关联主题，可延伸阅读思考。而教研组与读书会等组织，也可将这些资料编织成若干部分用作共读材料。

一、围绕“自尊心”这一主题，可涉猎如下材料：

1.《给教师的建议》第86条；

2.《儿童的人格教育》第三、四章。

二、围绕“信任”这一主题，可涉猎如下材料：

1.《给教师的建议》第75条；

2.《教育人类学》（博尔诺夫著，华东师范大学出版社）第四章和第七章节选内容；

3.《小学课堂管理》（温斯坦·米格纳诺著，华东师范大学出版社）第五章；

4. 电影《放牛班的春天》。

三、围绕“评分”这一主题，可涉猎如下材料：

1. 朱佩荣《阿莫纳什维利的实质性评价》一文，见阿莫纳什维利的“学校无分数教育三部曲”之二《孩子们，你们生活得怎样》附录；

2.《小学课堂管理》（温斯坦·米格纳诺著，华东师范大学出版社）第八章。

四、围绕“个别对待”这一主题，可涉猎如下材料：

1.《给教师的建议》第1条；

2.《小学课堂管理》（温斯坦·米格纳诺著，华东师范大学出版社）第十章。

最重要的是，在阅读时要联系自己遭遇过的真实案例，在共读时建议也事先准备相关案例用于讨论。

第二章　智力

请你努力做到，使学生的知识不要成为最终目的，而要成为手段；不要让知识变成不动的、死的“行装”，而要使它们在学生的脑力劳动中，在集体的精神生活中，在学生的相互关系中，在精神财富交流的生动的、不断的过程中活起来，没有这种交流，就不可能设想有完满的智力的、道德的、情绪的、审美的发展。

导 读

毫无疑问，在教育学循环中，智力生活居于中心地位。

作为动力系统的关键，学生的自尊心必定源于成就感，而成就感虽然可以来自诸多方面，但除了极个别的例外（例如一些特长生），居于中心地位的领域，必定是智力生活。也就是说，学生自尊感的形成，生命的整体发展过程中，智力生活领域的成功或失败，有着举足轻重的影响力，是学校生活中的关键因素。

教师的作用，就是要努力地帮助学生自己去穿越学习、克服困难、取得成就。

如何帮助学生获得智力上的发展？苏霍姆林斯基经过三十多年的研究，找到了教学上的一些关键点，并化为一些非常重要的观念：两套教学大纲、读写自动化、交集点、思维课、智力挑战、随意识记与不随意识记……

对这些核心观念的研读与内化，将有助于更新教师的经验结构，有助于提升教师的教学能力，为引导学生过一种丰富而深邃的智力生活创造良好的条件。

文选

〔1〕谈谈怎样指导学生的脑力劳动①

近来，教育学越来越多地关注“劳动的科学组织②”的问题。人们也已经提出了这样一些问题：教学过程是一个统一的整体，必须在教学的组织因素和教学法因素之间建立起相互联系。

但是，在许多情况下，人们仅仅将学校中的科学地组织劳动的问题，归结为诸如课堂提问、家庭作业、教师备课等教学过程的组织方面和教学法方面的问题。所有这一切固然都是很重要的，但是它的基本问题应当是如何指导学生的智力活动，帮助他们掌握、深化、巩固和运用知识。

教育和教学是一种创造性的工作。它们的真正的科学性，并不在于一步也不离开事先计划好的东西，而在于善于对事先计划好的东西做出必要的变动。究竟要叫哪几个学生来回答问题，对他们进行检查，这原本是教学工作中的一个微不足道的细节，对此事先做出规定是没有多大意义的。有经验的教师从来不把这样的问题写进课时计划里。在没有走进教室以前，看不到全班学生的一般情绪，我们在“提问谁”这个极其具体的问题上，是不能做出任何决定的。至于检查知识时要提哪些问题，这就是另外一回事了。对于所提的那些问题，我是事先考虑好的。在这里，教师会接触到一些很微妙的东西，如学生个人的思维特点、兴趣、爱好，等等。

---

① 《和青年校长的谈话》，教育科学出版社，2009 年，200 页。

② “劳动的科学组织”是管理科学的一个术语，指如何科学地管理人的有目的的活动，提高活动的效果。教学过程中也有如何组织师生的脑力劳动问题，即下文所说的“组织的因素”。

我们不应当离开教学和教育工作的整个体系来看待检查知识这个问题，不应当把它作为某种孤立的东西来加以考虑。它只是整个教学过程的一小部分。学生对脑力劳动是否胜任，取决于教师对教学过程的安排是否得当，取决于他能在多大程度上控制这一过程。许多校长都坚决地认为，实行网络规划（就是对一定的过程——如工艺过程、生产过程、教育过程——的两个端点之间的现象、事件和情境都做出预见并加以规划）的原则，是领导教育工作的科学基础。应当把学校的实际工作，把学校工作中最落后的那一部分——对教学的领导、对学生脑力劳动的指导、对教师和学生活动的控制等，置于这个科学的基础之上。

这里谈的是学校的领导，而学校又是一个复杂的机体，它里面交织着成百上千种相互制约的因素，时时都在发生着无法预见的事情。在我看来，所谓领导，就应当把教学和教育工作中那些无法（也没有必要）预见和规划的东西排除在外，同时把最重要、最主要的东西找出来，把那些不仅可能而且必须科学地预见的东西规定下来。

我们不能把网络规划机械地搬到教学和教育工作中去。必须说明的是，这里只能采用网络规划的一般原则，即在什么阶段、什么时期要完成什么工作，在什么阶段、什么时期开始向新的、更高的质的状态过渡等。但同时必须说明事情的另一面，即教学工作中有许多东西，也像生产计划的各个组成部分一样，是能够精确地、具体地做出估计和分析的。否则就没有任何教学科学了，教师也就只好在暗中摸索了。

学校的许多教学工作办不好，究其原因，正是在于人们天天都在重复同样的缺点，无休止地议论却又不能改正这些缺点。无论是校长、视导员，还是教师，往往都是只看见缺点，而看不见产生缺点的原因；只是就事论事地研究缺点，而不去分析和努力消除产生缺点的原因。

关于学生的读写程度很差这个问题，实在是谈论得够多了！但同这种不会读写的现象进行斗争的办法，至多不过是经常给学生布置些补充练习，或许再要求他们反复温习语法规则。语法教学大纲明文规定了四年级学生应该掌握哪些规则，五年级学生又应该掌握哪些规则，等等。然而还是常常出现这样一种令人莫名其妙的现象：有些十年级的学生还不能掌握四、五年级学生就应该掌握的东西，比如写“Объявление”（布告）这个词时，竟漏掉了硬音符号“Ъ”；而把“Извините”（请原谅）错写成“Извените”。究竟应该在哪个教学阶段上让学生牢固掌握这些词的正确写法，以至永远不再犯书写错误，同时写的时候不需要再查语法手册，去想语法规则，而只需想到所写的内容呢？对于这个问题，没有人能做出回答，也没有人进行过认真的思考。于是，十年级学生写出“Извени-ге”这种错别字，竟无人感到惊奇。大家都习惯地认为，教学是一件十分复杂而又难以解释的事，有些现象很难预见，因此也就见怪不怪了。

如果教学工作是建立在科学预见的基础之上的，那就不会出现上述情况。为了批改学生的作业，教师耗费了多少精力，熬了多少个不眠之夜啊！校长在指导学校工作，尤其是在指导课堂教学和教育的工作中，又花费了多少精力啊！人们无数次地重复着同样的意见：最好把学生叫到讲台前面（或黑板前面）来回答问题啦，让学生拿着作业簿给教师检查啦，提问不应花过多的时间啦，等等。然而，校长和教导主任指导课堂教学，重要的是要对学生的积极的脑力劳动做出科学的预见和规划。这样就需要关心学生在课堂上是如何学习知识的。

（一）知识的“关键点”①

我们力求使教师在备课的时候，从这样一个观点出发周密地考虑教材：向学生揭示那些初看起来并不引人注目的“关键点”。因为在这些“关键点”之间交织着各种因果联系和其他有机的联系，它们将会使学生产生各种疑问，而疑问可以激发求知欲。

譬如，你就要上“光合作用”这一课了。你正在思考教材的内容：其中的“关键点”在哪里呢？你将在学生面前展示一幅诱人而又神秘的图画：植物从土壤和空气中吸收无机物，又把它们变成了有机物。这种有机物的形成是怎么回事呢？你通过自己的讲述去引导学生，使他们每个人都感到惊奇：无生命的肥料在阳光的作用下怎么会变成饱含汁液的番茄？这究竟是怎么一回事呢？为什么我过去没有想到这个问题呢？

怎样诱导学生去进行这样的思考呢？这里没有应付一切情况的现成办法。一切都取决于教材的内容和学生已有的知识。但是有一点是必须明确的，即课堂上什么是要讲透彻的，什么则是要讲一点，保留一点，以便让学生自己去思考的。

学生产生了疑问后，你就要进一步帮助他们从已经掌握的全部知识（在以前的生物课上、劳动中和各种书籍里学来的那些知识）中，把解答

---

① “关键点”，又译为“交集点”，也与“交接点”等意思接近，在解读中一律采用“交集点”这一译法。

这个疑问所必需的那些知识提取出来。这种把已有的知识提取出来，用它去解释不懂的东西的过程，就是获取新知识的过程。我们可以接连地叫好几个学生，对他们说："你们把自己所知道的东西说出来，然后大家来找出这个问题的答案。"一个学生的思想启发着另一个学生。有时候，会有个别学生表现消极，他们只听别的同学回答，而自己却不开动脑筋。但我们必须让所有的学生都通过自己的努力来获取知识。对于这种最消极的和漫不经心的学生，可以采取各种方式使他们参与学习活动。比如给他们单独布置思考题，当他们找出疑点后，再要求别的同学一起来思考，并把各自的思考答案写出来。

常常有这样的情况，教师提出问题以后，就由他自己来回答、解释。在这种情况下要想让学生也积极地活动，教师就必须充分地了解学生的知识情况。有的学生知识面宽些，有的则窄些；有的能牢记学过的东西，有的则容易遗忘。因此，教师就要很好地指导学生的脑力劳动，使他们每个人都能细心地听讲，跟上老师的思路，从自己已有的知识中找出重要的东西。如果学生在知识上有空白，或者脱离了教师的思路，教师就要补充讲解一些东西来填补他们知识上的空白，或者使他们跟上他的思路。这就要求教师必须具有高度的教学技巧。他必须及时发现有哪几个学生开始听不懂他的讲解了，及时弄清学生遗忘了什么，他们不能理解教材的原因又是什么，怎么帮助他们克服困难，等等。要做到这一切，常常只要向学生提一个只需用几句话便能回答的问题就可以了。

在讲解的过程中，有经验的教师特别注意观察学生对知识的"关键点"（即各种联系相互交错、相互衔接的地方）是怎样进行思考的。他总是以这样的方式对学生进行检查：是否所有的学生都把我教给他们的东西用到了这里？我在教新课时，学生们各自动用了哪些原有的知识储备？这样的检查，对于促使学生去积极地获取知识是很重要的。它可以根据不同的教材内容采用不同的方式。例如可以提出问题要求学生做简要回答，也可以布置一些简单的实际作业，要求学生在几分钟内完成。

有经验的教师发现学生有不懂的地方，并不会将教材从头再讲一遍，而总是用上述的检查办法来帮助学生的。

在课堂教学中，学生的兴趣问题占有特殊的地位，他们对所学的东西越感兴趣，就越能集中注意力，并做到深刻理解。兴趣——它在人们掌握知识的过程中，可以给人们的思想带上强烈的情感色彩。这种色彩的鲜明程度，决定着人们运用记忆里的知识的能力。学习应当是有趣的、引人入胜的事情。但这并不是说，在任何教材里都必须找出有趣的东西。只要学生经过本身的努力，发现了自己所不理解的东西，那么即使最枯燥单调的教材也能使他感到极为有趣。

教学效果在很大程度上取决于教师将如何确立新知识与旧知识的关系。在讲课中，有时应当少给学生一点新知识，因为一下子讲得太多，学生接受不了，就会造成消化不良。学习的规律告诉我们：新知识只有牢固地依附在人们的旧知识上，才能被人们牢固地掌握。教师必须善于找出新旧知识的联结点，这些知识联结得越牢固，学生学习起来效果就越好。

（二）学生应当掌握的最重要的技能和技巧

我在二十年前曾提出一个目标，即规定学生在第几学年、第几学季，应当达到什么样的教养水平，应当掌握哪些最重要的技能和技巧以及规则、结论、公式和定律，并且要达到不会忘记的程度。我分析了中等教育所包含的全套知识、技能和技巧，好像看到了教养、智力和信念所赖以发展和产生的基础。这个基础就是一些具体的技能和技巧，如果没有它们，那么教学工作就很难进行下去了。这些技能和技巧包括这样一些方面：观察、思考、表达、阅读和书写，等等。一个学生在学校里学习十年，不应当把这十年时间都花在学习阅读和书写上，他在入学后的头几年内就应当学会读和写。他对读和写学会得越早，学习其他东西就越容易，他就越不会有负担过重的感觉。反之，他就不能顺利地掌握知识。

我把学生在十年内应当掌握的最重要的技能和技巧依次排列如下：

1. 会观察周围的世界；
2. 会思考，即会类比、比较、对比，找出不懂的东西，提出疑问；
3. 会表达自己的思想；
4. 能流畅地阅读，并理解所读的东西；
5. 能流利、迅速而正确地书写；
6. 能划分阅读材料的各个相对独立的部分，并找出各部分之间的联系；
7. 能找到同所要了解的问题有关的书籍；
8. 能在书中找到自己所需要的有关材料；
9. 能对阅读材料进行初步的逻辑分析；
10. 能听懂教师的讲解，并做好简明扼要的记录；
11. 能听懂教师关于如何理解课文的讲解；
12. 会写作文，即能把自己在周围所看到、观察到的事物叙述清楚。

通过对各年级学生的学习情况的观察和研究，我确定了他们分别应当在哪一年级（个别情况下还确定了哪一学期和哪一学季）掌握哪一种技能，并且必须达到什么要求。只要粗略地看一下上述的排列次序，人们就不免感到担忧。因为它把平时教学中的问题都暴露出来了。

例如，上面曾提到这样两种技能：能流畅地阅读，并理解所读的东西；能划分阅读材料的各个相对独立的部分，并找出各部分之间的联系。在这里，前者是后者的继承，后者是前者的发展。

但是奇怪的是，掌握后一种技能的任务早在三年级特别是四年级就向学生提出来了。而掌握前一种技能的任务，却要到学习文学阅读①时才提出来。这就意味着在学生还没有学会阅读的时候，就要求他们对所读的东西进行逻辑分析了。例如五年级学生没有掌握前一种技能（这意味着在阅读的时候还必须考虑阅读过程本身，而对所读的东西则无暇顾及了），却已要求他们对历史、地理、生物学等学科的课文进行逻辑分析了。

这是不是说，在学生没有扎实地掌握某种技能以前，不要让他去完成需要这种技能的复杂的学习任务呢？如果是这样的话，那么在学生还没有学会阅读（即还没有学会在阅读中进行分析）的时候，就不要让他做家庭作业。但这样也不行，因为这会把目前的学习年限拖长到十五年。由此可见，学生必须及早掌握最常用的技能，即用以掌握知识和其他复杂技能的基本技能。如果学生还没有学会阅读，那么对他来说，书籍就不能成为知识的源泉，学习就不会成为有趣的、有创造性的事；他的功课就不会及格。

随着学生阅读技能的不断提高，就应当要求他们学会边阅读、边思考，不仅要思考所读的东西，而且要思考别的东西，如老师的讲解、自己的看法，等等。这种技能在七年级就更加需要了，在八至十年级的创造性脑力劳动中将得到更加广泛的运用。如果学生还不会划分阅读材料的各个相对独立的部分，特别是如果他还没有充分掌握快速阅读的技能，那么他就不能在阅读课文的同时听懂教师关于怎样阅读的讲解。但在实践中，我们却常常看到这样的现象：学生还不会对阅读材料进行逻辑分析，就要求他得出结论了。

上述几种技能的排列次序，还使其他一些怪现象也都暴露出来了。谁也不能肯定地说出学生究竟应当在哪一学年学会流利地、迅速而正确地把教师口授的东西写下来（既没有遗漏，也没有错误），学会一边听教师讲

---

① 苏联将文学课设置在中学阶段，这里作者指责这项任务提得太晚。

解，一边做简要的笔记。可是事实上，我们的学生在整整十年时间里，都在学习快速书写。至于三、四年级学生，则远远不能掌握这种技能，而我们却在要求他们写作文，这怎么可能呢？

至于“会思考，即会类比、比较、对比，找出不懂的东西，提出疑问”这一技能，有谁以及在什么地方专门对儿童做过培养呢？是不是每一位小学教师都有一本专门的练习簿，逐年地把一些训练思维的习题积累下来呢？没有，一点没有。原因据说是反正教师在每一节课上都要教学生思考的……儿童之所以不会解答应用题，难道不是因为谁也不负责教他思考吗？

不培养学生的观察技能和表达技能（这两种技能是紧密联系的），教学工作也将是不可思议的了。但是奇怪的是，我们没有见过任何培养这些技能的工作体系。没有一个教师能够肯定地说：我已经完成了这些工作，我的学生已经学会观察事物或现象的主要的、本质的属性了。

实际生活表明，无论是哪一种技能（没有它就无法顺利地学习），我们都说不出也不敢说，学生是在哪一个教学阶段上把它掌握的。有一个时期，我感到自己好像是在暗中摸索，教学工作实际上是在自发地进行的。我去听一些课，无非是为了有点事可做而已。后来我觉得这种情况不应当再继续下去了。我跟一些最有经验的教师一起，分析了教学大纲，估量了学生的实际能力，把关于每一种技能的概念的内涵和外延弄准确（这一点十分重要），并且研究了各种技能之间的联系。最后，我们确定了应当在哪一个教学阶段上让学生掌握哪一种技能。例如，“流畅地阅读，并理解所读的东西”这一技能，应当让学生在第三学年第一学期末就掌握。此后各个学年就不要再谈关于阅读技能的问题，否则就无法实现对教学的有计划的领导了。从第三学年第一学期起，同时也让学生开始掌握“划分阅读材料的各个相对独立的部分”这一技能。这项任务要分几个阶段来完成，第一阶段在四年级末完成，第二阶段在六年级末完成。在后一个阶段上，同时要让学生开始掌握中学阶段一种比较复杂的技能，即对阅读材料进行初步的逻辑分析。

掌握流利书写技能的任务，第一阶段在二年级完成，第二阶段在四年级完成。到四年级末，每一个学生应当做到书写迅速，字体端正，并且不用考虑字母的写法，而只把精力用在思考所写的内容上。在第四学年的第二学期，开始掌握“听懂教师的讲解，并做好简明扼要的记录”这一技能。这一项任务要求在六年级末完成。

对写作技能的掌握要分两个阶段。第一阶段是预备阶段，就在掌握快速书写技能的第一阶段之后，即第三学年初开始。第二阶段在第四学年第二学期开始，到第六学年完成。

在掌握一个个的技能时，必须实现使它们相互衔接的原则：当一种技能将要掌握时，就开始学习另一种技能。新的技能、较复杂的技能是建立在基本技能的基础上的。

在弄清楚各项技能的顺序和相互衔接的情况以后，我们就开始付诸实践了。于是，让学生掌握前面提到的一系列技能，就成了教师们在教学上的自觉要求了；对于学校领导人来说，则成了管理教育工作的一个纲领。

我们这样按照学生的技能和知识的体系来进行工作，已经有二十多年了。每一位教师在明确认识了某项技能的实质以后，就去寻求让学生掌握它的具体途径。例如，经验已经证明，学生为了掌握“流畅地阅读，并理解所读的东西”这项技能，就必须进行一定数量的练习，朗读一定页数的书，否则是不可能掌握的。而且，练习的数量也因人而异。又如，学生为了掌握思考（类比、比较、对比）的技能，就必须完成一定数量的思考题。再比如，为了让学生掌握观察的技能，我们就让学生去观察自然现象，讲述他们所看到的东西，逐步形成了到自然界去上课的一套措施。

根据学生的技能和知识的体系来领导教学工作，这样做具有一定的优越性。为了更清楚地看出这种优越性，就让我们来探讨学生的知识体系问题吧。我们分析了教学大纲和学生脑力劳动的情况，明确认识到学生必须牢牢记住的那些基本知识乃是教学工作的基础。我们确定了每一门学科的那些为学生所必须牢记的概念、公式、法则和其他概括性的原理。这是因为它们在脑力劳动中是经常要用到的。用形象的话来说，它们是随时要用的万能的工具，没有它们就无法走进知识的宝库。

比如说语法学习吧，它就首先要求学生牢固地记住最低限度数量的正写法的词。我们从词典和语法教科书里挑选出两千个正写法的词，这些词包含了所有最重要的正写法规则。学生在小学四年里掌握一千五百个词的写法，在五、六年级再掌握五百个词的写法。最低限度的正写法词的数量是由教师确定的。教师把学生掌握这些词的时间加以妥善分配，在不同的时间布置不同的练习，并且对每个人的作业情况进行研究。多年的经验告诉我们：如果一个学生到了六年级末能对两千个包含了最重要的语法规则的正写法的词牢记不忘，并且是在理解的基础上记住它们的，那么这个学生的读写已经过关，他的语法知识和书写技能就变成了他的学习工具。记住必要的东西——这是学生在中年级和高年级不会感到学习负担过重的极其重要的条件。它能把学生的智慧解放出来，以便使他完成创造性的学习任务。

再比如说算术学习吧，它要求牢记乘法表。学生在第二学年的第四学季，就该牢记不忘了。学生还要牢牢记住一百以内的数的四则运算的简便方法（例如，学生要不假思索地说出 83 - 69 等于几，并且牢记不忘）。在三年级，学生应当记住一千以内的数的四则运算的简便方法。

在代数中，学生要牢牢记住乘法公式。这应当在六年级末就要做到。此外，对坐标法、数的整除特征、方程式、对数函数、导函数、积分、三角函数、复数等各部分内容，也都确定了其中要在理解基础上牢牢记住的那些东西，并规定了什么时候起应当记住它们。

为了使学生能牢记那些基本的知识，教师必须周密地备课，恰当地分配练习时间。例如，为了使学生牢记最低限度数量的正写法的词，俄语教师就要周末考虑整个学年以至好几个学年的词语默写作业。每一节课都得让学生抄录和复习几个词的正写法。每一个学生都要随身带着抄写本，回家后就复习抄在上面的词。这样在一学年中，学生能把每个词和有关的语法规则复习好几遍。

我们还要在必须记忆的东西跟只要理解而不需记忆的东西之间，画一条明确的界线。如果一个学生想把全部东西都记住，那么他将什么也记不住，甚至连那些必须记忆的东西也会记不住。忽视这一点常常是学校工作中最严重的缺点。

我们必须科学地分配学生掌握最主要的技能和知识的时间，这样领导教学工作，就能保证学生不但掌握一定数量的知识，而且在智力上得到发展，从而学会如何学习。

通过科学的安排掌握最主要技能和知识的时间来指导教学工作，就可以把掌握某些基本技能（首先是读和写的技能）和必须牢记的知识的任务提前到小学教学的早起阶段去完成，而正是在这个时期，儿童大脑十分容易接受来自周围世界的信息。如果儿童在小学里就能熟记包括全部正写法规则的一千五百个词，那么他就是一个会读会写的人了。

科学地领导教学工作，有助于在教养的两个最重要的组成部分——技能教养和知识教养之间建立正确的关系。学生学习困难的原因之一，就是他们忽略了技能的作用。在绝大多数情况下，学生不能掌握知识，是由于不具备学习的技能。一个不会相当迅速而正确地书写的学生，是不可能写出好的作文，不可能把教师讲述的内容扼要地记录下来的。领导教学工作时，科学地安排掌握技能和知识的时间，还有助于为中等教育打下一个坚实的基础，即让学生掌握学习的技能。请你们仔细观察一下学生做家庭作业的情况吧。他们还不会阅读，我们却已经要求他们理解古希腊奴隶制国家形成和衰亡的规律了……他们还不会写字，我们却布置他们去写以“一个阳光灿烂的冬日”为题的作文了。在给学生布置复杂的作业之前，必须先把一些基本的技能教给他们。

对教学工作的科学指导，应当促进学生在技能和知识两个方面都不断发展。学生掌握不太复杂的技能，就是为逐渐掌握较复杂的技能打基础。而他们在掌握技能的同时，也就在学习知识，包括记住各种规则、定律、公式等高度概括的知识。知识不能靠死记硬背，而要靠运用才能记住。如果说复习是学习之母，那么运用就是记忆之母。

校长靠科学来领导教学，就可以成为德育工程师。这种科学领导，能使全体教师团结一致，发挥力量；能真正地把小学、初中、高中各个阶段的教学活动衔接起来。

在领导教学工作时，校长和教导主任的力量要配合起来，对技能和知识的分析，对学生掌握技能和知识的时间的分配，以及对它们的相互关系的确定，——教学领导中的所有这些问题，只有通过分析许多堂课和学生的书面作业，通过比较多年的工作的结果，才能得到解决。在这里，校长和教导主任的职责是不能截然划分的。领导教学是一项集体工作，但是一些具体事情（听课和分析课，分析个别学科的教学大纲以便确定技能的体系）的分工也十分重要。

校长和教导主任要指导学生的脑力劳动，首先就要经常听课和分析课。

教学领导和课外活动有着密切的联系。负责课外活动的教师要通过分析学生掌握各种技能和技巧的顺序，来制订课外阅读的一整套计划。应该指出，学生在课外阅读文学和科普作品时，如果缺乏经过周密考虑的一整套计划，那么他们在掌握知识和技能方面就会遇到不可克服的困难。课外阅读有助于学生及早培养和发展起流畅地阅读这一最主要的技能。科学地组织课外阅读，应指导学生不去死记书报杂志上的东西，而是怀着极大的兴趣去揭示那些构成基本知识的种种概念、现象、规律和观念的实质。换句话说，凡是要记忆的东西，都应当通过课外阅读来加以强化。

【问题与思考】

1. 许多校长甚至老师，更关注教学的一般流程，而苏霍姆林斯基则认为："所谓领导，就应当把教学和教育工作中那些无法（也没有必要）预见和规划的东西排除在外，同时把最重要、最主要的东西找出来，把那些不仅可能而且必须科学地预见的东西规定下来。"请联系后文详细说一说，这个"最重要、最主要的东西"是指什么？

2. 苏霍姆林斯基所说的"关键点"究竟是什么意思？你能举一个所教学科中的"关键点"的例子吗？

3. 苏霍姆林斯基划定了每一个阶段的主要教学内容（即"技能和知识的体系"），实际上，整个教育阶段、某一学年或学期、每一个主题的学习，都会涉及包含技能和知识（现在还包含了情感、态度、价值观），你能借以反思自己教学效率不高的原因吗？你能列出一个或一些关键的技能或概念，并能清晰地写下它们的内涵和外延吗？

4. 建议你做这样的练习：每一学期开学之前，利用长假，做一份详尽的学期学习内容清单，即一份个性化的"学科学习标准"（用苏霍姆林斯基的话来说，是"第一套教学大纲"）。可参照国家课程标准、语文教材、考试大纲或往年上级部门的考试试卷，并结合学生现有的学习水平来制定。

5. 如果你是校长或负责教研的领导（主管教学的校长、教导主任、年级组长、教研组长……），你觉得这一部分内容对你组织相应的教研工作有什么启发？

〔2〕"两套教学大纲"，发展学生思维①

教师感到时间不够用，首先是因为儿童学习有困难。我多年间都在思考，怎样才能减轻儿童的劳动。把实际技能作为掌握知识的基础，这还只是这个问题的开端。知识的识记和把知识保持在记忆里——是这个问题的继续。我建议每一位教师：请你分析一下知识的内容，把其中那些要求学生牢牢记住和长远保持在记忆里的知识明确地划分出来。教学大纲里有一些"关键"的知识，学生思维和智力的发展，运用知识的能力，就取决于这些"关键"知识是否牢固。因此教师正确地确定这些知识的能力就十分

① 《给教师的建议》第5条，15页。

重要。这里所说的“关键”，就是指反映本门学科特点的、重要的结论和概括、公式、规则、定理和规律性。在有经验的教师那里，学生都备有专门的本子，用来抄录那些必须熟记和牢固地保持在记忆里的材料。

必须识记的材料越复杂，必须保持在记忆里的概括、结论、规则越多，学习过程的“智力背景”就应当越广阔。换句话说，学生要能牢固地识记公式、规则、结论及其他概括，他就必须阅读和思考过许多并不需要识记的材料。阅读应当跟学习紧密地联系起来。如果通过阅读能深入思考各种事实、现象和事物，它们又是应当保持在记忆里的那些概括的基础，那么这种阅读就有助于识记。这种阅读就可以称之为给学习和识记创造必要的智力背景的阅读。学生从对材料本身的兴趣出发，从求知、思考和理解的愿望出发而阅读的东西越多，他再去识记那些必须记熟和保持在记忆里的材料就越容易。考虑到这一条非常重要的规律性，我在自己的实际工作中始终把握住两套教学大纲：第一套大纲是指学生必须熟记和保持在记忆里的材料；第二套大纲是指课外阅读和其他资料来源。

物理是一门对识记和在记忆中保持来说最感困难的学科之一，特别是六至八年级的物理。这一教学阶段的大纲里包含着大量的概念。我教这门学科教了 6 年，我总是尽量设法让课外阅读跟新学的每一个新概括相配合。在某一时期所学的概念越复杂，我推荐给学生阅读的书籍就应当越有趣，越有吸引力。在教电流定则这一部分教材时，我搜集了一个专题的图书架，供学生们个人在课外时间阅读。这个图书架有 55 种图书，都是讲自然现象的，而这些自然现象的原理都跟物质的各种电的性能有关系。

我使学生们的思维积极性高涨起来了。他们向我提的问题简直多极了：是什么？怎么样？为什么？在他们所提的全部问题中，约有 80% 的问题是用“为什么”这个词开头的。他们有许多不懂的东西。他们对周围世界中不懂的东西越多，他们求知的愿望就表现得越鲜明，他们对知识的感受性就越敏锐。孩子们对我所讲的一切东西，简直是“一听就明白”。当我们第一次讲到电流是自由电子的流动这一科学概念时，发现学生们正是对这一复杂的物理现象有许多问题。可是学生们在阅读的基础上和以前所获得的知识的基础上，好像脑子里已经构成了一幅世界地图，我对这些问题的回答好像只要用小块的积木放在图上空白的地方就行了。

我在高年级教过 3 年生物学。这门课程里有大量很难理解的，因而也是很难识记和在记忆里保持的理论概念。当学生第一次学习如生命、生物、遗传、新陈代谢、有机体等科学概念时，我先从科学和科普性杂志、书籍和小册子里给他们专门挑选一些（课外）阅读材料。这个“第二套教学大纲”里，就包括阅读这一类小册子、书籍和文章，读了这些材料，激发起学生对一系列科学上的复杂问题以及对新的书籍的极大兴趣。青年学生们通过学习生物学，引起了对周围自然现象（特别是各种各样的代谢现象）的兴趣。我的学生们提出的疑问越多，他们获得的知识就越深刻。他们中没有一个人所得的评分是低于“4分”的。

我想建议所有的教师们：尽力为你们的学生识记、记熟和在记忆里保持教学大纲规定的教材而创造一个智力背景吧。只有当学生进行思考的时候，他才能掌握教材。请你们考虑一下，怎样才能把现在学习和即将学习的东西，变成学生乐于思考、分析和观察的对象吧。

〔3〕要敢于鼓励学生“超大纲”①

每一个儿童的思维发展都有其独特的道路，每一个儿童的聪明和才智都各有各的特点。没有任何一个正常的儿童是毫无能力、毫无天赋的。重要的是，要使这种智慧和天赋成为在学习中取得成就的基础，不要让任何一个儿童在低于他的才能的水平上学习。在每一个班里，在每一届入学的学生里，都会出现一些天才的数学家，天才的机械师和模型设计师，天才的植物栽培家，以及天才的化学家、语文学家和历史学家。我们应当在学龄前期就点燃这些才能的火花。

我们实行的原则是“每一个学生在学习中都应当达到他力所能及的成就”，这一点有助于我们达到全体学生的全面的智力发展，防止学业落后的现象。我们不允许那些天赋高、有才能的儿童在低于他们的能力的水准下进行学习。如果我们让一个本来应当成为大自然的研究者、少年自然科学家、未来的学者的学生降低到一个平庸的书呆子的水准，那么那些还没有明显地表露出其天赋和才能的苗头的学生就更加不可能充分地发挥他们的能力了。我们认为，要防止差生的学业落后的现象，就必须让那些天赋高、有才能的学生在他们有能力的那些学科上和创造性活动的领域里超越教学大纲的界限。例如，一个七、八年级学生对植物学有爱好，我们就不让他局限于读中学的教科书，而让他学习生物化学，研究土壤的微生物区系。这种情况对差生的才能的发展也会产生很大的影响，因为集体的智力

① 《给教师的建议》第70条，教育科学出版社，1984年，273页。

生活是一个统一的过程。我们深信，如果一个班上有几个学生在研究大纲以外的材料（大纲规定的教材他们早已掌握），在研究现代的科学问题（半导体、量子发电机、电子仪器等），那么这个班上就永远不会出现物理考不及格的学生。如果班上有几个有才能的同学在钻研大纲里并未提到的别林斯基的文艺批评论文，在根据这些论文准备写带有研究性的报告，那么对大纲里像“别林斯基的创作”这样难懂的章节的就近的了解，也会对学习最差的学生在文学学习上有所帮助。有一个有才能的青年研究了卢那察尔斯基和别的学者关于伟大的批评家别林斯基的论文，写了一篇题为“别林斯基的世界观的演变”的科学报告。现在他在一所高等学校里当文学教师，成了一名青年学者。能力较强、发展水平较高、天赋较好的学生对学习较差的、比较平庸的学生的影响，这是一个经常性的精神交往的十分复杂的过程。在这种交往中，各种学科小组和综合技术小组的活动，以及各种课外活动（科技晚会、竞赛、陈列橱窗）都起着很大的作用。

数学教师在给学生布置作业时，总是出几种难度不同的方案。每一个学生都有可能挑选他力所能及的题目去做。但是因为脑力劳动是在集体里进行的，所以就带有在创造性才能上进行竞赛的性质。谁也不愿示弱，每一个学生都想在难题上考验一下自己的力量。在这种竞赛的气氛中，天才才能得到发挥。我们学校的每一届毕业生（40—50人）中都有两三个天才的数学家。他们早在中学的时候，就已经在学习高等学校的教材和解答其中的习题了。

如果教师引导最有才能的学生超出教学大纲的范围，那么集体的智力生活就会变得丰富多样，从而影响到最差的学生也不甘落后。我们的一位物理教师是要求学生按照“各尽所能”的原则学习的。在学习大纲教材的每一节时，他都找出一些理论问题让最有才能的学生去研究。他先在课堂上让学生接触这些材料，又在课外活动中继续研究。例如，在课堂上学习电学和原子分子理论时，一些最有才能的学生在研究如下的问题：电流的无发电机生产，热核反应，原生质的属性，水电效应（苏联学者 П. А. 尤特金的发现），半导体在现代技术中的应用，现代科学已知的基本粒子，宇宙光的起源，等等。

教师在课堂上让学生接触一下这些问题，就激发了他们对课外活动和课外阅读的兴趣。在科技新闻展览台上，在阅览室、学校图书馆里，在物理研究室里，陈列出一些有关的科学书籍和小册子；科技问题成了学生们谈话和争论的对象，而在争论中不仅辨明了真理，而且促进了学生的智力成熟性。这是超出大纲范围的一个重要阶段。当教师认为条件成熟的时候，就委托最有才能的学生准备报告和学术报告简介，编辑科技小组墙报，写书评等。还举行科技晚会和晨会，让学生演讲和做报告。在这种丰富的智力生活的气氛中，那些最有才能的学生了解、听到和想到的东西很多，这样就能激发他们去从事深入的钻研。正因为他们接触了许多不一定要识记的知识，所以他们理解和学会必须识记的材料就更容易了。

【问题与思考】

1. 培优是许多学校都在做的一项日常工作，那么，苏霍姆林斯基所说的对优生的培养，与我们通常所谓的培优，本质的区别究竟在哪里？

2. 苏霍姆林斯基所说的优生，并非传统意义上成绩好的学生，而是指在某方面特别有天赋的学生。你们班上有这样的学生吗？受苏霍姆林斯基的启发，你认为哪些策略可以有效地帮助你充分发掘这些优生的潜能？

3. 你怎样理解培优与面对全体教学之间的关系？你认为应该如何协调处理这种关系？

〔4〕记忆、思维和学习技能①

牢固地、自觉地掌握基本的科学原理，是进行完备的智育的最重要的条件；教学是从基本的科学知识开始的，没有基本的科学知识就不可能掌握知识的顶峰。

在低年级时孩子们掌握了最基本的书写知识（永远牢记单词的正确写法），掌握了算术的概括、规则和公式。在少年期仍然目的明确地进行着这项工作。如果不牢固地记住最基本的科学原理，也就谈不上自学。

在准备五至七年级的课业时，我们每个教师都要明确，哪些内容是应该永远牢记的，哪些内容只需理解，不必背熟。我们为学习乌克兰语、俄语、法语的最基本的书写知识制订了三年计划。我们认为，少年的思维应该为进行创造性的智力工作做好准备，这样的智力工作要求对事实和现象进行思索和研究。多年的经验使我确信，思维的惰性导致了学生智力劳动中的谬误——经常不断地死记硬背。只知道背书的人，可能记住了很多东西，但如果让他从记忆中找出最基本的原理，他的头脑中却是一片混乱，

---

① 《育人三部曲》，480 页。

这个人在基础的智力作业面前一筹莫展。他不会为识记选择最必需的东西，他也就不会思考。

例如，一个少年在写作文时，他要考虑怎样写每个单词，而在解答数学题时，他要思考乘法公式，那么，一般说来这个人是什么也想不出来的。有些东西学生是不应该去思索的，在智力工作中对它们应能运用自如。一个有经验的钳工拿起自己的工具时不必仔细打量它，因为他熟悉自己的工具的每个特征。同样的道理，一个学生为准备自己的智力工作从自己记忆的库房中取出最基本的知识时，也不需要思维高度紧张和集中。

这对少年来说具有特殊的意义。少年期抽象思维的蓬勃发展使少年对必须牢记基本原理产生一种独特的轻视心理。（既然世界在时间和空间上是无限的，那么有什么必要记住某个公式呢?）但是不知道具体的事实和事物，就不可能有抽象思维。如果少年的记忆中没有“信手拈来”的基本原理，那么，这个少年在表达思想时就会出现笨嘴拙舌的特点，因为他的思想是混乱的，这会影响到他的全部智力生活。

我们很重视使少年对基本原理既进行有意识记，又进行无意识记。在“思想室”中陈列着一些直观教具和仪器，专门用来进行自我检查和记忆训练。每个少年都有一本“自我检查”笔记本。在笔记上记录必须永远记在脑子里的东西：代数公式、物理公式、化学方程式。在讨论心理修养的座谈会上，我教少年把时间分成几段，每隔一段时间检查一下记忆情况。

在低年级我们很重视培养阅读、书写、推论、观察和表达思想的能力。如果这些能力在少年期未能得到发展和强化，少年学习起来就会感到很困难。

我们每个教师都很重视完善学生的快速阅读能力。默读在少年期具有特别重要的意义。六、七年级的学生应该具有在思想上完整地抓住一个长句子的各个部分的能力。不具备这种能力的少年，其思维就会迟钝，其思想好像停留在许多死胡同面前。不能在思想上抓住一个长句子的完整的、在逻辑上独立的各个部分，不能猜测出一个句子的某个部分的内容，甚至不能把整个句子读完，所有这一切不仅影响学生当时的学习成绩，而且还影响大脑中的生理过程。不掌握阅读技能，这会阻碍、抑制最精细的神经纤维的可塑性，这种纤维对思维物质中枢之间的联系起着保证作用。不会阅读的人，也不会思考。

所有这些并非是无关紧要的，在这些问题中潜伏着智力局限、智力生活贫乏的严重的危险。训练不仅在低年级是必要的。在少年期这样的训练要求所有的教师具有更高的教育修养。我们每个教师做到了在五、六年级时仍坚持训练表情朗读。训练表情朗读是必要的。没有这种训练就不可能培养这样一种复杂的能力，即用眼睛和思想抓住一句长句子中的逻辑完整的部分，理解这一部分并同时转入下一个部分。换句话说，必须教少年同步地进行阅读和思考。这种能力在心理上的复杂性是由于它的外部动因，这种外部动因能激发大脑的内部力量。

教少年学会阅读吧！为什么有的学生在童年时代聪明伶俐、理解力强、求知欲旺盛，而到了少年时代在自己的智能发展方面却很有限，对知识不感兴趣，惰性十足？这是因为他不会阅读。人的大脑，是一个复杂的整体，如果大脑的某一个部分没得到足够的发展，整个大脑的工作就受到抑制。在大脑半球皮层上有控制阅读的部位，这些部位与大脑最积极的、最有创造力的部分相联系。如果控制阅读的部位堵塞了，皮层上所有部分的生理发展就受到了抑制。而且还有一种危险：在大脑半球皮层上完成的过程是不可逆转的。

如果一个人在少年期没有学会用眼睛和思想抓住长句子中的逻辑完整的部分并理解整个句子，那么他将永远也学不会了。

我们思考了下面这个现象：有的少年很少做家庭作业，但学习成绩还不错。这不总是能用他们有不同寻常的能力予以解释。往往这是因为他们善于阅读。善于阅读的能力反过来又能发展智能。

我们也注意使书写成为一种半自动化的过程。每个教师都有自己的书写练习体系。少年练习书写这门学科所特有的单词和词组。我们教少年在听和写之间适当分配注意力。谁在课上不能胜任这项工作，他就得完成补充的训练练习。

在语言和文学课上发展观察力和正确表达思想的能力。到思维和语言的源头去旅行，现在已纳入自我教育的范畴。

【相关链接】

当然，全部工作都是建立在自觉地掌握教材的基础上，可是也不能不注意到：并不是一切东西都要解释的。我竭力做到，使随意注意、随意识记跟不随意注意、不随意识记结合起来。（第4条）

对所读的东西的领会取决于阅读过程的情绪色彩：如果一个人渴望读书，阅读的时刻给他带来欢乐，那么所读的东西就会深印在他的意识里。

精神高涨的状态、研读书籍时的喜悦——这些（用形象的话来说）是一个强大的杠杆，用它能够把大块的知识高举起来。在这样的情绪状态中，不随意识记是特别积极的。一个人在中小学年代里读过哪些书，书籍在他的心灵里留下什么痕迹，——这一点决定着人的情感的培养，决定着年轻人对待同年龄的人、对待长者以及对待生活的态度……所谓“生活在书籍的世界里”，这跟认真地、用功地学好功课并不是一回事儿。一个人很可能以优异的成绩从中学毕业，但是却完全不懂得什么是智力生活，完全没有体验过阅读和思考这种人类的巨大喜悦。所谓“生活在书籍的世界里”，这就是追求思想的美，享受文化的财富，使自己变得更加高尚。（第 98 条）

我们分析了各科教学大纲，定出了那些必须经常保持在记忆里的知识的范围（公式，法则，规则，米制单位，正字法规则，对物质、植物、动物的一般特点的说明，地理术语，地理客体在地图上的位置，等等）。对这些知识，既通过专门的记诵，也在实际作业（知识的应用）的过程中加以识记。为了记住乘法表，我们有一种特制的数学箱，用它来进行识记是一种有趣的游戏。为了记住地理上的客体和距离，我们做了一系列游戏——沿着地图“旅行”。在教学试验园地上，我们按照这样的顺序来选择植物，使学生由照料一种植物过渡到照料另一种植物时，要求回想起保持在记忆里的某些重要的植物特征。所有这些都是为了给不随意识记创造条件的手段，而不随意识记的重要意义是已经被科学证实了的。不随意识记是减轻脑力劳动的一条极其重要的途径。不随意识记的效果，取决于学生在认识某一理论问题的过程中所完成的是什么样的脑力劳动。例如，假使学生听过了一个关于物质构造的有趣的报告，读过一本引人入胜的书，那么这就为他以后在课堂上学到这种教材时创造了不随意识记的条件。我们力求使许多概念（特别是像国家、民族、运动、机能等这些抽象的概念）能够通过不随意识记的途径进入学生的记忆。儿童不通过专门记诵而获得的知识越多，那么他在记诵那些非经记诵就不能识记的东西时就越容易记住。（第 69 条）

不随意识记是智力发展的极为重要的条件，它能把脑力解放出来用于思考，用于深入地理解事实和现象的本质。不随意识记可以预防最大的弊病之一——死记硬背。我们的教师竭力防止学生去记诵不理解的东西。数学教师在开始教一条新的定理时，先要努力使学生理解构成这一定理的实质的那些因素、事实、现象、规律性之间的意义上的依存关系。学生要解释（同时使用图画、直观教具）他们是怎样理解这条定理的。学生对定理的含义思考得越多，定理就越容易识记。以理解为基础的识记是最牢固的识记。（第 69 条）

可以采取的只有一条唯一的途径：确定随意识记和不随意识记之间的合理比例。假如我们把八年级学生需要记住的教材数量用 x 来表示，那么学生就应当同时思考和理解多出好几倍的教材：3x。同时，在有意识地背诵和识记的材料与只需要加以思考而不必专门识记的材料之间，应当保持一定的联系——不一定是直接的联系，但是最好是与问题相关的联系。例如，在解剖学和生理学中学习人的神经系统。这一部分里有许多完全新的东西，几乎全部都是应当记住的。为了不致把学习变成死记硬背，请你推荐学生阅读一些关于人的（关于人体的各系统、关于神经系统、关于著名学者的研究的）有趣的书籍。学生在阅读这些书籍时并没有抱定要识记的宗旨，但是其中有许多东西会被记住，这完全是另一种识记——不随意识记，它在本质上区别于对教科书材料的有意识记和背诵。这种识记建立在浓厚的兴趣、思考和读得入迷的基础上，——在这里，认识的情绪因素起着很大的作用。不随意识记（阅读有趣的书籍）有助于使人的思想活跃起来。人的思想活动越积极，他的随意记忆就越发达，他保持和再现大量材料的能力就越强。如果一个人思考过的材料比教科书里要记熟的材料多好几倍，那么再照教科书去识记（熟记）就不会是死记硬背了。这时的识记就成为有理解的阅读，成为一种思维分析过程。多年的经验使我深信，如果有意的、随意的识记是建立在不随意识记、阅读和思考的基础上的，那么少年们在学习教科书的过程中就会产生许多疑问。他知道得越多，他不理解的地方也就越多；而不理解的地方越多，他学习教科书的正课就越容易。

要建立不随意识记和随意识记之间的合理比例，这件事首先取决于教师。作为科学基础学科的教师，你不应当是单纯的知识传授者。你还应当是青年的思想的主宰者。通过你的讲述和对新教材的说明，就应当用火花去点燃青少年的求知欲、好奇心和渴望知识的火药。少年听完你的讲课时，应当怀着强烈的愿望，想去读一读你顺便提到的某一本书。他应当念念不忘这本书，无论如何都要找到它。（第 36 条）

我们力求这样来组织少年的脑力活动，以便使理解和掌握知识的过程跟知识的运用紧密地结合起来，使一些知识成为掌握另一些知识的工具，——而兴趣、注意、知识的巩固性等，归根结底也是取决于这一点的。我们在课堂上留出时间，让学生去独立地深入思考各种事实、相互关系、现象和事件。这也就是实践中所说的巩固的实质。所谓巩固，不应当归结为在教师讲完课以后马上就提问学生，而学生就来回答教师的问题。在这种情况下，能够回答的还是那些最有才能的学生，而中等的和头脑迟钝的学生还需要对事实进行补充的研究和理解。其实能力强的学生也是需要这些的；如果在很长时期内他们掌握一切东西都很轻松，那么他们的智力才能就会变得迟钝。在进行这项工作的时候，我们并不把识记的目的放在首要地位。如果我们把学生的精力用在让他们深入思考上，这正好就是在进行不随意识记。如果把全部精力长期地用在记诵上，就会使学生的智力才能变得迟钝。（第 64 条）

我认识几十位这样的教育能手。他们的教育素养从备课就能看得出来。他们是按照教学大纲，而不是按照教科书来备课的。他们仔细地思索过教学大纲以后，就把教科书里有关的章节读一遍。他们这样做是为了把自己置身于学生的地位，用学生的眼光来看教材。真正的教育能手知道的东西，要比学校里学习的东西多得多，因此他不需要在课时计划里把要讲的新教材都写出来。他的课时计划里并不写叙述（演讲、讲解）的内容，而只写一些为了指导学生的脑力劳动所必要的关于课堂教育过程的细节的简短的纪事。教育工作的能手对于课堂上所学的自己那门科学的起码知识了解得如此透彻，以致在课堂上，在学习教材的过程中，处于他的注意中心的，并不是所学的东西的内容本身，而是学生，是学生的脑力劳动，是学生的思维以及学生在脑力劳动中遇到的困难。请你留意观察一下那些只知道必须教给学生的那点东西的教师的工作情形吧。他认真地按照教科书把要讲述的东西准备好，甚至把讲述的内容和逻辑顺序都记住。你将会发现：那些在讲述新教材时应当使用的直观教具和说明性的材料（如在历史、地理、生物课上要用的文艺作品中的形象），好像是人为地附加在课的内容上的，所有这些都从学生思想的表面上滑过去了（有时候教师甚至忘记了使用他所挑选和准备好的东西）。为什么会得到这样的结果呢？这是因为，处于教师注意中心的只是教材内容，而不是教育过程的各种细节。教师使足力气去回想讲述的过程，他的全部注意力都集中在自己的思考和教材内容上。学生要领会这样的讲述是困难的，在这种课堂上没有不随意识记，因为在教师的讲述和语言里没有情感。如果教师不得不使足自己的全部力气去回想教材内容，他的讲述缺乏情感，那么儿童就会不感兴趣，而在没有兴趣的地方也就没有不随意识记。这是教师的教育素养的一个非常微妙而又非常重要的特征：教师越是能够运用自如地掌握教材，那么他的讲述就越是情感鲜明，学生听课以后需要花在抠教科书上的时间就越少。真正的教育能手必有真正丰富的情感。那种对教材的知识很肤浅的教师，往往在课堂上造成一种虚张的声势，人为地夸夸其谈，企图借此来加强对学生意识的影响，但是这样做的结果却是可悲的：虚张声势会使人空话连篇，爱说漂亮词句，所有这些都会腐化学生的灵魂，使他们内心空虚。（第 87 条）

有经验的教师力求做到，使儿童对于希腊人反对外国入侵者的爱国主义斗争精神的赞赏钦佩的感情，永远保留在他们的意识里。教师分析历史事实，揭示教材的思想内容，是服从于教育目的的：使儿童确立热爱祖国的情感，不仅从当代的思想角度去认识历史事实，而且加深理解这些思想。为了达到这一目的，教师在讲述教材时可以引用教科书里没有的鲜明生动的事实。教师并不从所讲述的材料中把应当让学生记住的事件单独划分出来（有时候也会有这种必要），在课堂上并不使用那些促使学生去识记这些事实的教学方式，而是让不随意识记的规律起作用，即教师引用的补充材料（鲜明生动的事实）越多，则学生对主要的、基本的东西理解得就越深刻，记忆得就越牢固。

历史叙述法应当始终用丰富的鲜明生动的事实来揭示政治思想和道德思想。在历史叙述法中，譬如，与数学叙述法有所区别的，就是这里没有必要在第一次感知教材时，就进行目的在于随意识记的专门工作。否则，就会削弱教材对于学生的意识和情感的思想影响。教师在文学、历史课上的叙述中引用的补充事实越多，学生对于政治的、道德的、审美的思想思考得就越深入，体验得就越深刻；而哪里有对于思想的情绪的感知，哪里就有不随意识记（它是教师的得力助手）。（第 71 条）

我们在低年级和中年级的语言课上所采用的教学方法，主要考虑到学生理解语法规则的长期性和渐进性，使学生对规则的思考跟做练习、独立地解释活的语言事实相结合。正因为如此，我们把“解释事实和现象”作为重要的教学方法之一。在这一方法里，知识的深化是跟知识的运用紧密结合的，这样也加强了不随意识记的作用。要想把某一材料在记忆里保持得很牢固，就要给学习这一材料分配较长的时间。对于那些用来解释和分析生活中的许多事实的规则、公式或其他概括性的原理，如果教师想在一节课或几节课里就让学生掌握它，那就不可避免地不但使学生得到的知识是肤浅的，而且会使他们的智力变得迟钝，使他们的智慧的创造力受到禁锢。学生不会使用语法规则，正是这种匆忙地学习教材的结果。（第 71 条）

【问题与思考】

1. 什么是有意识记？什么是无意识记？怎样处理有意识记和无意识记的关系？苏霍姆林斯基提出了哪些具体的策略？请分别一一列举。

2. 指读、朗读、默读，在培养阅读能力方面各有什么作用和局限？

3. 你怎么理解读经运动，以及形形色色的记忆术？

〔5〕要让学生掌握学习的工具①

我们天天都在说：必须为深刻的、牢固的知识而斗争。但是知识这个概念是很广泛的，如果我们仔细地观察一下，儿童们在做些什么、想些什么、说些什么、议论些什么，那么就会得出结论：知识这个概念，我们赋予它以很广泛的含义，它确实包含着各种各样的内容。有关于周围世界的规律性的知识，也有儿童借助它们而能够进行学习的知识和技能。如果仔细地研究一下学生在小学里做些什么，那么就可以毫不夸张地说：小学的主要任务就是教会儿童使用工具，一个人在他的一生中就是借助这个工具去掌握知识的。谁也不会否认，在小学里，儿童在自己的一般发展上会得到很大的进展，会认识大量的有关周围世界的规律性。但是，在我看来，小学的主要任务，毕竟还是教会儿童学习。

然而在实际生活中的情况又是如何呢？在小学里，我们不敢大胆地把工具交到学生手里，而没有完善地掌握这种工具，就无法设想儿童的智力生活和全面发展。可是到了五年级，教师却要求学生能迅速地、运用自如地使用这种工具，教师甚至不考虑这种工具处于何种状态，忘记了这种工具还是需要继续磨砺和调整的，他没有看到个别学生手上的工具已经折

---

① 《给教师的建议》第 49 条，133 页。

断，因而已经无法继续学习下去。教师还是只顾把一批批新材料接连不断地堆到学生的机床上，要求他：快点加工，别偷懒，使劲干！

这是一种什么工具呢？这种工具装有5把“刀”——即5种技能：读、写、算、观察（周围世界的现象）、表达（自己所见、所做、所想和所观察而得到的思想）。……五至七年级的许多学生的知识水平差和进行无效的努力，其主要原因正是缺乏运用这5把“刀”的应有的能力，这5种最重要的技能合起来，就构成一个总的技能，即会不会学习。

……五至七年级的各科教师（地理、历史、自然、物理、化学、数学教师），在去（小学）检查学生的学习技能时，发现许多学生（甚至很多学生）在掌握阅读技巧方面，达不到自觉地领会教材的程度。原来，使这些教师深为惊讶的是，某些学生之所以不会解答算术应用题，正是由于他们不会把题目流利地、有理解地读出来。

令人发愁的是，在许多学生身上，阅读没有变成一种半自动化的过程。我们看到，许多儿童在读某一段课文时，把全部的精力都用在阅读过程本身去了：儿童全身紧张，脸上冒汗，生怕把哪一个词读错，他碰到多音节的词就读得“结结巴巴”，实质上不能把这些词作为统一的整体来感知。他已经没有剩余的精力去理解所读的东西的含义，他的智慧的全部力量都消耗在阅读过程的本身上去了。可是如果只看这个过程（阅读技巧）本身，那么表面上看来倒是令人满意的。正是这种表面上的“一切顺利”把小学教师们弄迷惑了。

我们把全体教师召集起来讨论学生的阅读能力问题。讨论得很热烈，引起了激烈的争论。物理教师说：“既然学生还不会阅读，不懂他所读的东西的意思，怎么能够使他把我的物理学好呢？应当把学生的阅读技巧提高到这样的程度，使他没有想到自己是在阅读。只有这样，我们前面所说的工具，才能在他手里运用起来。”……我们到小学各年级去听课。……大家发现：在小学的阅读课上，实际上读得很少，而关于阅读、关于所读的东西的谈话倒很多。阅读常常是被各种各样的“教育性谈话”“教育性因素”所取代了。低年级教师克服了这种缺点。他们开始研究和计算：儿童在课堂上和家里究竟读了多少东西，以及应当读多少东西，才能完善地掌握这种技能。

……我们全体教师已经花了15年时间，研究如何使学生在小学里完善地掌握阅读技能，以及如何在中学里再使这项技能得到发展和提高。多年的观察使我们得出下列结论：要使儿童学会有表情地、流利地、有理解地阅读，使他做到在读的时候并没有想到他是在读，那么，他就必须在小学期间朗读过200小时以上，并且小声地默读过2000小时以上（都包括在课堂上和在家里的时间在内）。教师应当把这项工作在时间上分配好，而校长则应当检查教师是如何指导每一个学生的个人阅读的。

对于学生顺利地学习所必不可少的其他几种技能，我们全体教师也确立了同样重要的教育信念。我们在分析中年级和高年级学生的学习情况时，发现学生对书写技巧还没有掌握到这样的程度，就是也要使书写成为一种半自动化的过程：在记录什么材料时，使学生不再去考虑每一个字母、每一个音节、每一个词怎样写法，不再考虑写这个词的时候要遵循什么语法规则。我们发现，五至八年级的学生（甚至包括高年级的学生）中，还有许多人把全部精力花费在书写过程本身上，而至于所写的东西究竟是什么意思，他们是顾不上去思考的。

怎样才能使书写成为一种半自动化的过程，怎样才能使学生在书写的时候，把主要的精力用在理解所写的东西的意思上，而不是用在考虑怎样写法上呢？……几位小学教师研究了书写过程，得出了这样的结论：早在二年级的时候，就应当使儿童的手的小肌肉达到这样的训练程度，即在写字的时候能够手不发抖，不需要进行特别的意志努力就能正确地写出字母来。而要做到这一点，就必须有一定数量的练习，为了使学生学会足够迅速、准确而无错误地书写，为了使书写成为劳动的手段和工具，而不是劳动的最终目的，那么学生在小学期间就应当在练习簿里写过不少于1400页。我们认为，要做到这一点，单是完成语法和算术作业的书写是不够的。于是教师们开始布置一些专门训练书写技巧和书写速度的作业。而到了四年级，就已经教给儿童靠听觉来感知教师所讲的东西，并要求他们一边听讲一边写笔记了。

〔6〕教师的时间和各教学阶段的相互依存性①

这个建议主要是给低年级教师的。尊敬的同行，小学教师，你怎样工作，关系到中、高年级教师的时间预算。如果注意观察第二（四至八年级）、第三（九至十年级）阶段的教学过程，可以得出结论，在这里无情吞掉教师时间的是无止境和无效果的“赶尾巴”：教师还没有来得及讲述

① 《给教师的一百条建议》第7条，28页。

新教材，就已发现部分学生并没有掌握旧教材，只好少考虑如何沿着认识的道路前进，而多考虑如何消除部分学生落后的现象（有时他们这一部分很大，以致教师几乎不得不和全班一起补课）。这就要花费教师在学校和在家里的大量时间。

为什么会发生这种情况，即教学过程受到这种似乎是不可避免的工作（消除许多学生的落后现象）的牵累？

我想建议低年级教师：

亲爱的同行，请记住，所有中、高年级教师的时间预算决定于你，你是教学和教育中首创精神的缔造者。在小学面临的许多任务中，首要任务是教会儿童学习。你的一个主要关注，是在儿童掌握的理论知识量和实际能力、技巧之间确定正确的比例关系。

请记住，中、高年级落后生主要是他们不会学习、不会掌握知识的结果。当然，你应当关心使儿童的一般发展具有很高的水平，但是……首先要教会儿童很好地读和写。不会迅速地、自觉地、富有表达力地阅读和领会所读的东西，不会迅速地和正确无误地书写，那就谈不上在中、高年级能顺利地学习——不需要教师无止境地“赶”落后的学习。要教会所有低年级的学生阅读，使他们会边读边想和边想边读。阅读的能力应当达到自动化程度，使通过视觉和意识领会含义比发出声音早得多。前者提早得越多，阅读时思索的能力就越精细，而这是顺利学习和整个智力发展的极为重要的条件。我坚信，中、高年级的顺利学习首先取决于自觉阅读的能力，即边读边想和边想边读的能力。因此，低年级教师应当仔细地研究每个学生的这种能力如何得到发展。三十年的经验使我相信，学生的智力发展取决于是否会很好地阅读。会边读边想的学生，比起那些不会迅速阅读的人来，处理任何事情要快些、顺利些。这种迅速阅读的能力并不像初看起来那么简单。会边读边想的人的脑力劳动中，没有死读书习气。他阅读教科书或其他书籍，和不会边读边想的学生是完全不同的。他读过书以后，能想象出完整的事物及其组成部分、它们的相互依存性和相互制约性。

会边读边想和边想边读的学生不可能落后，而如果没有落后生，教师工作起来也就容易多了。实践证明，如果阅读对学生来说已经成为知识世界的最重要窗口，那就不需要用许多时间来补课了。这样，教师就有可能和一个个孩子进行个别谈话，这种谈话不是长时间的课业，而是有关如何独立地掌握知识、防止不及格和落后的指导和建议。

如果学生不知道他在哪方面落后，需要什么帮助，教师就约他进行个别谈话。

中、高年级的顺利学习，也决定于学生在低年级时学会迅速和自觉书写到了什么程度，以及这种能力后来是怎样发展的。如同阅读一样，书写也是儿童用来掌握知识的一种工具。学习的成绩和合理地使用时间，取决于运用这个工具的状态。我建议低年级的教师，要把使儿童在念完四年级时能迅速地、半自动地书写作为目的。只有在这种条件下学生才能顺利地学习，经常得去消除部分学生落后现象的必要性也就不存在了。应当努力做到使儿童学会边写边想，使书写字母、音节和词不成为他注意的中心。要提出更具体的目的：你给学生讲什么时，让他们一面听和思考你所讲的，同时只简短扼要地写成自己的思想。在三年级就应该教会孩子这样做了。如果你能做到这一点，你就可以放心，你的学生永远也不会落后和不及格；他们学会获得知识了，就会爱护中、高年级教师的时间和健康。

【问题与思考】

1. “你的一个主要关注，是在儿童掌握的理论知识量和实际能力、技巧之间确定正确的比例关系”这句话是什么意思？

2. 关于阅读，一直存在着争议。阅读与学业成绩之间，究竟是怎样的关系？有人认为，频繁地阅读会妨碍学业成绩，而这一点似乎也为诸多例子所证实，你怎么理解这一现象？

〔7〕能力和知识之间不可比例失调①

能力和知识之间的比例失调表现在：学生还没具备应有的能力作为掌握知识的工具，教师却不断塞给他种种新知识，叫他：要掌握住，不可放过！这样的学生恰似一个没有牙齿的人，不得不囫囵吞枣，起初感到不舒服，以后就害起病来，什么也不能吃了……

上面我已谈到过，许多学生之所以掌握不了知识，是因为不会快速而用心地阅读；不会边读边想。这是一种最可悲的比例失调。会快速而用心地阅读——既会朗读，也会默读，这不单纯是有文化的起码表现，而且是在课堂上和独立看书时，能真正进行逻辑思维的一个极重要的条件。

---

① 《给教师的一百条建议》第 24 条，64 页。

不会快速而用心地阅读的人，不可能学好知识。快速而用心地阅读，是通过目视和心想去领会句子的一部分或不长的整个句子，眼光离得开书本，口头说得出记住了的东西，同时还进行思考——不仅思考所读的内容，而且思考跟所读材料有关的情景、形象、观念、事实和现象。

在小学阶段就应使阅读达到这种完善程度。否则，便做不到用心地掌握知识。不仅如此，不会快速阅读而努力掌握知识，还会使学生的智能钝化，造成思维的混乱、不连贯、不完整和简单化。你大概遇到过有些五、六年级的学生，像俗话所讲的，一句完整的话都不会说。我逐字记下了这类学生的话，做了分析，发现这种话似乎是一些与上下文脱节的单词，相互没有任何联系。这样的学生根本不能把自己的有些概念用语言表达出来，因而说话含混不清。对这类可悲事实的多年研究使我得出一个结论：智力上的含混不清（我这样描述这个缺点），是由于不会快速而用心阅读、不会边读边想造成的。对许多词学生之所以不理解，都不过是由于他们来不及很好地阅读和领会这些词的含义，更无法在意识中把它们跟有关的概念联系起来。学生不会快速而用心地阅读，就来不及思考。阅读时不思索、思考，儿童的智力就会迟钝。

怎样使阅读快速而用心，学生如何通过目视和思维能迅速领会含义相连的一整批词语？为了做到这一点，需要进行系统的练习。这里谈谈我教学生时，怎样检查阅读的快速程度和用心程度。一个学生正读着（初次）童话或故事，如关于原始人生活的故事。我在他眼前，即在黑板上挂一幅绘出原始人生活的鲜艳图画，有烧火、准备食物、捕鱼、儿童游戏、为衣着操劳等内容。如果学生（这里指的是三年级学生）朗读故事时，不能把眼光离开书本，在快读完时好好地看一下画，并记住故事中完全没有讲到的细节，便表明他不会阅读。阅读过程中什么也无法领会的学生，实质上是不会边读边想，而这恰恰不能称为用心的阅读。

在学习的某个阶段上，学生应当掌握快速书写的能力，能边写边想。如果缺乏这种能力，便会造成又一个比例失调。只有通过充分的练习，才能掌握这种书写速度。书写过程应达到自动化程度，学生无须考虑怎样把字母联结成词和写上什么字母。只要做充分的练习，在第四学年可以达到这一目标。但书写的自动化有赖于阅读，阅读差的学生书写总是出错。

为了养成快速而用心书写的能力（在学生阅读能力良好的条件下），可依照下面的方法进行练习。教师给学生讲述某种自然现象、事件、劳动过程；讲述中明确突出有逻辑联系的各部分，每部分都有主要内容及与之有关的细节。讲述时，学生按教师阐述材料的顺序把主要内容记录下来。缺乏边听边简略记录讲述（讲授、解释）内容的能力，掌握知识是不可能的。许多例子中学生落后的原因，正是由于他们缺乏这个最基本而又十分复杂的能力。

这一能力的作用，并不只是实际运用。它是智能发展的必要条件。不会边听、边写、边想（也像不会边读边想一样），发展知识是不可能的。

善于选择、综合和分析事实，是一种十分重要的能力，同知识是否掌握得好有很大关系。有经验的自然科学各科教师和语法教师，注意不使学生的思维受教师阐述（解释、讲授）时援引事实的限制，而使知识与能力之间产生比例失调。这种比例失调带来的后果是知识会毫无发展，停滞在学生脑子里成为僵死的负担，因为知识不发生转化，不以新的事实加以充实，不用来解释新的事实。这就发生了我想称之为知识僵化的情况。由于知识处于这种状况，便可能遇到一种乍一看来十分奇怪的现象。例如，学生背熟了 4 种物质状态的概念，但在生活中却不注意大量事实可用来从原先不知道的新侧面解释这种概念。于是，在知识测验时，学生遇到了物质从固体状态变为气体状态的事实，他面对这种生活中每一步都遇到的现象茫然失措，不能理解和解释其实质。

为了善于自觉地把知识结论运用于生活实际，必须独立地收集大量事实，对这些事实进行了解、综合、比较、分析。收集和处理事实——这本身就是知识的一种状态，即活动状态。这种状态指的是，从课堂上所获得的知识体系中自觉地选择所需要的规律、说明和定义。使知识处于这种状态多么重要啊！多年教学工作的经验使我确信，收集和处理事实，是一种特殊能力，它能使知识经常处于发展状态，而这种发展是十分独特的：学生不仅对他周围的事物，而且对自己的种种想法都进行分析。学生收集和处理事实时，便走上了自我培养智力的道路。

某门课程体系内的事实特征，在我看来，是一个十分重要的教学法问题，同时也是一个一般的教育问题。形象地说，事实犹如思维的翅膀所依托的空气；要以这样看待事实的观点分析教学大纲。要考虑选择哪一部分事实用于课堂讲授，留下哪一部分让学生去收集和处理。要为收集事实这一过程本身拟定方法上的指示。要教学生去思考事实。

〔8〕300 页《大自然的书》①

著名的德国数学家 F. 克莱因把中学生比作一门炮，十年中往里装知识，然后发射，发射后，炮膛里就空空荡荡，一无所有了。我观察被迫死记那种并不理解、不能在意识中引起鲜明概念、形象和联想的知识的孩子的脑力劳动，就想起了这愁人的戏言。用记忆替代思考，用背诵替代对现象本质的清晰理解和观察——是一大陋习，能使孩子变得迟钝，到头来会使他丧失学习的愿望。

我们谁都曾为学龄前儿童那种敏捷而又牢固的记忆力感到惊讶。一个5岁的孩子跟着父母到树林或野外郊游归来，他脑中充满了种种鲜明的形象、画面和现象的印象。一个月、一年过去了，父母又打算去郊游，儿子急不可待地等候着寂静的、阳光明媚的早晨，回想起从前，很久很久以前，他和爸爸、妈妈到树林里去的情景。在孩子的回忆中，好似闪光一般的栩栩如生的细节令父母惊讶：孩子居然还能回忆起有着两种不同颜色花瓣的奇异的花朵。父亲惊奇地听着儿子复述兄妹两人化作一朵花的那个美丽的传说；这个传说还是一年前父亲在林中空地上讲给母亲听的；在那时，孩子好像没有在听爸爸讲，他在追逐一只蝴蝶。周围世界中这一看起来极其细小的特征怎么会保留在他的记忆中呢？

问题就在于孩子对于鲜明的、闪烁着色彩和发出声响的形象感受十分深刻，并能牢牢地铭刻在记忆中。孩子在接受周围世界各种形象时，思想意识内产生的完全出人意料的问题使成人大为吃惊。现在当孩子回忆起奇异的花朵时，他就问父亲：“那哥哥和妹妹互相看得见吗？您说过，植物是活的，那就是说，它们能听得见也能看得见？它俩也说话吧？我们能听见它们说话吗？”父亲面对这些思想不觉感到惊奇：为什么一年前儿子并没有问起这些？

这朵花的鲜明形象以及这些难忘的瞬间的感情色彩怎么能如此长久地保留在记忆中？父亲深信，孩子必然还能清楚地想起繁花似锦的林中空地、蔚蓝的天空和远处飞机隐约的隆隆声。

想到这，我反问自己：为什么有着活跃、鲜明想象力，敏捷的记忆力，对周围世界各种现象具有敏感的情感反应的儿童，在学校学习了两三年

---

① 《育人三部曲》，135 页。

后，却怎么也记不住语法规则，为什么他难以记住正确书写“草原”这个词，记不住 6×9 等于几？我得出的结论并不比德国数学家乐观多少：在学校学习期间，掌握知识的过程往往脱离学生的精神生活。儿童记忆之所以敏捷和牢固，正是由于他们的记忆中注入了鲜明的形象、画面、概念和印象的清澈的溪流。儿童的思维之所以能以精细入微、出人意料而具有哲理性的问题使我们感到吃惊，也正是因为他们的思维受到了这一小溪的生机勃勃的源头的滋润。不让学校大门把孩子的意识和周围世界隔开，这是何等重要的事。我力求做到在整个童年时期内，使周围世界和大自然始终都以鲜明的形象、画面、概念和印象来给学生的思想意识提供养料，使儿童能意识到思维的法则像一座整整齐齐的建筑物，其样式是由更为齐整的建筑物——大自然所提示的。

为了不把孩子变为知识的库房，真理、规则和公式的仓库，就应教他如何思索。儿童意识和儿童记忆的天性本身就要求孩子一刻也离不开色彩鲜明的周围世界及其规律性。我深信，如果周围世界能成为孩子学习思维、记忆和判断的环境，那么儿童入学后，记忆的敏捷性和思想的明朗性不仅不会削弱，而且还会加强。

不能夸大大自然在智育中的作用。如果教师认为，只要孩子处于大自然中，这本身就蕴藏着促进智力发展的强大因素，那他就大错特错了。大自然并没有任何直接影响理智情感和意志的魔力。只有当人认识大自然，从思想上深入因果关系中去的时候，大自然才能成为教育的强有力的源泉。过高评价直观性——这是把儿童思维的个别特点加以绝对化，这是把认识活动归结为感性的范畴。不能盲目崇拜儿童思维的特点，特别是儿童以形象、色彩和声音进行思维这一事实，完全不能引申为不应当教他进行抽象思维。有经验的教育工作者强调直观的重要性和大自然在智育中的巨大作用，是把这些因素视为发展抽象思维和进行有明确目标的教学工作的手段。

我通盘考虑了什么应当成为我的学生的思想源泉，规定了什么将在四年过程中成为孩子一天天观察的对象，周围什么现象将成为他们思想的源泉。

就这样产生了这一部 300 页的《大自然的书》。这是 300 次观察，300 次深深铭刻在孩子们意识中的鲜明图画。我们一周两次到大自然中去学习思索，不仅是观察，而且是学习思索。实际上这是上思维课。不是有趣的散步，而恰恰就是上课。但上课也可能非常引人入胜、非常生动有趣，这就更能丰富孩子们的精神世界。

我提出了如下的目标：在孩子们的意识中留下对现实的鲜明景象的印象。我极力使孩子们在生动、形象的概念的基础上进行思维，使孩子们在观察周围世界的时候，了解现象的因果关系，比较物体的性质和外形特征。观察证实了儿童智力发展的一条非常重要的规律：课内必须掌握的真理和抽象概括愈多，这类脑力劳动愈紧张，学生愈应当经常求教于知识的直接来源——大自然，周围世界的形象和图景应当在学生的意识中铭刻得愈加鲜明。然而鲜明的形象却并不是像反映到照相胶卷上那样反映到孩子的意识中去的。

表象，不管它有多么鲜明，不是教学的目的本身，也不是教学的最终目标。

智育从有理论思维的地方开始，这儿生动的直觉并不是最终目标，而仅仅是手段。周围世界的鲜明形象对教师来说是一个源泉，在它形形色色的多种表现形态中，隐藏着千百个问题。揭示这些问题的内容，教师就好像在翻揭《大自然的书》的书页。

这里是《大自然的书》的第一页，它被称之为“有生命的东西和无生命的东西”。在早秋的一个温暖、明媚的中午，我们走在河边，在一块草地上坐下。我们面前是一片开满了秋季鲜花的草地，清澈见底的河里游着小鱼儿，蝴蝶在空中飞舞，燕子在蓝天飞翔。我们走向高峭的悬崖，那儿在旷日持久的岁月中裸露出土壤的剖面。孩子们饶有兴味地观察着各种颜色——黄色、红色、橙黄色、白色的土层和沙层。这是薄薄一层白陶土，它下面，是金黄色的沙子，再下面，是美丽的晶体。

孩子们对比着土壤的表层、黑土和底层。

“我们在土壤的表层看到了什么？”

“植物的根，”孩子们答道，“在底层就没有根了。”

“孩子们，你们瞧长在悬崖边上那丛绿草和这一层金色的沙子。草和沙子有什么不同？”

“夏天草就长起来了，到了秋天就枯萎了，春天它又活了……”孩子们说道，“草结出小小的种子，撒落到泥里，就长出新的草儿来……”

“那沙子呢？”我要所有的孩子，特别是脑筋迟钝的孩子——彼得里克、瓦利娅、尼娜都来对比周围世界中的物体。班上还有两个孩子——米沙、萨什科，他们思想的进程可以比作水流徐缓、水势浩渺的大河。还有一个女孩柳达，她的思维对我来说暂时还是一个隐藏得严严实实的秘密。

一开始我想，无非是她的智力发展有些迟缓，其他孩子很容易明白的事物她理解起来却很困难。然而在小姑娘生气勃勃和敏感的双眸中，可以感觉出被某种内在的力量抑制着的思想；她好像有意不急于说出她非常了解的东西。“孩子们，你们瞧，这儿是金黄色的沙子，而这儿是绿色的草。还有更妙的——这儿是绿色的沙子和绿色的草。它们不相似的地方在哪儿，它们有什么不同之处？”

孩子们思索着，对绿色的草地和裸露的悬崖剖面进行观察。在柳达的目光中流露出沉思。彼得里克皱起眉，瓦利娅把沙子从一只手倒到另一只手。

“沙地上不长花，可草地上长花。”柳达说。

“奶牛在草地上吃草，可在沙地上放牧，你倒去试试看！”彼得里克大声嚷。

“下雨后，草就长起来了，”米沙沉思着说，“可下雨后难道沙子会长吗？”

“沙子在很深的地方，而草在地面上……”尤拉说。

但谢廖扎驳斥道：“难道岸上没有沙子？草朝向太阳，而沙子在阳光下只不过晒得发热……”

之后，我们又对比不知谁捡的小石头和绿色的槭树叶、红玻璃碎片和菊花、在池塘里游着的鱼和鹅毛、桥的铁栏杆和在树上爬蔓的啤酒花茎。孩子们思如潮涌，男孩子和女孩子们发现了周围各种物体和现象间一眼就能看穿的相互联系，也发现了一下子注意不到的联系。在孩子们的意识中，逐渐形成有关有生命的东西和无生命的东西的初步概念。一些东西有生命，另一些东西无生命，这一点孩子们通过无数事实业已看到，但当我问道：“有生命的东西与无生命的东西的区别到底是什么？”他们就回答不出来。结论是一步步地得出来的，在这过程中，孩子们重又回想起亲眼看到的东西。孩子们不仅正确发现了一些特征，也做出一些错误的判断，于是当场就进行一些生动活泼的观察来纠正这些错误。当科斯佳说“有生命的东西会移动，而无生命的东西不会移动”时，几乎全体同意了他的意见，但接下来的是沉默，孩子们环顾四周，又提出了反对的意见。

“木棍能移动，能浮在河上面漂，难道它是有生命的？”

“拖拉机能移动，可它不是无生命的吗？”

“蜘蛛网在空中飘动，难道蜘蛛网是有生命的东西？”

“旧屋顶上的青苔不会移动，可它不是有生命的吗，还是说青苔是无生命的东西？”

“沙子，它也会移动。我们曾经去过采沙场，看到过沙子像溪水似的在流动。”

不，看来问题不在能不能运动。到底有生命的东西与无生命的东西区别何在？孩子们一次又一次对比周围的东西。舒拉高兴地喊了起来：

“有生命的东西会长，而无生命的东西不会长！”

孩子们思索着这话，他们的目光又转向周围的东西。他们在思考，口中自言自语：草——有生命的东西，草会长；树——有生命的东西，它会长；野蔷薇丛——有生命的东西，野蔷薇会长；石头——无生命的东西——不会长；沙子——无生命的东西，因为不会长。就是这么回事：一切有生命的东西都会长；一切无生命的东西都不会长……米沙望着远处在思索着什么。他听见伙伴的话了吗？当孩子们历数了他们周围全部有生命和无生命的东西以后，这个男孩子说道：

“有生命的东西不能没有太阳。”他用手指指森林、草地、田野。

这话又一次使我深信，思想来得慢的人时常富有巨大的洞察力、注意力和观察力。米沙的话使孩子们恍然大悟。“我过去怎么没有想到这一点呢？”男孩子和女孩子们暗暗自问。紧抓不放的思想似乎重又在探索周围的东西，孩子们重又口中念念有词地在思考：不管是草、是花、是树、是麦子，没有太阳就活不了。人没有太阳也活不了……也许人没有太阳能活？不，难道能想象人在深深的地底下的某个地方生活吗？我们都很熟悉，在枝叶茂盛的树荫下，草就蔫了。爸爸是这么说的：“雨后要有太阳一晒，冬青马上就返青了，要是没有太阳，那就糟了……”而石头，无论是在阳光下还是在地窖里，都是一样。不，也不一样，石头在地窖里会长一层霉……那霉——是有生命的还是没有生命的呢？太阳不仅能造福于人，如果久旱无雨，它也能晒死禾苗。这么说，一切有生命之物不仅喜欢太阳，还喜欢水。

孩子们的思想就这样，像条条小溪似的四处流去，然后，这些溪流汇合到一起，孩子们就更加清楚了，在有生命的东西中，发生着某些他们所不了解的现象，而这些现象同太阳、水以及我们周围大自然中的一切有关——孩子们阅读着《大自然的书》第一页上的头几行。他们懂得了，整个世界是由两大类自然物——有生命的和无生命的组成。对有生命的东西和无生命的东西的初步概念又产生了无数的问题。孩子们回家的途中，注意观察平时习以为常的东西，看到了以往看不到的东西，而他们发现的东西越多，产生的问题也就越多：为什么从橡实中冒出来的幼芽能长成一棵壮实的大橡树？粗大的树干、树枝和树叶都是从哪儿来的？为什么秋天树叶就落了？树在冬季是在长呢还是不长？不可能立即回答所有这些问题，而且也不能提出这样的任务。好就好在孩子们产生了这些问题；好就好在孩子们思索的时候，学着向知识和思想的源头——周围世界去求教；好就好在孩子能用确切和正确的词来表述自己的思想。思想清晰这个最重要的思维特征来自直接同周围世界相接触的过程。

孩子用形象、色彩和音响来思维，但这并不意味着他应当停留在具体思维上。形象思维是过渡到用概念进行思维的必要阶段。我力求使孩子们使用这样一些概念，如现象、原因、结果、事件、制约性、依赖性、区别、共同性、相似性、并存性、不相容性、可能性、不可能性，等等。多年的经验使我深信，这些概念在抽象思维的形成中起着巨大的作用。不考察生动活泼的事实和现象，不理解亲眼见到的东西，不逐渐从具体的物体、事实和现象转化为抽象的概括，那就不可能掌握这些概念。孩子们在学习大自然过程中产生的问题，正好可以促进这一转化。我教我的学生观察大自然的具体现象，寻找其因果关系。孩子们由于把思维同具体形象紧密结合，因此获得了逐步使用抽象概念的技能。当然，这是一个需要好几年时间的漫长的过程。

阅读《大自然的书》，使孩子们产生极大的兴趣。但这种兴趣——不是目的本身。苏维埃教育学反对在教学过程中过分强调孩子自发的兴趣，也反对把孩子的活动当作教学进程的最终目标。乌申斯基早就写道："教孩子不仅习惯于做他感兴趣的事，还要习惯于做他不感兴趣的事，为了履行自己的义务去做。你们让孩子做好进行生活的准备，可在生活中并非所有的义务都是令人向往的。"① 苏联的教育科学与资产阶级学者从满足学生个人要求的观点来对待教学的内容、形式和方法的倾向有着深刻的分歧。当代"最新的"教学论概念的代表人物，美国教育家戈登·梅尔文认为教师在教学中只应选择学生喜欢的内容："正是那些学生决心要做的东西，构成了他同意学习的条件。"② 资产阶级教育家把学校教学建筑在"自发的兴趣"上，实际上就是摒弃科学知识的系统性。苏维埃教育学把孩子个人

① 《乌申斯基论文集》第6卷，莫斯科—列宁格勒，1949年，252页。

② A. 戈登·梅尔文：《普通教学法》，纽约—多伦多—伦敦，麦克普罗姆—希尔图书公司，1952年，135页。

的兴趣看成是完成学校的教养和教育任务（获得一定范围的科学知识，形成辩证唯物主义信念）的一种手段。我并不把阅读《大自然的书》当成趣味盎然的消遣、引人入胜的游戏，而把它看成导入科学知识世界的一条渠道。孩子们渐渐认识的是周围那些能揭示大自然规律性本质的现象。教师并不是从满足每个孩子个人的兴趣，而是从科学地认识世界的辩证法出发来规定《大自然的书》的内容。苏联教育理论对学生活动目的的看法与实用主义者的著名论点（活动授予知识）的原则性区别即在于此。

苏维埃教育学中的活动，并不取代系统的科学教育，而是达到教养和教育目的的一种手段。当然，凡是有助于掌握知识的活动，总是能引起学生个人的兴趣的。苏维埃教育学把兴趣看成是学生在理解和考察过程中发挥创造性精神力量的积极性。随着学生正在掌握的真理不断成为他个人的信念，对于学习和认识的对象的兴趣就不断得到深化。根据苏联的教育理论，兴趣同思想教育和科学唯物主义教育是紧密联系着的。

我们一页接着一页地阅读《大自然的书》，学习思考。孩子们看到的第二页题为“无生命的东西同有生命的东西的联系”。我们到暖房去观察高年级同学怎样在从深深的地下取来的金色沙子上和在碎石上栽种黄瓜、西红柿、大麦和燕麦。小孩子们在这儿看到高年级的同学怎样把沙子和碎石铺入金属制的和木制的箱内，给这种混合物浇上含有化学物质的溶液。黄瓜和西红柿的根，从这个培养基中摄取生长和结实所需的养分。没有生命的碎石块，溶于水中的白色粉末，似乎这就是生命必不可少的一切。而就在扁平的容器内，大麦的绿苗甚至不需要沙子和碎石就长起来了：它的根从白色粉末的溶液中汲取营养物。然而，等孩子们仔细观察开花和结实的情况后，他们就看到，无生命的东西只有在有太阳和水的地方，才能成为有生命的东西的培养基。没有光照、温度和水是不可能有生命的。今天是阴天，于是暖房里开了电灯。户外早晨有点凉，而暖房里的暖气使屋里变得很温暖。

教师说道：“孩子们，细细观察你们看到的东西，并且考虑一下，有生命的东西没有无生命的东西能否存在？现在摆在你们面前的是一只大箱子和好几只小箱子：这里放的是各种各样的化肥。你们瞧，高班的同学从不同的箱子里取出白色的、黄色的和灰色的粉末，搅拌在一起，溶解在水里。肥沃的土壤是这么来的：把粗粒沙子同腐殖质掺和在一起。你们看见了吗？从这种混合物中，长出了多么鲜亮的西红柿！植物从什么东西里面吸取了叶子、茎、果实发育成长所需要的东西？从无生命的东西里面。无生命的东西是有生命的东西的培养基。”这些真理在孩子们的心灵中激起对大自然奥秘的惊异感。

我又一次想起了亚里士多德抄录的古老的名言：思维始于惊异。对揭示出来的大自然奥秘所感到的真正惊异，是促使思想如滔滔急流的动力。当孩子们见到在化学物质的溶液中长出迥然不同的植物——西红柿、黄瓜、大麦时，他们就纷纷向我提出问题：“透明的溶液怎么能变成粗壮的茎，变成有蜜蜂在上面飞来飞去的鲜艳的花，变成多汁的果实？”“有生命的东西是从哪儿来的？太阳并不能给植物丁点儿绿色的东西，它只不过照着植物，把植物照热，不是吗？”“为什么用同一种溶液却能长出绿色的黄瓜和红色的西红柿？”“为什么黄瓜是绿的，而西红柿是红的——它们不是并排长的吗？”

“这些颜色不同的粉末里头有什么东西？”“为什么渗到土壤里去的腐殖质能使植物泛绿？”

关于有生命的东西与无生命的东西之间的联系的初步直观印象，对孩子进一步的智力发展是多么重要啊！孩子思考这样一些问题：“有生命的物体是从哪儿来的？”“太阳怎么把无生命的东西‘变成’有生命的东西？”他就准备去阅读那本有关生命的大书，去认识复杂过程的奥秘。

我把阅读《大自然的书》看成是培养智力方面的积极性的一种手段。概念、画面、形象，这些只不过是积极的思维活动的开端。第斯多惠写道：“如果教学生习惯于简单地去感知或被动地接受，那么所用的任何方法都是坏的方法，能激发孩子主动性的方法才是好方法。”① 我力求避免使阅读《大自然的书》的活动成为对大自然的画面和形象的简单感知，而极力使它成为积极思维和从理论上认识世界的开端，成为获取系统科学知识的开端。

苏联著名的心理学家科斯秋克写道：“最好的内容，只有当它纳入学生自己活动中去的时候，它才能为学生所意识。”不是为活动而活动，为满足个人兴趣而活动；活动要揭示科学知识的内容。这就是苏维埃教育学关于积极性和科学性的统一的本质所在。

“大自然中的一切都在变化”，这就是《大自然的书》下一页的标题。

我们好几次重温这一页书。秋日晴朗的中午，全班都到果园去。苹果树和梨树的枝条被累累果实压弯了。“回忆一下，孩子们，”教师说，“我

① 第斯多惠：《教育论文选》，莫斯科，1956 年，128 页。

们的果园冬天是个什么样子，——树枝光秃秃的，蒙上了一层霜，树身上满是雪，而现在，树枝上叶子茂密，苹果和梨都熟了。”

过了两个月，我们又来到了果园。园子变成什么样儿啦？枯黄的树叶像柔软的地毯似的铺盖着大地，树枝已半秃了。就在满是窟窿的老苹果树旁边有一棵小小的野苹果树。我们祖辈的人种了这棵老苹果树。它有一半的树枝已经枯干。只有不多的几枝是翠绿的，上面还结着硕大、多汁的果实。老苹果树再在阳光下挺立那么一两年后也就该锯了。而在野苹果树的细细的树干上长着绿色的嫩芽，这是学生从老苹果树上嫁接过来的幼芽。再过几年，绿芽就会变成树，苹果树就会开花，结出金黄色的果实。

“注意观察四周，孩子们，有没有一种植物一年四季总是一个样子的？”

孩子们的生活经验还不丰富，然而他们从小生活在劳动和大自然的环境中，所以知道，植物总是长出来，然后开花、结果……他们会讲述，地里怎么冒出一株嫩苗来，它怎么变成一个粗壮的植物的茎秆，树上的幼芽怎么长出来，又怎么长出叶子来……生物界那种跳跃般的迅速的变化使孩子感到惊异。昨天我们曾在桃园里看到了黑色的幼芽和光秃秃的树枝，今天清晨我们来到这里，我们眼前展开了一幅崭新的画面：枝头布满了朵朵玫瑰色的小花……为什么一夜之间，幼芽这么快就冒了出来，而小树就开起花来了？夜里树睡不睡觉？一般说来，树木睡不睡觉？当剪枝的时候，树觉不觉得疼？

为什么树会衰老而死去？对这些问题，我不得不久久苦思，以寻找答案。但答案又会引起一连串新的问题。

这一页《大自然的书》我们在池塘边读过，在小灌木丛中读过，也在田野里读过。在浅水洼里游着小蝌蚪，孩子们知道，它们会变成青蛙。但这一过程是如何进行的？为什么鱼缸里最小的鱼已经是鱼的样子，而蝌蚪却完全不像青蛙的样子？我们观察集体农庄庄员们如何喂养蚕。从罂粟籽那么小的卵中变出一条条贪吃的小蚕。它只吃桑叶——为什么？小蚕变成大蚕，它好几次“蜕皮”——好像蜕去旧皮似的——为什么？瞧它在自己身子周围吐丝结网藏身于金色的小屋——蚕茧之中，它在里面发生了什么变化？我们拿了几个蚕茧，放在窗台上，过些时候就能看到出现了漂亮的大蛾子。蛾子产卵……上面这个过程又开始重复进行。蚕怎么会吐出细细的丝线来？为什么它吃这么多的桑树叶后才结茧呢？

与积极地认识大自然相联系的活动越多，对周围世界的观察也就越深刻、越自觉。孩子们每个月都能在自己周围发现更多过去不予注意的现象。

这样，他们就能看到完全不同于他们一向熟悉的那些生命形态：在阴暗、潮湿的地窖里，马铃薯块茎上冒出了白丝——这是些什么玩意儿，是根还是未来的茎？树干朝北的阴面长出绿苔——为什么绿苔躲着太阳？为什么绿苔没有种子？它怎么繁殖呢？所有的植物都开花，然而绿苔不开花。这是什么样的植物呢？

《大自然的书》中的几行文字告诉我们，不只是有生命的东西才不断变化。我们来到岸边的峭壁旁。孩子们仔细观察灰色的石块，就发现里面有细细的裂缝。从石头上砸下薄薄一片来，在手掌里就散成碎块了。这么说来，就是石头也不永远是石头啦？孩子们想起，在几个月前，他们还曾说过“石头无论在太阳底下还是在地窖里总是一个样”。白天，石头变烫，而夜里就变凉了，出现了进水的裂缝。原来，就是石头也不是恒久不变的。

分析阅读“大自然的一切都在变化”这一页的思维课，我得出一个信念，孩子知道得愈多，愈经常地发现在日常生活中不曾注意到的规律，渴求了解的愿望就愈强烈，理解周围世界各种现象的感觉器官就愈敏锐，感知器官同思维的联系就愈细致。苏联人类学家 M. ф. 涅斯图尔赫教授在他的著作中有一些话，我认为是阐明孩子智力发展过程的一把钥匙：人在童年时代连续不断地接触大量新材料，所以正是在这个年龄，他开始有日益增长的求知欲望。

大量的材料，这是智力充分发展的最重要的条件。当由于某种原因材料的量减少了而又未加以补充时，会出现什么情况呢？孩子自己看到的东西，这还不是大量的材料。人类的教育工作就是由成人向孩子传授自己拥有的关于周围世界的知识，并以自己的思维能量不断供给能影响孩子的大量材料。

我开始留心考察每一个孩子的家庭环境——从出生一直到上学。开始发现一些有意义的规律。如果在学龄前期，孩子无人照管，如果成人不为孩子提供人的正常环境所不可缺少的大量材料，那么孩子的大脑就处于消极的状态：好奇心和求知欲就会消失，会出现漠不关心的状态。日益增长的求知愿望是否就是在很大程度上决定孩子智力发展的最重要的思维能量呢？看来是的。

彼得里克小时候无人照管。妈妈和外公一早就上班，孩子一个人留在家里。他被安置在棚檐下或围着栅栏的绿色草坪上，不时由女邻居来探视一下，看一看孩子是否安然无恙。彼得里克从 2 岁到 5 岁，受的就是这样的“教养”。

这是一种“毫无精神活动”的教养。孩子的吃穿都很好，就是缺少最主要的东西——周围没有人照管。彼得里克从5岁起同孩子们，主要是同同年龄的儿童，在街上嬉耍。他入学的时候，连最简单的俄语单词的含义都不知道，他那掠过周围各种物件的冷漠目光，使我觉得好像是一个小老头儿的目光。

这就是说，孩子生气勃勃的思维体——大脑半球皮层细胞，处于消极状态，因为在神经系统形成的重要阶段——大脑的幼年时期，孩子缺乏来自周围世界的源源不绝的大量材料。所以阅读《大自然的书》应当在教育孩子的过程中起到重大的作用。……我们揭开书的下一页——“生命的种子”。孩子们在秋天收集了梨、苹果、桃、李子的种子供创建果树苗圃用。他们根据经验已经知道，种子能长出植物来，春夏季节，草原上、森林里、小树林里生机盎然，植物种子在成熟，传宗接代的过程在进行。我们去郊游。春风刮走了杨树和蒲公英的白絮。孩子们在轻盈的绒絮中找到了细小的种子。他们感到诧异：大自然多么关怀这些植物的种子：在土壤干燥的表层，绒絮挂不住，只要泥土含有水分，绒絮就粘住了，就“下锚停泊”了——于是细小的种子就发出芽来。孩子们深感兴趣地一行一行读这一页《大自然的书》，他们看到，不少植物能把种子“射”出去，而生命的种子就飞向四面八方，他们看到，一些成熟得早的种子，从风中摇摆的罂粟花茎头的“小窗户”中飞出来。

我们透过放大镜观察到，很多种子有用以附在人们衣服上和动物皮毛上的“狡猾的”小钩子、小爪子和“小脚”。我们收集了粮食的种子标本，孩子们思索起来：从小小的种子里怎么会长出巨大的植物来的呢？种子是有生命还是无生命的东西？这一页书上有趣的几行，孩子们是在冬天读的：有些植物把自己的种子撒在雪里，种子必须在雪里待上几个星期，然后才发芽。

认识的愿望愈强烈，孩子们工作得愈有兴趣，劳动的研究性质也显得愈深刻。当亲手操作有助于思维的时候，当孩子期望在劳动中找到使他激动的问题的答案、揭开闷葫芦、确证暂时还只是一种推测的事情是否属实的时候，来自周围世界的大量材料就能成为认识的特别强烈的促进因素。当孩子真正出自愿望而不是被迫成为一个从事劳动的人时，他就变成一个真正的思想家了。儿童愿意劳动的出发点，首先是愿意了解。假如这个愿望能不断发展，孩子对劳动的兴趣就会巩固起来。在教育工作实践中，被称之为热爱劳动的东西，就是求知欲、好奇心和孩子个人自尊感的混合物。

阅读《大自然的书》中最激动人心的一页——“太阳——生命的源泉”时所进行的“旅行”，在儿童的意识和情感记忆中，留下了深刻的印迹。在酷暑炎热的日子里，我们来到田野、花园和葡萄园，我们眼前是种着麦子、葵花的田野，串串的葡萄、黄澄澄的梨和正在成熟的西红柿。孩子们在这些累累果实中看到了太阳的光和热。靠了太阳，大地才能给人以全部需要的东西。通过无数次的观察、对比和因果关系的确立而得出的这一结论，使孩子们产生一种惊诧感，从而进一步推动思想的飞跃。孩子们仔细观察周围世界，思索每一物件的起源。当他们确认，太阳是生命唯一的起源时，他们惊异的心情就更甚了。

粮食、土豆、葵花，无一能缺少太阳，肉类、牛奶、黄油也是如此，因为动物的饲料是靠太阳的光和热才能生长的。惊诧的孩子问道：“太阳到底是什么东西？太阳向我们放出的热是从哪里来的？为什么冬天的太阳照在大地上不怎么热？它会不会熄灭？要是太阳熄灭了，那会发生什么事？”

阅读《大自然的书》时产生的问题，这是活跃的思想飞向知识顶峰的开端，几年后，他们从这个顶峰上便可以发现生命奥秘的全部复杂性。我竭力使孩子们成为渴求了解世界的考察者和发现者，使他们眼前的真理不是教师告诉他们的现成的结论，而是一幅怀着激动心情领略过的有关周围世界的色彩鲜明的图画。一项发现如果能使孩子感到激动，真理就能成为他终生珍惜的个人信念。理智感、求知的欢乐感、对大自然的宏伟和大自然规律的严密性的惊异心情，都是牢固记忆的源泉。

我把理智感看成是发展和巩固个别儿童记忆力的主要手段。瓦利娅记忆力很差，似乎一切都会从她头脑中“消失”。应当尽力使这个女孩子的心由于对周围世界的景象感到惊讶而颤动。一连好几天，我们相继来到田野、树林、河边、花园和养蜂场，阅读《大自然的书》中题为“一切有生命的东西都得适应周围环境”这一页。我引导孩子们注意有些花在炎热的时候会闭上自己的花瓣，而到傍晚凉爽的时候，重又张开花瓣；指给他们看，早春开花的植物那纤细的茎如何像箭一般冲破又厚又密的一层落叶，蜜蜂如何建造蜂巢，并用蜜填满蜂房，葡萄藤的根如何深入土内三米，以便吸取水分，柳树的枝杈插入软泥如何长出根来，并长成一棵小树……这些发现使这个女孩子的心充满欢乐的激情。她那冷漠的眸子里出现了兴致勃勃的动人神情。沉默寡言的瓦利娅开口了，她问：“蜜蜂怎么知道朝哪儿飞才能飞回家去？她怎么找到自己的蜂巢？早春开花的植物不觉得冷吗？——这时树下还积着雪呢。”有问题，就有思想；而有思想，就能记住周围世界的景象和大自然的规律。

下面是我们一页接着一页阅读的《大自然的书》内各页的标题：“植物世界和动物世界”“一滴水的旅行”“人利用自然力”“春天唤醒大自然”“最长的夏日”“树林里、田野中和草地上春天开的花”“夏天的花”“铃兰和紫罗兰”“菊花——秋天的孩子”“池塘里的生物”“初秋的最后几天”“大自然期待着冬天”“第一个冬天的早晨”“冬季树林中鸟的生活”“麦穗”“蜜蜂家族的生活”“燕子筑巢”“雷雨快来了”“秋季的连阴天”“冬季花的世界”“树林能保持水分”“鹳飞来了”“鸟准备飞向暖和的地方”“夏季雨后的太阳”“河上的彩虹”“秋播和春播的粮食作物”“向日葵开花了”“天空的星星”“土壤的生命”“绿叶——太阳的贮藏室”“蘑菇和青苔”“从橡实里怎么长出橡树来”，等等。

“一个拙劣的教师把真理送到人面前，一个优秀的教师教人寻找真理。”第斯多惠这样写道。在我们这个时代，以考察的态度对待周围世界的各种现象，具有特别重大的意义。非常重要的一点是：使学生以考察和探索作为思维方法的基础，使他们通过积累、分析、对照和比较事实去认识科学真理。

孩子在观察大自然现象和景象的时候就逐渐掌握思维的方式和进程，不断丰富概念，每一个概念都充满由富于探索精神的观察者用犀利的目光发现出来的因果关系的实际含义。经验证明，孩子们读了《大自然的书》，其思维就有一个明显的特点：孩子在使用抽象概念时，就会在思想上回顾作为抽象概念基础的那些印象、形象和景象。

当我那些在童年时代阅读过《大自然的书》的学生成为少年，然后又成为青年的时候，我特别关心的是，对周围世界的积极认识如何反映在他们一般的智力发展上，反映在脑力劳动的性质和方式以及智力志趣的多方面性上。我确信，学生们的精神生活具有巨大求知精神的特点。他们关注一切事物，周围的一切都能触动他们的思想和感情。我的学生在少年时代和青年早期，精神生活中有一个特点，那就是善于从相互关系的角度观察现象和物体。

凡是不清楚和不明白的事物，他们都力求在书本中得到解答。书本成为他们知识和精神需求的源泉。

【问题与思考】

请仔细阅读这段话：

苏维埃教育学反对在教学过程中过分强调孩子自发的兴趣，也反对把孩子的活动当作教学进程的最终目标。乌申斯基早就写道："教孩子不仅习惯于做他感兴趣的事，还要习惯于做他不感兴趣的事，为了履行自己的义务去做。你们让孩子做好进行生活的准备，可在生活中并非所有的义务都是令人向往的。"① 苏联的教育科学与资产阶级学者从满足学生个人要求的观点来对待教学的内容、形式和方法的倾向有着深刻的分歧。当代"最新的"教学论概念的代表人物，美国教育家戈登·梅尔文认为教师在教学中只应选择学生喜欢的内容："正是那些学生决心要做的东西，构成了他同意学习的条件。"② 资产阶级教育家把学校教学建筑在"自发的兴趣"上，实际上就是摒弃科学知识的系统性。苏维埃教育学把孩子个人的兴趣看成是完成学校的教养和教育任务（获得一定范围的科学知识，形成辩证唯物主义信念）的一种手段。

你怎么理解这种分歧？你更赞同谁的观点？为什么？

〔9〕直观是认识的途径，是照亮认识途径的光辉③

培养注意力的唯一手段，是对思维施加影响，直观只有在促进思维过程的时候，才有助于发展和加深注意力。物体的直观形象本身，能长时间地吸引住学生的注意力。然而，直观的目的绝不是要使学生的注意力在整节课中都固定不变。课堂上之所以要使用直观教具，为的是使学生在认识的某个阶段能脱离形象，进而领会概念和理解规律性。实践中常常发生一些相当意外的情况，即直观教具的某个细节吸引住了儿童的注意力，这时它不仅不能帮助儿童去思考教师想要引导他们去理解的抽象真理，反而起妨碍作用。例如，有一次，我给孩子们带来了水轮机活动模型。推动着轮子转动的水，飞溅起水花而形成水雾，在阳光的照耀下映射出一道彩虹。我没发现彩虹，孩子们却看见了。于是，他们的全部注意力没有集中到我想引导他们去领会的概括性结论上，而集中到当时完全是偶然出现的这个

① 《乌申斯基论文集》第 6 卷，莫斯科—列宁格勒，1949 年，252 页。

② A. 戈登·梅尔文：《普通教学法》，纽约—多伦多—伦敦，麦克普罗姆—希尔图书公司，1952 年，135 页。

③ 《给教师的一百条建议》第 36 条，96 页。

有趣的自然现象上，以至于这节课的效果不好。

采用直观教具，要求教师对教学工作准备得十分充分，要求了解儿童和青少年的心理状态，了解知识的掌握过程。

第一，应当记住，直观性是低年级学生脑力劳动的一个普遍原则。乌申斯基写道，儿童是用“形式、声音、色彩和感觉”来思维的。这一年龄规律，要求在自然环境中发展小孩子的思维，使他们同时能看得见、听得见、感受得到，并能进行思考。直观性是一种发展注意力和思维的力量，能使认识带有情绪色彩。由于同时能看得见、听得见、感受得到并进行思考，孩子的意识中就形成了心理学称为的情感记忆；记忆中形成的每个表象和概念不仅同思想有联系，而且同情感和感受也有联系。如果不形成发达的、丰富的情感记忆，就谈不上童年时代有充分的智力发展。我建议低年级教师要做到：在思维发源的地方、在自然界和劳动中教儿童进行思考。要让进入儿童意识之中的词汇具有鲜明的感情色彩。直观性原则不仅应当贯穿在整个课堂活动中，而且应当贯穿在教学工作的其他方面和学生的全部认识过程中。

第二，采用直观教学法时要思考的问题是：如何由具体事物过渡到抽象思维，在上课的哪个阶段直观教具已不再必要，学生不应当再对其加以注意。这在智育上是十分重要的原则。因为直观手段仅在使思想活跃起来的一定阶段才是需要的。

第三，应当逐渐由直观的实物过渡到造型，然后再由造型过渡到物体和现象的象征性图形。在一、二年级时，就要逐渐让儿童脱离直观的实物，但这决不意味着可以完全不要直观。有经验的教师在一年级到十年级各年级的教学过程中都使用直观原则，而且把这一原则体现在一年比一年更复杂的工作方法和方式中。即使在十年级，有经验的语文老师也还把学生带到林间、河畔或春花怒放的庭园里，可以说是在这里推敲用字遣词的感情色彩，加深和发展青年人的情感记忆。

由实物向造型过渡，是一个较长的过程。这一过渡并不等于教师上课时带一张小猫的图画，以代替活猫。即使造型确切地表达了实物的形式、颜色和其他特征，也总归是一种概括。教师的任务是要在采用造型手段方面逐渐过渡到愈来愈复杂的概括。教儿童理解象征性图形，如素描和简图是特别重要的，因为这类图画对于发展抽象思维起着很大的作用。说到这里，我很想就使用黑板的方法谈几点希望。

教室里设有黑板，不仅是为了在上面写字，也是为了让教师在叙述、说明和讲课的过程中可以画些草图，如素描、简图和图样等。我在教历史、植物、动物、物理、地理和数学时，几乎在所有的课上（约80%的历史课，90%的植物课、动物课和地理课，100%的物理课和数学课）都使用黑板和彩色粉笔。我认为，不这样做就无法表明抽象思维的发展过程。我把这种造型方面的直观不仅看作是使观念和概念具体化的手段，并且看作是脱离表象世界而进入抽象思维世界的手段。

造型的直观同时也是智力自我教育的手段。我的学生在二、三年级，都把算术练习本分成两边：左边解题，右边做习题的直观图形、简图。学生在着手解题之前，先画出图解。让学生学会图解，意味着使他们学会由具体思维过渡到抽象思维。起初，儿童画实物，如苹果、篮子、树和鸟，然后画简略图形，用方块和圆圈等表示这些实物。我特别关心学习差的学生怎样做习题图解。如果不采取这种教学方式，他们未必能学会解题和思考习题的条件。而假如孩子学会了图解习题，我可以有把握地说，他一定会解出习题。有的学生几个月都学不会把习题的条件用图形画出来，这就是说，他们不仅不会抽象地思维，而且也不会用“形式、声音、色彩和感觉”来思维。应当先教会他们形象思维，然后再逐渐转向抽象思维。

如果你教的低年级里有些学生数学学习差，不妨请你试教他们学习图解习题。应当引导儿童由鲜明的形象过渡到象征性图形，再由图形过渡到理解某关系和从属性。

第四，由造型的直观逐渐过渡到词的形象。用词表示形象，是由用“形式、声音、色彩和感觉”进行思维过渡到概念思维的一个步骤。有经验的低年级教师不仅能用词塑造出不可能指给学生看的东西的形象（如北极地带的大群冰块、火山爆发等），而且能塑造出在自然界和在我们周围的人类劳动中可见到的东西的形象。这些用词表示的形象对于形成情感记忆和丰富心理学称为的内部言语，具有极其重要的意义。

这里还要再谈谈对学习困难的学生做工作的问题。经验表明，这些学生的智力发展很大程度上取决于由形象思维向概念思维过渡，需要多长时间和经历怎样的步骤。有些学习困难的学生老是不行，老师也不知道对他们怎么办，如何激发他们的思维。这主要是因为，他们没有经过长时间的“形象思维”训练，教师却催促他们快些过渡到抽象思维，而学生对此却完全没有准备。要知道，学习困难的学生往往不会举例子说明费大劲才能记住的规则，这就是形象思维和概念思维脱节的一种后果，是教师操之过急造成的后果。

第五，直观手段应当做到使学生把注意力集中于最主要、最本质的东西上。

我再说一遍：运用直观性原则要求有很高的艺术，要求了解学生的心灵和思想。

【问题与思考】

1. 教学是不是越直观越好？为什么？
2. 苏霍姆林斯基为什么高度强调画图（象征性图形）的作用？

〔10〕活的习题集中的1000道题①

学校的重要任务——培养学生成为具有好奇的、创造性的和不断探求精神的人。我把童年时代当作思维的学校，而把教师视为对自己学生的身体和精神世界成长关怀备至的人。关怀儿童大脑的成长和健壮，使这面反映世界的镜子始终反应灵敏，易于感受——这是教育工作者的主要责任之一。如同肌肉由于身体的操练和不断克服困难而得以发育和强壮一样，劳动和紧张对大脑的形成和发展也是必不可少的。

孩子的大脑在建立周围各种物体和现象之间的多方面联系（因果联系、时间联系、功能联系）过程中得以发育和健壮起来。我认为自己的任务是帮助孩子们理解周围各种现象之间的联系，形成、巩固、发展他们的好学、敏捷和善于观察的智力。

解答培养想象力和敏捷性的习题就是激发大脑内在力和活跃"智能肌肉"能力的训练。这些习题就存在于周围物体和现象之中。我引导孩子们注意某个现象，务使孩子能看到隐藏着的、暂时他还不明白的联系，务使他产生找出这些联系的本质、弄懂真理的意愿。一个人积极的活动和劳动，往往是解题的关键。孩子集中智力，力求在物体和现象之间建立联系的同时就在进行一定的工作。周围世界蕴藏着千万道习题。民间想出了这些习题，这些习题以有趣的故事性谜语形式存在于民间创作之中。

下面是孩子们在休息的时候解的头一批习题中的一个。

要把狼、山羊和白菜从河的这一边运到那一边去。狼和山羊、山羊和

---

① 《育人三部曲》，154页。

白菜既不能同时运，又不能一起留在岸边。只有狼和白菜可以一起运，或者每一个“乘客”单独过河。渡河的趟数不限。怎么运送狼、山羊和白菜才能平安无事呢？

民间教育学有千百道类似谜语式的习题。孩子们对这类习题极感兴趣。

这下，所有的男孩子和女孩子都思索起来了：到底怎么运送这些“乘客”才不致让狼把山羊吃掉，也不致让山羊把白菜吃掉？我们坐在池塘边，孩子们在沙地上画一条河，寻找一些小石子。很可能并不是所有的孩子都能解答这道习题，但孩子们紧张地思索着，这件事本身就是发展智力的绝妙手段。

解这类谜语式的习题很像下棋时的脑力劳动：解题和下棋都得预先想好几步。开学不久，我就让一年级 7 岁的孩子解这道题。过了约莫十分钟，三个孩子——舒拉、谢廖扎和尤拉解出来了。这几个孩子飞快向前奔跑的思路与牢固、敏捷的记忆力紧相配合。过了 15 分钟，几乎所有的孩子都解完了这道题，但瓦利娅、尼娜、彼得里克和斯拉瓦又是一无结果。我发现，这几个孩子意识中思索的线似乎不时中断。他们明白习题的意思，对涉及的物体和现象有鲜明的概念，但刚做出几个初步的假设，他们意识中本来十分鲜明的概念突然模糊不清了，换句话说，孩子把明明记得的东西忘掉了。

我从民间教育学丰富的宝库中挑选了一批又一批的新习题，首先指望能引起我这几个思想迟钝的学生对谜语式习题的内容和情节产生兴趣。过了几天，我出了这么一个民间谜语式的题：

一小队士兵走到河边，他们要渡河。桥坏了，河又很深。怎么办？忽然一个军官发现两个小男孩乘着一只小舢板在岸边玩。但是舢板极小，一次只能乘一个士兵或两个孩子，不能多乘。然而所有的士兵还是乘了这只小舢板过了河。用的是什么办法？

我又观察孩子们如何进行思索。他们在沙地上画图，极力想在脑子中记住“几步棋”。我重又看到尼娜、斯拉瓦和彼得里克如何被折磨得苦恼不堪。

瓦利娅的眸子欢乐地闪着光：她解开了这道题。

我开始给思想迟钝的孩子个别补课。我给他们出比较简单的民间谜语式的习题，旨在深入理解自然数列和建立数与数之间的相互依赖关系。下面是五道这一类型的谜语式习题。

1. 鹰和橡树 飞来了几只鹰，落在橡树上。如果一棵橡树上落一只鹰，那么剩下一只鹰无处可落，如果一棵橡树上落两只鹰，那么剩下一棵橡树没有鹰。一共有几只鹰和几棵橡树？

2. 牧场上 两个男孩子在牧羊。如果第一个男孩子给第二个男孩子一只羊，那么他们两人的羊数相等。如果第二个孩子给第一个孩子一只羊，那么第一个孩子的羊比第二个孩子的羊多一倍。第一个牧童和第二个牧童的羊各有多少？

3. 多少雁 一群雁在飞，迎面又飞来一只雁。

“你们好，100只雁。”它说道。

“不，我们不是100只，”这群雁答道，“如果我们这些雁再加上这些，再加上一半，再加上1/4，再加上你，雁呵，——只有这样，才能有100只雁。”这群飞着的雁一共有多少？

4. 头和脚 院子里的母鸡在踱步，兔子在跳，一共有10个头和24只脚。问有几只兔子，几只母鸡？

5. 几个球 口袋里有10个黄色的球、10个红色的球、5个绿色的球和黑色的球。你闭上眼睛取出尽量少的球来，但其中必须有7个同一颜色的球。

这类谜语式的习题是训练智力的极好手段。解答每一道习题，都得记住前前后后两至四步“棋”。经过半年后，瓦利娅和斯拉瓦已经能解答这一类习题了，但彼得里克和尼娜还是毫无结果。他俩记不住为走下一步“棋”所必须记住的东西。

怎么解释这一现象呢？看来由于某些孩子还没有掌握瞬间把思想从一个对象转向另一个对象的能力，依我的看法，这是记住一道习题所有的组成部分、思想上抓住好几步“棋”的能力。为什么大脑半球皮层细胞未能锻炼出这种能力则是另一个问题。这种能力远非总是由思维物质天赋的特性决定的，但也不能忽视这一原因。观察证明：如果思路骤然中断，如果在同一瞬间，孩子不能从思想上抓住眼前出现的和在这之前不多会儿出现的东西，那他就不能思索，他很难在好几个物件和现象之间建立联系。

我研究了孩子们的思维，特别是像瓦利娅、彼得里克、尼娜这样一些思想迟钝的孩子们的思维，并不是为了某些理论上的目的，而是为了减轻他们的脑力劳动，教会他们怎样学习。观察证明，首先应当教会孩子们从思想上一下子抓住一系列的物体、现象和事件，理解他们之间的联系。孩子应当从对一物体的本质和内在规律进行深入观察，逐渐转向对一系列物体仿佛从远处，在一定距离之外进行观察。我愈研究思想迟钝的孩子的思维，就愈深信，如不善于理解习题，是由于不善于从具体事物得出抽象概念，不善于从具体转向抽象。应当教会孩子以抽象的概念进行思维。不让瓦利娅在自己的想象中描绘狼的具体形象，不让她的思想停留在山羊怎样探头去吃白菜上。对孩子来说，所有这些形象都应当是抽象的概念。然而通向抽象的路一定得经过对具体事物的深刻理解。必须教会孩子们用抽象概念进行思维，应当培养思考能力，否则孩子就会拼命记忆，死记硬背，这会使他的思维更加迟钝。

一月月地过去，我愈来愈认识到，学龄前儿童家长在教育方面的修养是多么重要。正是在孩子尚未入学的时候，应当多多与父母谈谈教育的问题。

为了关怀未来的小学生，我们成立了家长学校，请2—6岁的儿童的父母来学习。我们拟定了学习大纲，其中包括诸如儿童的体力、心理、智力、道德和美感等方面的发展、家长在思维教育等方面对未来小学生的关怀问题。现在这一学校已长期办下去了。

在父母是孩子唯一的教养人员的时期，也就是孩子在学龄前时期，家长的教育学知识显得尤其重要。在2—6岁这一段时期内，儿童的智力发展和精神生活主要取决于父母的这种教育学基本素养，它表现在明智地理解这个正在发展中的人的最为复杂的内心活动。我们极力使家长具备一定的知识和技能。在家长学校的教育中，特别注意了如何教孩子思索、用什么方法发展他的智力这个问题。在多年工作经验的基础上，我们提出了1000道关于周围世界的问题，这是孩子们最爱向家长们提出的问题，我们向他们说明，当孩子提问的时候，应当如何回答，应当如何发展孩子的求知欲和好奇心。我们与家长们一起拟订了一个学龄前儿童到大自然中去散步的计划，预先确定应当成为观察对象的事物。特别注意使每一个有学龄前儿童的家庭里都要有重视书籍的浓厚气氛。

多年的观察证明，也存在着能对智育工作造成困难的遗传因素。父母酗酒，这是儿童整个机体可怕的敌人，而对娇嫩的思维物质的危害性则尤为严重。

每当出现对解答锻炼大脑的习题有利的条件时，我总要把思索缓慢、记忆困难的孩子安排到靠近自己的位置上。往往要想出多种多样的谜语性的习题和逗乐性的习题，才好不容易使尼娜思维活动区之间产生能把周围世界中的概念和形象联系起来的最初通路。

记得在一个冬日，我们坐在鱼缸旁。孩子们数着缸里的鱼，有的数多了，有的数少了。于是我说了一道逗乐性的习题。

哥哥看到鱼缸里有2条大鱼和4条小鱼，妹妹看到有2条大鱼和3条小鱼。妈妈看到有3条大鱼和5条小鱼。妈妈看到了鱼缸里所有的鱼。鱼缸里到底有几条鱼？这道题对很多孩子没有困难，可是尼娜久久思索着。最后，她高兴得一拍手说道："原来哥哥和妹妹没有看到全部的鱼，而妈妈全部看到了。鱼缸里有3条大鱼和5条小鱼。有的鱼藏在水草里——所以没有看见……可是妈妈看见了。"

无论瓦利娅还是彼得里克，也开始能解类似的，甚至比这更难的题目了。

我开始逐步给这几个孩子更为困难的习题，以巩固已有的成绩。到了第三学年，当我们在集体农庄果园中收苹果的时候，尼娜解出了这么一道谜语性的题。

三兄弟在草地上割草。中午，他们躺在橡树下休息，一会儿就睡着了。妹妹来给他们送午饭，有汤、面包和几个苹果。她没有叫醒他们，把装着午饭的包裹放下就回家了。大哥醒来，看到苹果。他把苹果分成三份，但并未把自己那份全吃完，留了一个给最心爱的弟弟——最小的弟弟。他躺下又睡着了。二哥醒来，他不知道大哥已经吃了几个苹果。他又把苹果分成三份，但他也没有把自己那份吃完，留了一个给弟弟——最小的弟弟是爱吃美食的小家伙……他躺下又睡着了。最后，最小的弟弟醒来了。他看到有七个苹果在包裹里。他想：怎么才能分成三份呢？想了很久，怎么也想不出办法来，一直想到哥哥们醒来，于是一切都搞清楚了。问妹妹给三兄弟一共带来了几个苹果？

在我们的习题里，有很多关于孩子们非常熟悉的劳动的习题。孩子们在解这些习题时，一次又一次地观察大人如何耕地和筛选种子、植树和施肥、收割庄稼和储藏食品、盖房和修路。在生活中建立这些联系就加强了概念之间的联系。思维和记忆是在不可分割的相互联系中发展的。孩子们采用图画或制作有关物体的简易模型来解答绝大多数的习题。孩子们把谜语性习题、逗乐性习题和益智游戏发表在从三年级下学期开始出版的墙报上。解题成为坚毅顽强、埋头苦干和热爱劳动等品质的一种特殊竞赛。在三年级的时候我们首次进行了全班性的数学比赛。考虑到使每一个孩子都能取得成绩，我发给孩子们难度不同的习题。数学比赛逐渐引起了其他小学班的注意，于是成为全校性的了。

在童年时代解《周围世界习题集》中的习题，能引起思考，教会思索。如果孩子们不学会思索，如果思维过程不能增强大脑，那就谈不上取得数学或其他学科的扎实的知识。

列夫·托尔斯泰建议："避免一切算术方面的定义和规则，促使他们尽量多地从事活动，而纠正他们的活动并不是由于没按规则去做，而是由于所做的事没有意义。"这一建议完全不是否定理论概括——定义和规则，对托尔斯泰的"自由教育"抱有成见的读者一听可能会这么看。正相反，这一建议的宗旨是要学生深入理解定义和原理的本质，并且不把原理看成是某种茫然不解的、不知来自何方的真理，而是出自物体本性的规律。教师这样来对待真理，孩子就好像自己"发现"了定义。这种发现带来的欢乐是对发展思维能量起巨大作用的强有力的情感动机。还不能忘却，托尔斯泰的建议只涉及年幼的儿童。

不能把解答《周围世界习题集》中的习题看成是提高算术成绩的唯一手段。这样解题有助于发展思维，但毕竟只起辅助性的作用，并服从课内教学教育过程的要求。这一手段只有结合在智育、德育、美育和劳动教育的种种方式和方法的总体中，才可能产生效果。形象地说，我把它看成是达到小学主要目的的小桥，小学的主要目的是授予孩子严格规定范围的牢固知识和实际技能。在数学教学方面，要求与目标的明确性和绝对性起着特别重要的作用。每一学年，我都明确规定，哪些东西学生应当深入地和牢固地铭刻在脑海中。形成自然数列原则的知识是决定今后数学教育巩固程度的数学知识的基础。我极力做到一年级的时候，每个学生就能不假思索地迅速回答任何100以内的加减法有关的问题。为了达到这一目的，编了一套分析数字组合的练习。没有关于乘法表的巩固知识，我简直不能想象学生会在小学和以后的学习中进行创造性的工作。牢记必不可少的一定范围内的知识，这是创造性思维的重要手段之一。

记忆力差的孩子很难思索和想象。如何加强和增进孩子的记忆力，这是早就挂在我心上的一个问题。“算术箱”成了增强记忆力的手段之一。这是一种直观教具，孩子们用它来检查自己算术方面的知识。检查表现为饶有兴味地构筑数学正方形；用木块组成正方形的各边；每一木块上标明数字，各边木块上数字的总和必须完全相等。在“算术箱”里有复习乘法表的专门练习题。

微型电子算术器，这是一种使用电路工作的仪器，是增强和巩固记忆的绝妙手段。每个学生都在这一仪器上复习乘法表和自然数列的组成。早在三年级的时候，我们就开始制作微型电子数学器，到四年级结业前，我们已经有四台仪器。在进行这一工作的过程中，我再一次确信，思维和动手相结合对学生的智力发展是多么重要。孩子由于参与制作教具，原来不稳固的记忆就得以巩固。（当然，这得与其他影响思维过程的手段相结合才能取得一定的效果。）

下棋对提高思维水平起着重大作用。早在“快乐学校”时期，舒拉、加利娅、谢廖扎、尤拉、万尼亚、米沙和其他孩子就学会了下棋。男生和女生经常久久地身不离棋盘。下棋使思维条理化，促使思想集中。但这儿最主要的是增强记忆力。我在观察小棋手们时，发现孩子如何在思想上重现前几步棋，并想象后面的几步棋。我真希望瓦利娅、尼娜和彼得里克能坐下来下棋。我教他们怎么下，而他们则思考怎么走下一步。棋盘帮助我发现柳芭和帕维尔的数学思维。在下棋之前（这两个孩子在三年级开始下棋），我并没有发现他俩思维的敏锐性和顽强性。

不下棋就不可能充分增强智力和记忆力。下棋应当作为智能修养的因素之一列入小学生活。这讲的正是小学，在小学阶段智育占着一个特殊的地位，要求专门的工作方式和方法。

〔11〕劳动与智力的发展①

学校生活的智力财富绝大部分取决于智力生活与体力劳动密切结合的程度。我的学生在童年时代就已看到了，在一个不大的劳动集体中，如在技术小组和农业小组中，智力生活是多么的丰富。这样的小组是对少年进行教育的重要的形式。小组工作的价值就在于，每个人都可以在很长的一

① 《育人三部曲》，638 页。

段时间内考验自己的天赋和能力，在具体的工作中表现自己的爱好，找到自己喜欢的工作。

根据教学计划，少年每周要到校办工厂劳动一次。他们学习加工木材和金属，制造机器和机械模型。实际上，大纲规定的劳动仅限于此。这样的劳动能否满足少年的各种各样的兴趣和需求呢？当然是不可能的。各种各样的兴趣小组恰恰能把劳动与智力生活统一起来，能用具有巨大精神意义的活动充实闲暇时间。这样的兴趣小组有：少年植物栽培小组、育种小组、园艺小组、养蜂小组、机械师小组、电工技师小组、无线电技师小组、钳工—设计师小组、车工小组、畜牧小组、花卉栽培小组。在这些小组中洋溢着思想活跃、求知欲旺盛的气氛，没有这样的小组，无论是智力教育还是情感—审美教育都是不可想象的。如果不把少年的双手变成理智的良师，少年就不会对知识产生兴趣，一个最强的情感刺激因素就会从教学过程中失落。

在三、四年级时男孩和女孩们就已开始参加小组的工作。在最初当然没有，也不可能有自觉的选择，必须经历很长的一段时间才能找到最适合自己的工作。学生换了一样又一样的工作，从一种爱好变为另一种爱好。这对于自觉地选择自己喜爱的工作是必要的。终于有一天少年找到了最适合自己天赋的工作。在这件事情上教师决不可以心急。不可以把少年“固定”在某一个小组中。但是劳动中的自我肯定的复杂的过程，也是不允许任其自流的。必须在每一颗心灵中点燃热爱劳动的火花。这就是说，当少年用双手去工作时，要帮助少年使他们的双手成为理智的良师。

尤尔科喜欢学校养蜂场、养兔场和少年育种小组的工作。他学会了怎样把果树与野生树嫁接，学会了怎样育种和播种、耕地和饲养小牛。但真正吸引他的只有在少年机械师小组中的工作。他目不转睛地看着他的同龄人，其他五年级学生学习驾驶微型汽车。但为了获得学习开车的资格，就必须先学习内燃机。尤尔科就去一个由十年级学生领导的少年机械师小组听课。这个男孩很有兴趣地研究起了发动机，学习如何发动它，拆卸和装配各个部件。研究了发动机后尤尔科就学习驾驶小型汽车。

而在这时小组中又出现了一件新的有趣的事情：在劳动教师和高年级学生的指导下少年们在装配一辆新汽车。尤尔科也迷上了这项新工作。在这项工作中有许多单调的、没有任何趣味的工序：必须磨光金属薄板，清除掉车架的铁锈。但一个有趣的设想支配了所有这一切，这个设想使这项工作体现出高尚的思想。有趣的创造与手的工作联系在一起。思想与手的联系越紧密，劳动就越深入地进入精神生活中，成为喜爱的劳动。劳动中的创造是发展少年智力的最有力的一种刺激因素。制造一辆漂亮的、舒适的、好驾驶的汽车的设想，越强烈地打动尤尔科，他对书本和阅读的兴趣就越大。六年级时尤尔科就已经有了一批技术书籍，他的藏书还在不断地增加。在这个男孩的精神生活中阅读占据了重要地位，但他的阅读不是死记硬背式的。这是一种被对创造性劳动的兴趣所激发的阅读，希望在手的工作中取得成绩的愿望推动了他的阅读。阅读对培养理智、开阔视野（这一点尤其重要），对在教学过程中形成智力劳动的风格和特点，发挥了巨大的作用。这样的阅读能培养对读过的东西的本质进行深入理解和思考的能力。也应该以这样的态度阅读教科书。热爱创造性劳动的人永远也不会去死记硬背。当劳动中没有精神生活时就会出现死记硬背，死记硬背会耗尽智力，使心灵空虚。

每一个兴趣小组都是创造性劳动和生气勃勃的智力生活的中心。我们努力使每个少年都成为劳动者、思想家和探索者，使对世界和对自己的认识是在有趣的、令人振奋的创造中进行的。少年期的自我肯定和自我教育就在于对真理的认识和发现，是与个人的创造力融合在一起的：人感觉到由于有了思想和求知欲，大自然就袒露了自己的秘密。

兴趣小组中的工作具有研究的性质。当我的学生进入少年期时，学校里已经有了几个少年育种小组和土壤学家小组。男女孩子们选好了播种用的种子，收集和保存农家肥，在农田上施肥，耕地。男女孩子们感到自己正在从事研究工作，如果他们没有受到这种思想的鼓舞，那么，在这样的兴趣小组中的工作会变成单调乏味的、令人厌倦的劳务。要点燃求知欲的火花，就必须让年轻的心灵产生从事研究工作的思想。班主任、生物教师和集体农庄的农艺师一起对年轻的研究者们讲解，怎样培育出比普通的麦粒大一倍的麦粒。希望种出颗粒饱满的、沉甸甸的麦穗的想法鼓舞了男女孩子们。在麦收之前我与小组成员一起到麦地里去，寻找颗粒最饱满的麦穗去种在教学实验区中的小畦上进行试验；在地里施了肥，精心地耕耘这几块小畦。每一块小畦都成了小小的研究实验室。孩子们用锹在地里工作，然后跑到土壤学材料陈列角去阅读文献资料，研究能提高土壤肥力的微生物的生活。观察小麦的生长和成熟，收割小麦，仔细地过秤，确定单颗麦粒的重量，所有这一切都是非常细致的和有趣的工作。柳达、萨什科、万尼亚、莉达、彼得里克、尼娜，对他们开出来的20块小畦的土壤进行了几年的研究。这是真正的研究：这些小畦上的土壤是用各种能促进微生物蓬勃生长的物质混合而成的，这些微生物能提高土壤中氮和磷的含量。第二年少年研究者就培育出了颗粒饱满的麦穗，其颗粒比丰收年的麦粒的平均重量重70%。第三年有几块小畦上的麦粒就比平均重量提高了一倍。于是孩子们又有了一个新的目标：培育出蛋白质含量丰富得多的麦粒。对这个课题的研究成了一项创造性的工作，不仅在少年时期，而且在青年早期，这都是一项起着鼓舞作用的工作。

在我的学生升入五年级之前学校里出现了少年农业技术设计家小组。我和劳动课教师 A. A. 沃罗希洛一起，吸引少年去设计和制造耕地、播种、收割和脱粒用的机械和机器。电越来越多地用于生产和日常生活，我们向自己提出了一个目标：把电用到各种农业劳动过程中。

在这个小组中，少年们常常被一些设计思想所振奋：如何利用电流的力量来代替手的工作？如何使电动机适用于能耕地、收割、脱粒用的机械？少年设计师们制作了一台小收割机，在教学实验园地的小畦上收割谷物。以后又产生了制造小脱粒机的愿望。尤尔科、托利亚、尼娜、舒尔科、谢廖扎、济娜、费佳、沃洛佳为这台机械整整忙碌了一年。他们根据劳动课教师绘制的图纸去切、锯、车、磨。工作越接近完成，少年们的情绪越高涨，对自己所制作的东西就越珍爱，对评价他们的工作质量的意见越放在心上。

这样的智力生活才是真正丰富的，这是体力劳动与思想的结合。体力劳动、紧张，任何时候都不是最终目的，而仅仅是实现思想的手段。思想才是基本的。但手不是消极的执行者。手能增长才智。与少年设计师们（他们的双手似乎在对假设和猜测进行检验）的劳动合作，帮助我们，教师，理解对手的训练的细致性和巨大的教育作用。在双手对假设和猜测所进行的检验的影响下，思想变得更活跃，而新发现被体验成个人的价值。

我认为学习与劳动的结合，就是使少年工作的时候在思考，思考的时候在工作。每个少年都要经历几年的这种创造性劳动的训练。有一个问题一直萦绕在我的脑际：这种训练如何反映在智力发展上？生活给了我们有益的回答：通过思想与体力劳动的结合，手的细致的动作能使思想变得同样的细腻，少年就能成长为智慧的思想家、研究者和真理的发现者，而不是现成知识的享用者。我观察了少年设计师、育种家、电工技师和无线电技师是怎样对待理论知识的。他们首先竭力去理解的是每一个真理中的各种事实、事物、对象、现象、相互关系的现实本质。他们似乎在仔细研究判断，深入地思考它的各个部分之间的逻辑联系。

兴趣小组中的创造性工作教会了各个少年去思考。随着时间的流逝在彼得里克的思维中越来越鲜明地显现出一个宝贵的特点：这个男孩努力地在自己的知识中寻找能与新知识联系起来的东西，用已经理解了的并成为过去的思想和记忆的成果的东西去证明新知识的真理性。

经历过长期的创造性劳动训练的人，能自觉地不去死记尚不理解的东西。在代数、几何、物理课上，尼娜和彼得里克在抄下了一个新公式后，感到有必要去想一想这个公式，深入地思考一下这个公式概括了些什么东西。对他们来说，这种必要性完全就像是要用自己的手和手指去摸一摸机械的零部件一样。

男女孩子们在培育饱满的麦粒时研究了植物的生命活动与许多条件的依存关系。这样的条件有：土壤的微生物区系、土壤深层水分保持、播种前对土地的耕耘、种子的发芽能力，等等。劳动就是对这些因素之间的依存关系进行多方面的综合研究和概括，研究和思考它们在时间和空间上的相互关系。生活让我们相信，如果劳动能与思考重要的相互依存关系和因果关系结合起来（例如，在小麦的整个成长期内研究微量元素对禾本科植物的生长和成熟的影响），如果同一个思想深深地印在孩子们的头脑中，使他们激动，那么在这个少年的身上正在培养起一种很宝贵的体验思想的能力。智力情感的第一个源泉就是劳动与智力的结合。

我的有些学生思维比较迟缓，对理解数学、物理、化学、历史的概括性的真理和规律性很吃力，在他们的身上常常会出现这样一个时期，似乎他们内在的精神力量和刺激因素马上就要枯竭了，对知识茫然无知，头脑不再思考。这种情况也不可避免地出现在彼得里克、尼娜和斯拉瓦身上。如果不通过劳动去使精神变得崇高，如果体验不到手的工作与思想的结合所产生的思想，那么这种内在的智力疲劳也会攫住有才能的学生。每当我发现这种内在空虚的威胁时，我就竭力把孩子们拉去从事能使他们感到是在进行研究和发现真理的工作。

当我的学生上五年级时，学校里成立了无线电技术、电子学、生物化学、土壤学小组。在这些小组中，操作显微镜、复杂的仪器的细致的工作，与日常的、单调的体力工作交替进行，这些体力工作的主要工具是凿子、锤子、钳子、铁锨、耙子、水桶、大叉。手和脑的和谐结合的“秘密”之一就在于这种交替之中：紧张的体力劳动不被体验成最终的目的，而体验为达到目的的手段。这是对工作的一种刺激因素。

在学校中为无线电技术、电子学、生物化学、土壤学、杂种交配小组安排了进行创造性劳动的场所。男女孩子们全神贯注地研究复杂的电路图或仪器，除了自己感兴趣的工作之外忘掉了世界上的一切。如果他们没有过这样的经历，那么就不可能设想少年时期的教育是完善的。在这些兴趣小组中，少年成了思想家和研究者，出自内心地赞叹和崇拜伟大的科学思想和学者们的丰功伟绩。在那里迸发出对未来的理想的火花。创造性思想具有了特殊的性质和风格：在许多场合下不可能直接看到和观察到的现象成了思考的对象。思索并控制这些现象，这是学校中劳动与智力统一的最高阶段。在我的班级里没有一个学生没被一项有趣的工作所吸引。他们的兴趣爱好五花八门，似乎彼此之间相差十万八千里。有的孩子喜爱文学，在语言世界中有着丰富的精神生活，突然迷上了抗生素。少年机械师爱上了无线电技术和电子学。在许多男孩和女孩的精神生活中很长时间以来都有两种甚至三种爱好。

当我的学生升到六、七年级时，学校里开辟了一个“复杂工作工作室”。男孩子们在门上写了马克思的话：“但是在科学的入口处，正像在地狱的入口处一样，必须提出这样的要求：‘这里必须根绝一切犹豫；这里任何怯懦都无济于事。’”① 在这间工作室中陈列出所有最难的课题，少年只有通过紧张的智力劳动才可能解决它们。这些课题包括：要求根据无线电技术和电子学的电路图制造仪器和模型；物理、化学、数学方面的难题；生物化学和土壤学方面的研究课题。男女孩子们跨过这间工作室的门槛，就好像进入了科学殿堂的前厅。在这里性格得到了考验，意志得到了锻炼；在这里少年通过自己的经验认识了什么是自我教育。

【问题与思考】

1. 现在许多学校都有所谓的劳动教育，你觉得与苏霍姆林斯基所说的劳动教育的本质区别是什么？

2. 低年级与高年级，小学与中学，在劳动教育上应该有怎样的差别？请举例说明。

---

① 马克思：《政治经济学批判》，人民出版社，1976 年，7 页。

解 读

智力生活涉及的内容非常丰富，但苏霍姆林斯基抓住了其中的若干关键，并转化为一系列精彩的观念：

从教学内容的角度，他提出了“两套大纲”的思想，强调了第一套大纲（学科关键知识）的清晰，以及第二套大纲（掌握关键知识所必需的智力背景）的丰富；

从基本技能（也属于教学内容）的角度，他提出了“自动化读写”或者说“读写自动化”的概念，深刻地指出它是一切技能中最核心的技能，是掌握其他知识与技能的基础，而自动化读写能力的落后，也是学困生形成的主要原因；

在对脑力劳动过程进行长期的研究后，苏霍姆林斯基提出了“交集点”这一概念，厘清了现象（问题）与本质（知识）之间的关系，指明了教材处理的关键，揭示了脑力劳动的“问题解决”性质，强调了教学中的“智力挑战”；

针对特别是低年级学生，苏霍姆林斯基提出了“思维课”这一概念，主张让孩子到大自然中去，从丰富的现象中去发现因果联系，去发展活生生的思维；同时，又对直观性教学或教学中的直观性进行了辨析，指出了正确的直观性是发展而不是妨碍思维；与此类似，他对劳动与活动中的思维因素也进行了精辟的阐发，有助于纠正至今尚存的对劳动或活动的片面认识；

在识记方面，苏霍姆林斯基对记忆力问题进行了长期的研究，坚决反对死记硬背并形容为智力上的肥大症，主张随意识记与不随意识记相结合；

……

这些精彩的观念之间也存在着错综复杂的关系，它们交织在一起，构成了丰富而深邃的智力生活。

一、两套教学大纲

苏霍姆林斯基有过这样的一段论述：

> 教师感到时间不够用，首先是因为儿童学习有困难。我多年间都在思考，怎样才能减轻儿童的劳动。把实际技能作为掌握知识的基础，这还只是这个问题的开端。知识的识记和把知识保持在记忆里——是这个问题的继续。我建议每一位教师：请你分析一下知识的内容，把其中那些要求学生牢牢记住和长远保持在记忆里的知识明确地划分出来。教学大纲里有一些“关键”的知识，学生思维和智力的发展，运用知识的能力，就取决于这些“关键”知识是否牢固。因此教师正确地确定这些知识的能力就十分重要。这里所说的“关键”，就是指反映本门学科特点的、重要的结论和概括、公式、规则、定理和规律性。在有经验的教师那里，学生都备有专门的本子，用来抄录那些必须熟记和牢固地保持在记忆里的材料。
>
> 必须识记的材料越复杂，必须保持在记忆里的概括、结论、规则越多，学习过程的“智力背景”就应当越广阔。换句话说，学生要能牢固地识记公式、规则、结论及其他概括，他就必须阅读和思考过许多并不需要识记的材料。阅读应当跟学习紧密地联系起来。如果通过阅读能深入思考各种事实、现象和事物，它们又是应当保持在记忆里的那些概括的基础，那么这种阅读就有助于识记。这种阅读就可以称之为给学习和识记创造必要的智力背景的阅读。学生从对材料本身的兴趣出发，从求知、思考和理解的愿望出发而阅读的东西越多，他再去识记那些必须记熟和保持在记忆里的材料就越容易。考虑到这一条非常重要的规律性，我在自己的实际工作中始终把握住两套教学大纲：第一套大纲是指学生必须熟记和保持在记忆里的材料；第二套大纲是指课外阅读和其他资料来源。

在这段话中，苏霍姆林斯基明确地提出了“两套大纲”的思想。什么是第一套大纲？什么是第二套大纲？它们之间存在着怎样的关系？又对今天的教学有哪些启发呢？

（一）什么是第一套大纲

所谓第一套大纲，是指“学生必须熟记和保持在记忆里的材料”，那么，这些材料究竟是指什么呢？除上面引文中的论述外，苏霍姆林斯基多次提到作为第一套大纲的关键知识：

我在二十年前曾提出一个目标，即规定学生在第几学年、第几学季，应当达到什么样的教养水平，应当掌握哪些最重要的技能和技巧以及规则、结论、公式和定律，并且要达到不会忘记的程度。我分析了中等教育所包含的全套知识、技能和技巧，好像看到了教养、智力和信念所赖以发展和产生的基础。这个基础就是一些具体的技能和技巧，如果没有它们，那么教学工作就很难进行下去了。这些技能和技巧包括这样一些方面：观察、思考、表达、阅读和书写，等等。（见文选《谈谈怎样指导学生的脑力劳动》）

在低年级时孩子们掌握了最基本的书写知识（永远牢记单词的正确写法），掌握了算术的概括、规则和公式。在少年期仍然目的明确地进行着这项工作。如果不牢固地记住最基本的科学原理，也就谈不上自学。

在准备五至七年级的课业时，我们每个教师都要明确，哪些内容是应该永远牢记的，哪些内容只需理解，不必背熟。我们为学习乌克兰语、俄语、法语的最基本的书写知识制订了三年计划。我们认为，少年的思维应该为进行创造性的智力工作做好准备，这样的智力工作要求对事实和现象进行思索和研究。多年的经验使我确信，思维的惰性导致了学生智力劳动中的谬误——经常不断地死记硬背。只知道背书的人，可能记住了很多东西，但如果让他从记忆中找出最基本的原理，他的头脑中却是一片混乱，这个人在基础的智力作业面前一筹莫展。他不会为识记选择最必需的东西，他也就不会思考。

例如，一个少年在写作文时，他要考虑怎样写每个单词，而在解答数学题时，他要思考乘法公式，那么，一般说来这个人是什么也想不出来的。有些东西学生是不应该去思索的，在智力工作中对它们应能运用自如。一个有经验的钳工拿起自己的工具时不必仔细打量它，因为他熟悉自己的工具的每个特征。同样的道理，一个学生为准备自己的智力工作从自己记忆的库房中取出最基本的知识时，也不需要思维高度紧张和集中。（见文选

《记忆、思维和学习技能》）

小学必须给学生以固定范围的知识。在这个问题上有任何不明确和不肯定的地方，都会不仅削弱了小学，而且削弱以后的几个教学阶段。如果不明确地规定出儿童应当掌握的知识、技能和实际技巧的范围，就办不好学校。许多学校的初级教学阶段的严重缺点之一，就是教师往往忽略了这样一点：在第一学年、第二学年……各学年里，究竟儿童应当深刻理解和牢牢记住哪些规则和定义，究竟儿童应当学会正确地书写哪些词和永远牢记它们的正写法。有些教师竭力做到，最大限度地减轻儿童的脑力劳动，他们忽略了这样一点，就是不仅要使儿童认识一些东西，从事一些有趣的活动，而且要使他把一些东西深刻地记住和永远保持在记忆里。现在关于小学生的一般发展问题讨论得很多。当然，一般发展是学习和教育的一个极其重要的因素，但是起着同样重要作用的还有那些基本知识，如果不识记和牢固地保持这些基本知识，那就不可能有一般发展，因为所谓一般发展，就是要不断地去掌握知识，而要做到这一点，则必须学会学习。（第68条）

显然，第一套大纲，是指明确化了的真正的教学内容，又称关键知识，它既包括狭义的知识（字词、语法、公式、定律、规律、结论……），也包括了更广义的知识，即技能与技巧（观察、思考、表达、阅读、书写……）。

对于教师而言，要明确好几年、最近一年、本学期、某个单元、一节课的关键知识，并训练学生扎实地掌握，这是学生掌握更多知识或形成更高能力的基础。

对于学校教研而言，要将研究确立第一套大纲放在核心位置。

第一套大纲不清晰，是教学“少慢差费”的重要原因。它一方面可能导致学生基础知识掌握不扎实，并为更高水平的学习留下越来越多的隐患，另一方面又因为随意增加了并非关键知识的内容的识记，而可能导致学生负担加重，是厌学的重要因素。

需要说明的是，第一套大纲并非教材，而是隐含在教材中的关键知识构成了学习教材的主要目标。例如，苏教版小学语文教材四年级下册课文《燕子》的第一套大纲，可以这样描述：

1. 掌握嫩、聚、掠、稻、翼、沾、晕、杆、痕这9个生字的音形义。

2. 掌握课后练习三中的词语：俊俏、活泼、机灵、荡漾、烂漫、掠过、偶尔、圆晕、映衬、鲜艳。读正确，理解其义，能初步使用。

3. 学习通过朗读和分析语言文字，重现画面。

4. 运用词语替换、删除及比较法，通过对练习4的重点教学，学习揣摩、领略语言的优美与精确。

二三月间，微风轻轻地吹拂着，毛毛细雨从天上洒落下来。千万条柔柳展开了鹅黄色的嫩叶。青的草，绿的芽，各色鲜艳的花，都像赶集似的聚拢来，形成了烂漫无比的春天。小燕子从南方赶来，为春光增添了许多生趣。

显然，《燕子》的第一套大纲，并非课文，而是上述明确而具体的知识与技能。教师如何明确第一套大纲，即明确所教内容，而不是稀里糊涂教书，这是提高教学效率的前提，也是核心。

而通常，要确定第一套大纲，至少要参照如下因素：

1. 国家颁布的课程标准。课程标准相当于教学时所必须遵循的“宪法”，但“宪法”落实到具体场景中，必须具体化，它本身首先是方向性，指导性的，而不是操作性，细节性的。

2. 教材。教材是课程标准的体现方式，但教材本身包含了丰富的现象，是将课程标准隐性化，不是第一套大纲本身，但却是教授第一套大纲的最重要的材料和依据。

3. 考试大纲。考试大纲意味着检测方向，而检测方向本身则表明了上级部门对教学内容的要求，所以也是参照的重要依据。有些年级没有考试大纲，那么，具备一定的延续性的期末试卷，也应该成为确定第一套大纲的依据。

4. 学生现有认知和情感发展水平。学习内容必须同时基于学生原有水平，这是显而易见的，老师可以根据学生现有水平，确定第一套大纲的范围、方向和难度。尤其是，往往要在可能的情况下，对学生提出更高标准。毕竟，国家颁布的课程标准只是底线。

此外，文化因素、地域因素、学校文化及资源、教师个人资源、突发事件等，都可能在一定程度上影响到第一套大纲。

不少优秀教师对第一套大纲做过有益的探索，其中较为著名的如魏书生老师的“语文知识树”。但今天看来，仅仅将第一套大纲定位于这类固定知识，而忽略了更为丰富的维度，还是有所不足的。

我们认为，一个优秀的老师，应该拥有编制适合于自己班级的个性化的“学科学习标准”。

（二）什么是第二套大纲

但苏霍姆林斯基在两套大纲理论上的主要贡献，却不是第一套大纲，而恰恰是第二套大纲。

所谓第二套大纲，是指为更好地掌握第一套大纲而准备的智力背景。在苏霍姆林斯基看来，主要包括相对固定的“课外阅读和其他资料来源”。第二套大纲，是学生理解和掌握第一套大纲的基础，而许多遭遇学习困难的学生，往往就是因为缺乏这个基础而导致不能很好地掌握第一套大纲。

换言之，第二套大纲就是那些第一套大纲中的核心知识所关联的事物——自然现象，有待用核心知识分析的文学作品，对事物的浪漫式的理解（作为精确理解的基础）……从过程论的角度，它们是同一个知识主题的浪漫认识（第二套大纲）和精确认识（第一套大纲）；从知识论的角度，它们一是现象或素材（第二套大纲），一是从中提取的知识，或用以解释现象的知识（第一套大纲）。

关于第二套大纲，苏霍姆林斯基说：

在学龄中期和学龄后期，阅读科普读物和科学著作，跟在学龄初期进行观察一样，起着同样重要的作用。对一个善于观察的学生来说，也比较容易培养起对科学书籍的感受性。不经常阅读科学书籍和科普读物，就谈不上对知识的兴趣。如果学生一步也不越出教科书的框框，那就无从说起他对知识有稳定的兴趣。

科学以前所未有的速度发展着，而我们又不可能不断地把日新月异的新的概念和规律性补充到中学教学大纲里去。因此，在现代的学校里，阅读科学书刊就成为教学过程的最重要的组成部分之一。

你要学会激发学生对阅读科学书刊的兴趣。要做到这一点，你在讲解大纲规定的新教材时，就应当用大纲以外的知识的火花来照亮某些问题，有经验的生物、物理、化学、数学教师，在讲课的时候，好像只是微微打开一个通往一望无际的科学世界的窗口，而把某些东西有意地留下来不讲。学生看见了越出必修的大纲教材的可能性，到浩瀚的知识海洋中去游泳的前景激励着他，——青少年一心想要读那些书，这也就是激发阅读的兴趣。

在学校图书馆或者个人藏书里，教师应当有一批书籍，用来扩充学生在大纲教材方面的知识。已经出版和正在出版的这类图书很多。特别重要的一点，是让学生阅读现代前沿科学问题方面的科学著作和科普读物。阅读这些书籍，也能使学生对学校所学的基础知识理解得更清楚。

教学大纲里有一些最难的章节，理解了这些章节才能学懂其他章节。让学生就这些章节阅读一些扩充知识的书籍，具有极其重要的意义。有经验的教师总是设法在学习这些章节之前、之后或者同时，让学生阅读一些科普书刊。学生还没有学过量子理论的基本概念，还有许多不懂的东西，可是已经在读有关这一问题的书，这一点倒是没有任何可怕的。学生头脑中产生的疑问越多，他对课堂上和学习新教材过程中所讲的知识的兴趣就越高。在课堂上讲解新教材以前就让学生积累问题——这倒是教学论上很值得研究的一个课题。（第 18 条）

关于第二套大纲，最常见的误解，就是将它等同于“课外阅读”（如同将第一套大纲等同于“教材”一样）。

要留意苏霍姆林斯基的这段话：

如果通过阅读能深入思考各种事实、现象和事物，它们又是应当保持在记忆里的那些概括的基础，那么这种阅读就有助于识记。这种阅读就可以称之为给学习和识记创造必要的智力背景的阅读。

广义地讲，一切阅读，乃至于一切生活经验，都是智力发展的背景。但这显然不是苏霍姆林斯基的意思，他通过“第二套大纲”这一概念要着重强调的，是与第一套大纲最紧密联系着的“课外阅读和其他资料来源”。

在这段话中，关键知识，即这里所说的“那些概括”，也就是前面所说的“公式、规则、结论及其他概括”，是对“各种事实、现象和事物”进行理解、分析、把握后获得的。学习，并非死记硬背这些“公式、规则、结论及其他概括”，而是通过对“各种事实、现象和事物”进行理解、分析、把握来深刻理解和把握关键知识的。但是，为了促进“深入思考各种事实、现象和事物”以获得或深刻理解关键知识（“那些概括”），就常常需要进行阅读。显然，这里的阅读就不是散漫的阅读了，而是针对性比较强的阅读。只有这种阅读，才能构成理解关键知识的智力背景。很显然，这种阅读越多，那么理解和记忆关键知识就越容易。

例如，一个语文老师，要理解“无我之境”这一诗学概念或曰“关键知识”，就必须阅读相当数量的能体现“无我之境”的诗歌，足够数量的这类诗歌，能够让“无我之境”这一概念在教师心中留下鲜明的活生生的印象。倘若不读这类诗歌或读的数量严重不足，那么对“无我之境”的理解必然是机械的、僵硬的、概念化的。当然，如果同时再读一些介绍佛禅的书籍，对“无我之境”的理解就更深入了。在这里，对这个语文老师而言，如果说“无我之境”这个概念属于他必须掌握的专业修养的第一套大纲的话，那么与之相对应的第二套大纲，就主要是这些具有“无我之境”特征的诗歌，以及关于佛禅的基本知识。显然，读另外的作品，就很难起到使“无我之境”这一知识被生动地掌握的作用。

我们不妨概括一下苏霍姆林斯基所说的第二套大纲，与现在流行意义上所说的课外阅读之间的差别：

（1）流行意义上的“课外阅读”，通常是指丰富儿童精神生活的阅读，而且侧重于文学、文化阅读，例如文学作品、名人传记、历史地理、报纸杂志、流行读物，等等。

（2）“课外阅读”往往是无目的的，更强调的是开阔视野，丰富精神生活；“第二套大纲”有明显的目的，即服务于“第一套大纲”，为学科学习构筑智力背景，因此，它也是“教学大纲”。

（3）“课外阅读”仅指阅读，而“第二套大纲”，则不仅仅包括阅读（当然，阅读是其中最主要的部分），还包括其他一切为“第一套教学大纲”构筑智力背景的内容，例如在低年级特别强调的观察，以及一些实验等。

（4）因为“课外阅读”在多数情况下是无目的的，因此它有可能会与学科教学发生冲突，并在处理不当时导致学习效率的下降；（一般而言，“课外阅读”会促进学科学习尤其是文科学习，但纵然如此，效率并不高）而“第二套大纲”，则因为是服务于“第一套大纲”，因此本质上是不冲突的，会提高而不是降低学科学习成绩。

（5）“课外阅读”对教师指导性的要求不高，通常只要教师做方向性的引导即可，或提供一定数量的参考书目。而“第二套大纲”则对教师指导性要求极高，或者说对教师专业发展的要求极高，要求教师对“第一套大纲”有比较深刻的理解，并具有相当宽广的专业视野，才能够比较好地有针对性地设计“第二套大纲”；并且，这种设计，也往往不是一次性完成的，而是随着专业发展逐渐形成，并不断更新调整的。

当然，两类阅读无法截然分开，作为“教学大纲”组成部分的阅读，必定能够丰富学生的精神生活，作为精神生活重要组成部分的阅读，又必定是“教学大纲”更为广阔的智力背景。两种阅读虽有千丝万缕的联系，但确实承担着不同的功能。因此，前者强调针对性以及高度相关性，后者则强调丰富性以及经典性。

容易产生的错误是，本应该补前一种阅读，但教师却只强调后一种阅读，结果使教学效果不能得到及时迅速的改观。一些人认为阅读无法在短期内改进学生的学习质量，即是两类阅读混淆导致的结果。由此也可以想见，制定合宜的第二套大纲，对教师的专业化水平有着较高的要求。

第一套大纲与第二套大纲，从根本上说是焦点与背景的关系。

也就是说，要理解学习一个“关键知识”（焦点），需要大量相关的现象、素材、理解（背景）做支撑。在这一具体的学习行为中，这一“关键知识”，是教学的焦点，是第一套大纲；而相关的现象、素材、理解，则是这一“关键知识”的背景，是第二套大纲。离开了具体的学习情境，是无所谓两套大纲的。

另外，大家会发现，第二套大纲思想对物理、化学、生物等学科（苏霍姆林斯基在举例时，也以这些学科例子为最多）启发最大，为什么？

因为要理解科学上的抽象概念，最需要补充大量相关的现象以激发学生的兴趣与思考，包括相应的实验、种植以及观察（思维课），等等。没有这些补充，学生学习科学将有可能遭遇很大困难，这些补充，是最为有效的“第二套大纲”。

而对数学学科而言，第二套大纲的思想启发最小。这主要是因为数学学科本身就是高度抽象的，是思维的抽象演绎。但并不是说数学学科不存在两套大纲，因为许多数学公式，本身就是从大量的数学现象中归纳而成的，学生尤其在初次接触新知识（例如公式、定律）时，如果从数学现象出发，经历一个创造数学的过程，那么理解无疑会更深刻。

作为学科教师，要清楚，两套大纲既然是“大纲”，就意味着是相对固定的（虽然两套大纲永远都会处于调整之中，但稳定性是显而易见的），所以确立明确的两套大纲，是教育教学的重要任务。

（三）两套大纲与学困生问题

两套大纲思想，对学困生的教育，有着深远的意义。

苏霍姆林斯基有着长期的研究学困生的经验，他说：

这里指的是那些很艰难、很缓慢地感知、理解和识记所学的教材的学生：一样东西还没弄懂，另一样东西就该到要学了；刚刚学会这一样，另一样就已经忘记了。有些教师相信，要减轻这些学生的学习，只有把他们的脑力劳动的范围压缩到最低限度（有时候，教师对学习有困难的学生说：你只要读教科书就行了，不要去读其他什么东西，以免分心）。这种意见是完全错误的。学生学习越感到困难，他在脑力劳动中遇到的困难越多，他就越需要多阅读：正像敏感度差的照相底片需要较长时间的曝光一样，学习成绩差的学生的头脑也需要科学知识之光给以更鲜明、更长久的照耀。不要靠补课，也不要靠没完没了的“拉一把”，而要靠阅读、阅读、再阅读——正是这一点在“学习困难的”学生的脑力劳动中起着决定性的作用。有一位姓特卡琴柯的优秀数学教师，他教的中学生就没有不及格的。这位教师的创造性劳动的一个最突出的特点，就是他善于合理地组织这里所说的这种阅读，通过阅读来发展学生的智力才能。特卡琴柯从五年级教到十年级，他教的每一个年级都有一个绝妙的小图书馆，里面有不止100种书籍，这些书都是以鲜明的、引人入胜的形式来讲述他觉得是世界上最有趣的一门科学——数学的。如果没有这些图书，那么他的某些学生是永远也不会达到及格的。例如，在教方程以前，学生们就读了几十页关于方程的书，这种书首先是些引人入胜的故事，讲的是方程怎样作为“动脑筋习题”在民间的智慧中形成的。问题不仅在于阅读能挽救某些学生免于考试不及格，而且在于借助阅读发展了学生的智力。“学习困难的”学生读书越多，他的思考就越清晰，他的智慧力量就越活跃。

经过周密考虑，有预见地、有组织地让学习较差的学生阅读一些科普读物，这是教师要关心的一件大事。实质上，在学校生活实践中称之为“对后进生个别施教”的工作，其要点正在于此。（第19条）

这里讲得很明白，许多认知类型的学困生，之所以产生学习困难，乃是因为缺乏足够的智力背景。老师要求他掌握的第一套大纲对他来说是非常抽象的，是以死记硬背的方式储存在大脑中的，没有被理解消化，他的智力处于沉睡状态，因此越学越难，越补越差，直到最后丧失信心。

也就是说，这些学困生的大脑并不是笨，而是缺乏丰富而持久的刺激，而第二套大纲的本质就是提供这种有益的刺激，使大脑进入兴奋状态，能够活跃地进行思维。换言之，第二套大纲的本质就是兴奋，第二套大纲的质量，取决于这种兴奋的强度与长度。

例如，低段儿童（包括学前儿童）所遭遇的困难，往往源于经验的匮乏，对词语缺乏鲜明的形象，无法在阅读时在大脑中构筑起活生生的画面。也就是说，缺乏了掌握词语所需要的第二套大纲（大量的观察，故事等）。毕竟，一切词语，都是对现象及关系的抽象，或抽象之抽象。例如“狗”，就是对各种各样形态各异的狗的抽象（命名）。学生理解“狗”这个概念，往往需要现象（生活中的狗，或狗的图片，或基于原有经验的描述）做支撑。没有这种现象（第二套大纲）做支撑，只是重复记忆和书写“狗”，这种方式持续下去，会导致儿童阅读困难，因为他在阅读时遇到“狗”无法在头脑中形成画面（形成画面的过程，即是理解“狗”这个词语的过程）。

例一：一位老师在教《不是笨鸟也先飞》时，一个学困生总将“就在树间练飞翔”读成“就在树枝练飞翔”，这是为什么呢？

因为她不理解“树间”是什么意思，所以总偷换成“树枝”。老师画图解释（补充现象）后，她就没有再读错。

例二：一位老师在晨诵《小树儿》时，一个学生将“十棵小树儿，排成一排儿”读成“十棵小树儿，排成一队儿”。老师纠正了之后，她在下面又读错了，其实她在下面每一次都读错。这又是为什么呢？

这说明，她遇到了问题：我们通常都说“排队”，她无法理解“排成一排”。老师这时就要简单解释了。

例三：一年级在学习《月亮的心愿》，开始朗读时，有些学生将“明天你还要去郊游呢”中的“郊游”读成“旅游”，说明学生在没掌握“郊游”时，是根据上下文语意来判断并赋予读音的。果然，后来老师让学生解释解释“郊游”时，几个小孩分别解释为交朋友、交费、浇水。遇到这种情况，只要老师正确地解释了，再读就不存在问题了。

许多偏远农村的孩子，由爷爷奶奶抚养的孩子，留守家庭的孩子，单亲家庭的孩子，往往容易出现上述问题。遇到这种问题，教师就需要大量地补充儿歌、绘本、故事等，要求家长辅助（或老师单独辅导）反复阅读并自然而然地背诵积累一部分；上课时尽可能地利用PPT、实物等，在抽象的词语和词语所表示的事物、动作之间建立起联系；大量地增加“思维课”，带学生到大自然中去。

而到了高段以及中学，认知类型的学困生，则往往更需要补充相应的背景性阅读。一个热爱读科普书籍的孩子，是不可能学不好科学（物理、化学、生物……）的。学困生往往因为知识过于抽象而产生厌学情绪，又因为厌学而进一步加剧了大脑的沉睡状态，这时候需要的，确实不是没完没了的补课，而是通过第二套大纲给予他们的大脑以丰富的刺激。

（四）以课程思想超越两套大纲①

许多教师的日常教学，本质上是在教教材。

两套大纲的思想，是对教材的超越。这种超越，在知识中心时代有着非常积极的意义，但现在看来，毕竟只是对以往那套机械教学系统的弥补。尤其是在新课程背景下，两套大纲的知识中心主义倾向特别明显。它先假定了知识是可以被分解开来，前后排列成顺序的，再假定每一种知识都有明晰的相对应的现象（或素材），又假定学生在遭遇那些现象与素材时，会自然地产生困惑以及好奇。

显然，除了自然科学等少数学科可以这样既有着丰富的现象，知识又相对系统与层进之外，大多数学科或者系统性极不明显（如语文），或者知识相对应的不是普遍的生活现象（如数学），因此纵然能够编制出第一套教学大纲，也往往极难编制出理想的第二套大纲。

这些困难，也许就是苏霍姆林斯基的第二套大纲不能在国内很好得以借鉴推广的原因。

而今天我们的课程思想，其实已经能够超越这些困难，让学科教学达到一个更高的境界。

和两套教学大纲把知识理解为静态的外在信息谱系所不同，在新的课程思想中，知识既应该视为是一个动词，意味着学生去探索、穿越、把握的过程，又应该视为是一个不断自我更新完善的经验结构，它意味着自身就是用原有的经验结构不断地去探索世界、发现问题、解决问题。

所以在课程中，穿越、旅程、编织、汇聚、对话、不断地重新建构、自组织，这些带有人类运动性质的词语，将不仅仅成为隐喻，而且将是教学的事实。

在课程思想中，那套人为梳理的知识谱系，将具有重要的参考价值（尤其是在理科中，它甚至确实就可以是穿越的蓝图），但是现在关注的重点转向了师生共同穿越的事实——不是聚焦于学生或老师，而是那具体的

---

① “以课程思想超越两套大纲”部分，是从干国祥老师《用两套教学大纲超越教材，用课程思想超越两套大纲》一文中节选的，略有删改，致谢。

旅程。在这样的旅程中，教师、学生，或知识，谁都不能宣布自己是唯一中心，因为只要确定任何一个事物为中心而忽视其余，就会导致它自身的贫乏。

在课程思想中，关键知识和具体教学总是不能等值的：教学总是比任何一个具体的知识要大得多。但这恰恰不是浪费，而是一种整合：把两套大纲整合在一起，把知识的背景和焦点整合在一起，把现象、问题和知识（作为问题的解决或现象的本质）整合在一起……具体的自然现象或生活现象，学生的困惑，或古老的词语与仪式，探索与穿越的过程，新知识的豁亮，经验的更新，深刻的生命体验……这一切成为环环相扣的一个整体，一个生命经验的整体，在这里，你几乎分辨不出谁是中心，哪个是大纲，哪些是可以抛弃的材料。

在一个全班学生排演莎士比亚戏剧的过程中，学生们学习的是什么知识？在这里什么是背景？什么是知识？

在一个全班学生穿越的“农历的天空下”的古诗词课程中，学生们只是背诵了一些古诗吗？在这里究竟什么是所谓的学习重点？在这里究竟什么是所谓的主体？是那些伟大的诗歌还是学生？

我们将会发现任何一种回答都将是浅薄的。而拒不承认其复杂性，硬要从中抽取其中一点作为论述的重点，宣布其余因素为配角的做法，固然迎合了理论者的理论需要，以及一些听众的心理安全需要，但事实上这都是无关痛痒的谬论，更是扼杀课程生命力的粗暴行为。

在这种课程中，第一套教学大纲仍然存在着，但不再是法定的指令，而仅仅是行动参考的依据，或者说是一张我们在旅游结束后，最终仍然必须检查一下，看一看是否已经收购完备的购物清单。但是居于我们关注核心的，是儿童在课程（穿越过程）中的生命丰富性和经验的具体增长。课程将成为儿童与世界展开游戏、对话的历史，而不是按照一个谱系吸取知识的过程。

在新教育儿童课程中，在雷夫的第 56 号教室的某些课程中，在华德福教育的自由穿梭中，我们可以看到课程是如何被师生们共同构建起来的。没有任何铁的规定——在课程展开之前，但是每一次课程穿越之后，我们总是惊奇地发现我们不仅得到了那些据说要重点学习的知识，而且事实上我们得到的远胜于此，我们发现这些知识并不是我们得到的最好的以及最重要的。

课程关注的，是一个个活生生的人。它所关心的，是这个生命最大可能的丰富与卓越，而那些知识，将是作为这个生命获得成长的必要道路而存在、出现的。

所以我们可以把这些讨论归纳为：

用两套教学大纲超越教材；

用课程思想超越两套大纲；

用儿童课程丰富学科课程；

……

对今天的我们来说，后面几条也许看起来太过理想，如果周围的条件尚不成熟，我们不妨老老实实地向苏霍姆林斯基所倡导的那样，从用两套教学大纲超越现行教材开始，为明天再度用课程思想超越两套大纲做好准备。

每一位教师都成为卓越课程的开发者，这一天无论美好或者残酷，它终将到来，但它将只属于那些已经准备好的人。

二、自动化读写

在前面，我们将第一套大纲分为知识（字词、语法、公式、定律、规律、结论……）与能力（观察、思考、表达、阅读、书写……）。这里的知识，是指不断出现的新知识；这里的能力，则强调的是一般能力。

能力与知识的关系是，能力是掌握知识的工具。苏霍姆林斯基认为，一些学困生形成的原因，是能力与知识之间的关系失调。“所谓能力和知识之间的关系失调，表现为学生还没有具备作为掌握知识的工具的那些能力，可是教师已经把源源不断的新知识硬塞给他：快点掌握，别偷懒！这样的学生就好比没有牙齿的人，他被迫地把没有咀嚼的整块食物囫囵吞咽下去，开始时感到胃里不舒服，以后就生起病来，以至无论什么也不能吃了……”

那么，所谓的一般能力究竟有哪些？

苏霍姆林斯基曾将学生十年内要掌握的最重要的能力分为十二种（详见《谈谈怎样指导学生的脑力劳动》），这十二种能力，他又概括为五种基本能力，即读、写、算、观察与表达。

在这五种基本能力中，观察的能力也可以视为广义的“读”的能力，在低段尤其重要；表达的能力也可以视为广义的“写”的能力。所以读、写以及计算能力，在苏霍姆林斯基看来是非常重要的，读写能力尤其是阅读能力，更是学习的基础之基础，是最重要的学习工具。所以苏霍姆林斯基认为，在适合的年龄，读写能力能否达到自动化，是学生是否具有学习力的最重要的标志。

自动化阅读，是指学生能够流利地、有理解地阅读，在阅读的同时能够思考，在思考的同时能够阅读。即用视觉和意识来感知所读材料的能力要大大地超过“出声地读”的能力。换句话说，就是一下子能用眼睛和思想把握住句子的一部分或整个的较短的句子，然后使眼光离开书本，念出所记住的东西，并且同时进行思考——不仅思考眼前所读的东西，而且思考到与所读材料有联系的某些画面、形象、表象、事实和现象。

自动化书写，也称半自动化书写，是指学生在书写时，不再去考虑每一个字母、每一个音节、每一个词怎样写法，不再考虑写这个词的时候要遵循什么语法规则，而把主要精力用在理解所写的东西的意思上（即在书写的同时进行思考）的一种能力。

可见，阅读和书写是学生应该具备的一般能力，这种能力达到自动化程度后，学生注意力便会集中于思考，而非集中于读写本身。打个比方，一个人骑着自行车去旅游，在骑自行车的同时，他的注意力应该集中于风景本身，而不应该集中于怎样骑自行车上。而如果一个车技不熟练的游客，就有可能因为不得不集中注意于骑自行车而妨碍了对风景的欣赏。在这里，骑自行车的能力，就相当于读写能力，它是工具性质的，除非达到自动化，否则会对思考产生影响。

（一）自动化阅读

自动化阅读，或阅读自动化，可以指出一个非常简单的事实：许多学生学业落后，是因为不会学习。也就是说，深入地学习，是以具备一定的基础学习能力为前提的，而在一切基础的学习能力中，阅读能力是最重要的。因为就学生学习而言，人类知识主要是以文字的方式保存和传递的。要从文字中提取这些知识并内化为经验，必然首先要有一定的阅读力，而基础阅读力，就意味着阅读自动化。即学生在学习知识的时候，注意力能够聚焦于知识本身，而不是被语言文字所羁绊。在这里，阅读是我们获得知识的工具，阅读自动化，就是指工具使用得趁手。如果工具使用得不趁手的话，注意力将不得不聚焦于工具本身，这就妨碍了对知识的学习。

但是，我们知道，阅读力的提升，或者说阅读自动化水平，是一个没有止境的过程。而苏霍姆林斯基在这里强调的自动化阅读，则是一个相对稳定的底线水平。它的标志，是学生能够完成一般读物的顺利阅读。例如，一个小学高年级学生，应该具备顺利地读完一本中等水平的童书的能力。这里的“顺利”，是指他在阅读这本书的时候，能够“忘记”文字，占据注意力的，是故事，是一个个生动鲜活的形象。如果学生具备了这种能力，那么就可以说，他达到了自动化阅读的水平。

换句话说，处于学生注意力核心的，不是文字，而是文字所欲传递的形象以及各种关系。学生的大脑，能够顺利地完成这种“翻译”。有些孩子不能很好地解答应用题，就跟阅读自动化没有完成有关。他们无法“得意忘言”，无法不受文字阻碍地将文字所想要表达的数量之间的关系保存在大脑中以方便进一步地思考加工（运算）。

苏霍姆林斯基这样描述自动化阅读的机制：

在小学里，你要教会所有的儿童这样阅读：在阅读的同时能够思考，在思考的同时能够阅读。必须使阅读能达到这样一种自动化的程度，即用视觉和意识来感知所读材料的能力要大大地超过“出声地读”的能力。前一种能力超过后一种能力的程度越大，学生在阅读时进行思考的能力就越精细，——而这一点正是顺利地学习和整个智力发展的极其重要的条件。

所谓流利地、有理解地阅读，就是一下子能用眼睛和思想把握住句子的一部分或整个的较短的句子，然后使眼光离开书本，念出所记住的东西，并且同时进行思考——不仅思考眼前所读的东西，而且思考到与所读材料有联系的某些画面、形象、表象、事实和现象。

“用视觉和意识来感知所读材料的能力要大大地超过‘出声地读’的能力”是什么意思？

除非是有意地朗读，否则人在阅读时有意无意地“出声地读”（而不是默读）是阅读能力低下的标志。因为“用视觉和意识来感知所读材料”是一种结构化的阅读，阅读材料是以词、短语甚至句子为单元整体地进入你的意识的，你的意识快速反应上来的（其实是潜意识地呈现的，是一种自动化反应），是一幅完整的画面，而不是一个个单字逐一呈现。并且，你处理这一信息时，并不是平均用力，结构化本身意味着根据功能以及重要程度的不同分配注意力。你能用视觉和意识感知的单元包含的信息越丰富，你的自动化阅读能力越高（例如，你甚至不必将有些句子读完，就已经预先知道了它的意思）。

而“出声地读”（非具备自动化阅读能力之后的有感情地朗读，那种朗读，是以默读为前提的，你已经默读到了后面的词，否则你无法决定正在读的词应该采用什么样的感情）时，阅读材料是一个字一个字地进入意识的，这是一个线性的过程。你必须让这些字一个一个地进入意识，然后才用意识（而不是潜意识）将这些字连缀成一个个思维的画面。

那么，哪些标志意味着没有形成自动化阅读能力呢？

（1）指读。

指读是平均化地分配注意力，是要及时超越的不得已的一种方法。在一年级或幼儿期，指读的方法具有聚焦的作用，帮助幼儿建立字音与字形之间的联系，而随着阅读的熟练，指读则要渐渐减少。当过度依赖和强调指读法的时候，人朗读的整体性破坏了，而默读事实上不可能建立。这时候即使不出声，也是在无声朗读，而非默读。

（2）吼读。

吼读，是缺乏理解的出声读，往往是读字。许多课堂上的齐声朗读，本质上就是吼读。许多学生读经，也是吼读的方式。

（3）唇读。

唇读，其实也是一种“出声地读”，只是被抑制住了发出明显的声音。但其思维过程，仍然是一个字一个字地读。唇读越普遍越明显，越说明自动化读写能力没有形成。纵然成人，在面对不熟悉的材料的时候，也常常会不自觉地唇读。

缺乏自动化阅读的能力，思考能力就会受到极大的限制（不能在阅读的同时思考），那么，就会影响智力发展。

可以想见，自动化阅读的水平低下，很可能是制约孩子进一步获取知识的最重要的瓶颈。许多高年级孩子的学业困难，源于自动化阅读未能完成。对这些孩子无休无止地补课，不能解决根本问题。他们并不是要花更多的时间来记忆不断涌现出来的新知识，而是要花相当多的时间来提升自动化阅读水平，所谓“工欲善其事，必先利其器”。打个比方，他们首先要花时间“磨刀”，而不是继续拿着钝刀筋疲力尽地“砍柴”。

自动化阅读的形成阶段，大致是小学三、四年级（不同地区或不同学生会有一些程度上的差异，或提前或推迟）。在这个阶段，无论是识字量（低段的重心），还是把握结构的能力或者说思维水平，都为自动化阅读的形成做好了准备。

如果换个角度来思考自动化阅读，或思考阅读能力这一概念，那么可以说，阅读能力，在本质上是一种“对下文的预先猜测”。

所以阅读自动化，事实上就是当耳朵听到这个声音或眼睛看到这些字词时，已经在大脑中生成后面的声音和词语……这些声音和词语既是切近的，又是多元的，就像候选人一样飞速出现又消失……所谓阅读的自动化水平，其实就是对下文正确猜测的能力——下文总是在相当程度上，在文字和声音出现之前，已经在自己脑海中酝酿……如果停留在此刻的字词，这就达不到自动化，会读得艰难、艰涩、吃力。

当语句在阅读（无论是朗读还是默读）的过程中，意义总是处于提前浮现并不断印证或修正的时候，这就实现了自动化。所以许多自动化阅读水平较高的人，漏字特别多，因为字已经不是关键。

但阅读未自动化，就是一个字一个字的字音出现，字义出现，再拼凑成词语意义，句子意义……这样，阅读就成了艰难的攀岩。

为什么多读书促成阅读自动化？就是无论是故事的大结构，人物的形象、性格及言行，以及行文逻辑，都在不断的学习中内化为图式，而这些图式将能够使得我们面对新的读物时，拥有丰富的、敏锐的武器。

自动化阅读，有一般意义上的，有特定意义上的，苏霍姆林斯基是一般读物意义上的。

我们在读童书时是完全自动化的，但读哲学书时，就自动不起来了，因为我们的脑中没有这些方面的图式。我们只能看到眼前的词语，没法顺利地让后面的词语浮现出来。

（二）自动化阅读能力的培养

意识到这一点，对设计课程具有重大意义，它指明了小学低中段，尤其是三、四年级的重大任务。

哪些因素会妨碍阅读自动化？

（1）识字量过少。如果不认识的字过多，就无法形成自动化阅读能力。所以识字量是自动化阅读的物质基础。对于一个正常人来说，要应对日常阅读，识字量必须达到 3000 个左右。苏霍姆林斯基则说：“在语言里，有 2000 到 2500 个写法正确的字，它们是知识、读写能力的‘骨架’。”

（2）缺乏足够的根据上下文判断字义的能力。一个字往往有许多种意义，但在具体的语境中，通常都只有一个意义。阅读能力的一个标志，就是能够迅速地通过上下文判断一个字或词在语境中的意义。缺乏这种能力，纵然识字量足够，也可能出现每个字都认识，合起来不知道意义的现象。（例如一个没学过古文的人阅读古文，就可能如此）

（3）缺乏足够的猜读能力。即在结构中理解的能力，通过整体理解部分并弥补缺失部分的能力，在阅读过程中不断成功猜测未读部分的内容的能力（即形成优质的阅读期待）……

只有当学生拥有足够的识字量，拥有基本的在语境中判断字义的能力，拥有一定水平的猜读能力的时候，才能说，学生形成了自动化阅读能力。

如何提高自动化阅读水平？或者说，如何使学生达到阅读自动化？苏霍姆林斯基提出了一系列的建议，可概括如下：

1. 在小学期间，学生朗读不少于200小时，小声默读不少于2000小时。（包括在课堂上和在家里的时间）

2. 可以这样检验学生会不会流利地、有理解地阅读：让学生朗读一篇童话或故事（新课文），譬如说一篇关于原始人的生活的故事。在他们面前的黑板上挂一张色彩鲜明的图画，上面画着原始人的生活情景：有火堆，有准备食物的情景，有捕鱼的活动，有孩子们在嬉戏，还有做衣服的情景。如果学生（这里指的是三年级学生）在朗读这篇课文时，眼睛离不开书本，以致在朗读结束时他还来不及仔细地看看这幅图画，并且记住课文里根本没有写到的那些细节，这就说明他还不会阅读。眼睛一刻都离不开书本的阅读，这还不能算是真正的阅读。如果学生在阅读过程中不能感知任何东西，那么他实质上就是不会同时阅读和思考，正因为如此，这种阅读才不能称为有理解的阅读。

3. 给学生讲述一点什么，让学生一边听讲一边思考所讲的内容，同时还要把自己的思想简明扼要地写出来，应当在三年级就教会学生做到这一点。

4. 五、六年级要继续搞好表情朗读，这是一种很必要的训练。没有这种训练，就不可能培养出用眼睛和思维把握住一个长句的逻辑上完整的部分，以及在思考的同时再向后面的部分过渡的这些复杂的能力。换句话说，就是必须教会少年学生同时进行阅读和思考。

这些建议，概括起来主要是两条途径：朗读与默读。（在一至四年级，每天最少有半个小时用来对新课文进行有表情、有理解的朗读。）

为什么朗读是培养自动化阅读的途径之一呢？

相比之下，指读是平均化地分配注意力，朗读是相对平均化地分配注意力（通过有表情和语调的变化呈现重点）。朗读的好处，在于它需要用声音来表示对材料的理解，这既是一种理解训练，也便于老师检测。

需要提醒的是，这里的朗读，要与目前流行的许多恶俗的朗读区别开来。有一种流行的朗读观念，将“有感情”建立在普通话标准优美以及感情从外强加，而不是基于文本理解的基础上。例如，有人可以“有感情地”朗读菜谱。在这种朗读观的影响下，朗读的千差万别被一种表面化的脱离文章内容的“感情”抹杀了。这种所谓的感情，就像一个女子喜欢涂脂抹粉，而全然不顾及自身的特点，遂流于恶俗。

所以，我们的建议是：

1. 在小学低中段，数量重于一切，要通过大量的课外阅读让孩子完成自动化阅读，尤其是孩子能够阅读整本书的三、四年级。要完成自动化阅读，三、四年级的阅读总量，不应该低于1000万字。

2. 要加强理解性朗读的训练，训练孩子用声音去传递意义与情感，而不是“大声地读”“整齐地读”“美美地读”，在这里，孩子的普通话水平并不是最重要的。朗读的本质，仍然是理解练习，而不是声音练习。

上面讲的是一般情况下培养儿童迅速达到自动化阅读水平的方法。那么，严重落后儿童自动化阅读能力的培养应该如何进行呢？

这类儿童的表现是，纵然他勉强认识了字，也无法流畅地读下来一篇短文甚至一个句子，只能结结巴巴地指读。

这类情况在低段的表现以及解决建议，我们在前面曾分析过，是因为“学生对词语缺乏鲜明的形象，无法在阅读时在大脑中构筑画面”。需要“大量地补充儿歌、绘本、故事等，要求家长辅助（或老师单独辅导）反复阅读并自然而然地背诵积累一部分；上课时尽可能地利用PPT、实物等，在抽象的词语和词语所表示的事物、动作之间建立起联系；大量地增加‘思维课’，带学生到大自然中去”。

纵然在高年级甚至中学，也会有这样的现象：

大约二十年前，我在七年级的文学阅读课上，听了两个学生的朗读。他们的朗读很单调，毫无表情，而且据我的感受来说，还觉得他们读得很紧张，很费劲。我觉得，对朗读的人来说，那些词好像是一座复杂的迷宫，朗读者是在黑暗里穿过这座迷宫的，每时每刻都在碰到障碍。我在想：

"为什么他们会这样朗读呢？他们是怎样领会所读东西的意思的呢？"我把这个疑问写了几行在记事簿里，它一直使我不得安宁。我又去听了几次文学阅读课，于是我发现了一些奇怪的现象。原来，这两个学生不能用视觉和思维感知一个以上的词。用思维一下子感知好几个词，特别是一个长句的逻辑意义完整的部分，对他们来说是不能胜任的。我跟文学教师花了整整一年时间，想方设法来改善这些学生的阅读技巧，但是毫无收获。然而，最奇特的，令人难以置信的，并且可以毫不夸张地说，使人惊异的发现，就从这里开始了。通过对这些少年的言语的研究，我断定，这种不会阅读的情况是早在三、四年级的什么时候就扎了根并且固定化了的，它对学生的思维留下了烙印。

我们把这种令人惋惜的现象称为"思维不清"。它表现为学生的思想混乱，没有条理，好像患有幼稚病：你很难弄懂他想说些什么，他的思路从哪里开头和在哪里结束。他开始说一件什么事，很紧张、很费力地把几个词连接到一起，但是马上又好像忘记了他在说什么，断了思路，尽力地回想教师的问题而又回想不出。我们在六、七年级又发现了几个这样的学生，他们读起来都是这样：一个词一个词地读，非常费劲。记事簿里那条短短的记载，引起了一场广泛而持久的研究，迫使我去深入思考儿童和少年的智力发展的许多复杂现象。这场研究引出了一个初看起来使人感到意外的结论：不会阅读并不是智力发展上的什么不正常情况的后果，而相反的是，不会阅读阻碍了抽象思维的发展。

……

他会不会阅读，决定着他的智力发展。教育上的"半成品"会造成严重的后果。于是，全体教师在自己的日常工作中都开始特别注意阅读技能的培养。我们认为阅读不单纯是一种基本技能，而且是一个复杂的智力发展过程。我们开始努力做到，不让任何一个儿童的阅读技能停留在对单个词的感知上。那样是很危险的。凡是一个词一个词地阅读的人，他必然在学习上遇到不可克服的困难，实际上他是不可能正常地学习的。我国学校里的成千上万的落后生、不及格生和留级生，一般地说就是那些没有学会阅读的少年。在许多情况下，教师认为这种儿童在智力发展上有些不正常的意见是对的，但是，在许多情况下，智力发展的不正常并不是原因，而是后果。（第 90 条）

遗憾的是，我们常常轻率地将这种学困生定义为智力落后。

（三）自动化书写

半自动化书写，与自动化书写同义（就好像半自动洗衣机也是自动化洗衣机一样）。之所以说“半自动化”，是因为在一边书写一边思考的时候，毕竟还要分配一定的注意力在书写上（用电脑写作就几乎不必分配注意力于书写）。分配在书写上的注意力越少，自动化书写能力越高。

如何培养自动化书写的能力？苏霍姆林斯基提出了一些具体的建议，包括：

（1）早在三年级、最迟在四年级，就要使学生能够笔不离纸地写出较长的词，能够眼睛不看练习簿地写出词甚至短句来。书写过程的半自动化是提高读写水平以及全面地自觉掌握知识的极为重要的条件。学生应当不再思索这个或那个字母怎么写法以及各个字母怎样连接，——只有在这样的条件下，他才有可能去思考怎样运用语法规则和他所写的东西包含什么意思。这种流利书写的技能还能逐步地训练出运用语法规则的半自动化技能：儿童已经不必去思考某一个词应当怎样写，因为他已经多次地写过这个词了。为了使学生学会足够迅速、准确而无错误地书写，为了使书写成为劳动的手段和工具，而不是劳动的最终目的，那么学生在小学期间就应当在练习簿里写过不少于1400页。

（2）要培养自动化书写的能力，首先要求对手的小肌肉进行一定数量的操练性练习。多年的经验证明，这种练习应当比写字先行一步。就是说，先要让手（包括右手和左手）做一些精细的劳动动作。在入学前的一年时间里，就应当让儿童做这样一些作业，如用小刀（雕刻刀）和剪刀雕刻和裁剪纸板和纸张，雕刻木料，编结，设计和制作小型的木质模型等。精细的劳动动作能训练手指动作的协调和节奏，形成手指的灵巧性和对小图案（实质上字母也相当于这种小图案）的敏感性。此外，还应当尽力使小孩子的劳动动作成为一种审美的创造活动。在儿童制作的物品中，要多让他们重复圆形的、椭圆形的、波浪形的线条，让他们从小就习惯于进行那些要求高度机敏性的精细而平稳的动作。

（3）培养迅速而有理解的书写技能的练习，可以（在学生能很好地阅读的条件下）按下列方法进行。教师向儿童们讲述某一种自然现象、事件或劳动过程；在讲述中要能明确地区分出各个逻辑的组成部分，而每一部分中又有重点以及与重点有关的细节和详情。在教师讲述的时候，要求学生按照教师讲述材料的顺序，把要点记录下来。

（四）对“自动化书写”概念的修正

苏霍姆林斯基在论述书写的自动化（或者说半自动化）时，远没有像论述阅读的自动化那样清晰准确。所以不妨沿着他的思考方向进行追问，自动化书写的含义究竟是什么。

是指学生的写字能力（能正确、流利、快速地书写），还是指学生的写作能力（准确地运用语言表达思想和情感）？

如果是前者，那么就要进行足够数量的书写练习（例如“不少于1400页”的书写练习而不是写作练习，或者其他形式的对手的小肌肉进行的一定数量的练习），如果是后者，那么学生所要学习的，本质上是一种组织语言的能力。

显然，苏霍姆林斯基所提出的“自动化书写”概念，主要指前者，哪怕在上述第三条中说道“迅速而有理解的书写技能的练习”，也是一种比写字能力更高一层的复述练习而非表达练习。

这种自动化书写当然也很重要，学生要会写字，要能够快速而流利地写字，要能够准确地抓住要点进行条理清楚的复述。但是，相对于阅读能力的，更重要的并非物理性的“书写能力”，而是心灵性的“写作能力”，这或许是苏霍姆林斯基所遗漏的地方，这种遗漏妨碍了他提出的智力领域的诸多概念的完整性和逻辑自洽性。所以我们可以在苏霍姆林斯基疏漏处重新定义自动化书写（或许应命名为“自动化写作”更合适，但还是直接沿用原来的命名以避免混乱），以与自动化阅读这一概念相适应：

自动化书写，是指能够轻松地用书面语言表达自己的思想与情感。

这样，自动化书写的过程，就是将内部心灵语言（思想与情感）翻译成为书面语言的过程，这种翻译能力，就是写作能力。它要求有相对严谨的语法，而自动化书写能力的完成，标志着书面语法的默会纯熟。（注意，是默会纯熟，跟学生是不是明确地学习语法没有关系，它是语用的，不是认知的。）

那么，书写的自动化与未自动化，区别在哪里？

聚焦在所要表达的思想与情感（意），就是自动化；聚焦在字词（言），就是未自动化。那些学困生往往无法准确地用语言表达自己的思想与情感，这就是未自动化，说明他缺乏将内部心灵（或内部语言）转译成为书面语的能力。这种情形，并非他没有思想，没有情感，没有故事，他所缺乏的，主要是表达能力。词汇量会对表达能力构成一定的限制，但这并非根本性的，根本性的不是词汇量，而是恰当地运用语言的能力。

需要说明的是，与自动化阅读类似，这里的自动化书写，并非指写作水平，而是指一般意义上的写作能力。

那么，自动化书写能力，应该在什么时候完成？

通常而言，应该比自动化阅读滞后一年。如果学生在三、四年级完成阅读自动化，那么，应该在四、五年级完成写作自动化。从课程角度讲，这意味着自动化阅读课程完成后，可以考虑写作课程。

当然，自动化书写能力的训练，是贯彻始终，并与自动化阅读无法分割的。以时间为顺序，完全可以设计一些恰当的训练阶段：

1. 大量的读写绘作业。从用图画表达思想过渡到用“图画 + 文字”的方式来表达思想，直到二年级末三年级初能够用纯粹的文字来表达思想。

2. 半命题写作。包括晨诵诗歌的补写、续写、仿写。

3. 建立在前两者基础上的自由创作。

（五）一般能力的自动化

读写的自动化，只是对一般能力中最重要的两项能力所要达成的水平的强调。

而从更根本处讲，不只这两种能力要实现自动化，其他能力也要尽可能实现自动化，例如计算能力。

从最根本处讲，一切知识都首先是工具，都应该转化为能力并尽可能实现自动化（或者说“默会”）。我们不妨称之为“知识的自动化”。

一个优秀的医生在判断常见的病症的时候，凭的是经验和直觉，而不必再去翻看医学论著，他所具有的医学知识，已经自动化了，成为一种专业本能；

一个合格的足球裁判，关于足球运动的基本规则的知识也已经形成自动化，只要有人犯规，他会直接做出判断而不必再回忆相关知识；

同样，学习苏霍姆林斯基教育学课程的最终目的，也是使苏霍姆林斯基的教育学思想达到自动化，成为自己的专业本能。这意味着当你看到学生出现相关障碍时，能够立即判断出哪里出现问题，而不必再回头翻阅本书。

当不能达成自动化的时候，必然导致一种理论的“指读”，即将苏霍姆林斯基理论与现实僵硬地一一对照，而不能在实践语境中赋予意义。

总之，所谓知识的自动化，是指知识成为一套解决问题的程序，当遭

遇相关问题时知识会自动启动并发挥作用（此之谓“自动化”），并处于运动中。(这也是经验的实质)

从这个意义上讲，所谓学习，就是经验的增长与更新。所谓经验的增长，就是增添越来越多的自动化程序能够应付越来越复杂的问题；所谓经验的更新，就是指自动化程序的更新（工具的升级，例如由自行车升级为摩托车、汽车、飞机……）。

尽管如此，在学校学习中，我们仍然可以为了理解方便而进行区分，将更广义的知识分为“知识”与“能力”。前者就像我们要收割的谷物，而后者，则是收割工具，如镰刀。很显然，要想收割更多的谷物，必须拥有锋利的镰刀并不断地打磨。一旦镰刀是钝的，那么要收割的谷物越多，将会越艰难，后进生的情形，多半即是如此。

这些关键知识（谷物），即是第一套大纲中强调的“反映本门学科特点的、重要的结论和概括、公式、规则、定理和规律性”；而这些实际能力（镰刀），即是同样可以归属于第一套大纲的具体能力。这二者（能力与知识）之间，必须尽可能地相互协调。

三、随意识记与不随意识记

两套大纲，是从学习内容及材料的角度来进行分类的。

而随意识记与不随意识记（又叫有意识记与无意识记），则是从学习方式的角度来进行分类。

两套大纲是说，学习材料可分为关键知识以及支撑关键知识的背景材料；而随意识记和不随意识记是说，对关键知识的掌握，有两种方式，一种是必须鲜明地在理解的基础上加以记忆的，一种是只需要浪漫把握或理解而不必加以记忆的。

（一）随意识记与死记硬背

毫无疑问，有些知识是必须保持在记忆里的，这是一种有意识记，或者说随意识记，例如“公式，法则，规则，米制单位，正字法规则，对物质、植物、动物的一般特点的说明，地理术语，地理客体在地图上的位置，等等”。

对这些知识的记忆是必需的，但是要防止死记硬背，而应该在理解的基础上记忆，通过运用进行记忆。

确实有些东西需要死记硬背，例如电话号码、门牌号等。但严格地讲，这些并非知识，而是一些必须加以记忆的信息（有些需要短期记忆，有些需要长期记忆）。

为什么死记硬背是错误的？

第一，死记硬背而得到的知识，是机械地存储在大脑中而很难加以有效利用的，只能在一些同样机械的考试中进行复述性提取。久之，会造成一种随意识记的“肥大症”。即使学生的大脑中塞满了知识的货物，但这些货物却无法进入周转。结果，随着学习内容的增加，学习变得越来越困难：

许多教师很熟悉，教育工作实践中常常遇到这样一种乍看起来令人莫解的现象：学生的年龄越增长，他在学习上感到的困难越大；一些学生一年一年地升级，而学业成绩却逐年地下降。有些儿童在小学里是优秀生，而到了中年级却变成了学习差的学生。我们的观察证实，在绝大多数情况下，产生这种现象的原因在于学生不会运用概括性的概念去认识周围现实，而学生之所以不会运用，又是因为他们的概括性的概念、结论和判断不是通过研究事实和现象的途径形成的，而是死记硬背得来的。如果概括性的结论不是从生活实践中抽取出来的，不是建立在分析事实的基础上的，那么识记和背诵它们的结果，就是学生并不能运用他们花了许多劳动而得来的知识。于是出现了一种荒诞的现象：学生的知识储备越多，往后的学习反而越困难。而如果概括性的结论不是死记硬背的，而是通过分析事实和现象有理解地抽取出来的，那么情况就完全不同了：学生的知识范围越广，学习起来就越容易。在学生第一次所接触的东西中，有许多用不着深入分析细节就可以理解，因为一些事实之间的新的相互联系，对他来说只不过是已经熟悉的某种概括性原理的某一方面的具体化而已。

显然，死记硬背，也是学业负担加重的主要原因。

第二，因为死记硬背不是建立在理解的基础上，而是一种不加理解的片面强化，所以它妨碍了学生对知识的思考，降低了学生对知识的感受性，使学生一天天地变得迟钝。这对少年与青年尤其有害，“在这些年龄期，死记硬背会造成一种幼稚病——它会使成年人停留在幼稚阶段，使他们智力迟钝，阻碍才能和爱好的形成。死记硬背的产儿，它的最不吉利的产物之一，就是书呆子气”。

第三，死记硬背还会导致学生思考的不成熟性，并进而导致道德的不成熟性：

培养成熟性，在很大程度上取决于掌握知识是怎样进行的，取决于全体学生的智力生活是向哪个方向发展的。道德成熟性跟思考成熟性不可分割。只是获取现成的知识，把基本的智力活动局限于死记硬背，——这是产生道德幼稚病的危险根源之一。防止这种危险的办法在于使学生去独立地获取知识。只有当学生独立地获取知识时，学习才是一种劳动。这不仅是为了知识的巩固性所必需，而且只有独立地获取知识，才能产生思考的成熟性。成熟的思考意味着：要把知识变为信念，要有思想上的坚定性，忠于信念，并随时准备捍卫自己的信念，为信念而斗争。培养不可动摇的思想信念，这在学校的精神生活中是思考与劳动、知识与积极活动相汇合的领域。要培养全面发展的人，必须对信念活动予以极大的重视。思想和政治信念，不是靠布置回家看教科书，不是靠记住它们并且回答出来，也不是靠打分数来培养的。它们表现在思想里、行动上、活动中和相互关系里。它们的表现形式是：确立共产主义的生活方式，反对敌对的意识形态，对违反我们的道德原则的行为不能容忍。

真正成熟的道德，必定建立于成熟的判断力的基础上。而死记硬背毫无疑问是对判断力的损害，它往往导致盲从或轻率反对（道德上的幼稚），而无法形成道德坚定性。显然，死记硬背中成长起来的学生，也谈不上什么自主性与责任感的。

在当代，死记硬背的一个典型，就是“读经运动”。这一运动不但提倡死记硬背，还有大量的“事实证据”，并振振有词地提出自己的“心理学基础”。而许多学校开展的所谓“经典诵读”，也深受读经运动的影响。

读经运动者，常常引用古人的观点：

大凡读书，须是熟读，熟读了自精熟，精熟后理自见得。（朱熹，《语录·论为学》）

凡人有记性，有悟性。自十五以前，物欲未染，知识未开，由多记性，少悟性。自十五以后，知识即开，物欲渐染，则多悟性，少记性。故凡人有所当读书，皆当自十五以前使之熟读，不但“四书五经”，即使天文、地理、史学、算学之类，皆有歌诀，皆须熟记。若年稍长，不惟不肯诵读，必不能诵读矣。（陆世仪，明末清初教育家）

并且，他们指出一个儿童心理学的研究事实：“儿童的记忆力和理解力与年龄的增长呈相反状态。机械识记和意义识记也是这样的关系。即一个人年龄小的时候机械识记能力最好，年龄越大这种能力反而减弱，而意义识记能力年龄小则能力弱，年龄越大则能力越强。所以一个人记忆储存的最佳时期是四五岁到十二三岁。”

当然，他们也举了相当多的例子：巴金、臧克家、鲁迅、朱自清、郭沫若、钱钟书……

有一种相当流行的观点，认为孩子的学习力比成人更强，这里的所谓“学习力”，往往就是指机械记忆的能力。而实际上，真正的学习力，乃是指一种智慧，智慧从根本上是一种在处境中汲取营养并解决问题的能力，这里涉及识记，必定是意义识记。随着年龄的增长，孩子的学习力会逐渐增长，而死记硬背，貌似对所谓记忆力的挖掘，其实是对学习力的根本损害。

将巴金、臧克家、鲁迅、朱自清、郭沫若、钱钟书等人的成就归于早期的机械记忆，这当然更是非常荒谬的，不值一驳。

需要指出的还有两点事实：一是古人的读经，并非一味地死记硬背，因为私塾教师或家长往往是理解经典的（今日之读经运动倡导者，多半不懂经典），因此孩子读背经典，是带着相当程度的理解或感受的。二是古代社会本质上也是一个教养社会，即非常重视经典的修养，而不重视实务，而在瞬息万变的现代社会中，如果仍然沿袭这种方式（其实已经从根本处倒退了）学习，是非常滑稽的。

与死记硬背相适应的，是一些流行的所谓记忆术。这些记忆术如同阅读领域中的速读术一样，作为策略未必全无意义，但根本不是记忆的本质，更与学习的本质相去甚远。

死记硬背为什么阴魂不散？

首先，它是一种与应试制度相适应，至少在相当程度上相适应的学习方式。应试制度不改，死记硬背就会有一席之地。

其次，死记硬背也在事实上很受许多教师的欢迎，因为它是一种简单化地处理教育教学的方式，迎合了一些教师方便地控制学生的愿望，掩盖了教师专业发展方面的困境。

（二）不随意识记

苏霍姆林斯基真正强调的，或者说，它在识记方面的主要贡献，则是强调了不随意识记。

注意有两种情形：一种是不随意注意，即无意注意，相应的识记，就是不随意识记；一种是随意注意，即有意注意，相应的识记，就是随意识记。随意识记是指有明确目标、有意识地加以努力而完成的识记；不随意识记是指没有预定目的，也没有经过意志努力，但在阅读或思考过程中不自觉地完成的识记。前者是指对知识的精确识记，后者是指对知识的浪漫把握。

为什么一个热爱阅读文学作品的孩子，语文会学得特别轻松？

为什么一个对科学实验有着浓厚兴趣，并且特别喜欢阅读科普作品的孩子，科学会学得特别轻松？

按前面的解释，这是因为这些孩子拥有相关学科学习的强大的智力背景（即第二套大纲）。而从识记的角度来讲，这些孩子在阅读文学作品时，在做科学实验或阅读科普作品时，其实不自觉地在进行“识记”。有了这种不自觉的识记即不随意识记，一旦学科学习要求精确识记相关内容时，他们会比缺乏这种背景的孩子更迅速地记住要精确识记的内容，并且理解得更为深刻，学习也更为愉快。——这是无须再进行解释的（也为现在的脑科学研究所证明）。

所以苏霍姆林斯基认为，在学习中，随意识记应该与不随意识记保持一定的比例，不随意识记的数量应该远远大于随意识记的数量。

造成死记硬背的原因有两方面，一是在随意识记中，视知识为死物，只是机械地背诵而不加以理解和运用（要明白，知识既是目的，也是手段）；二是随意识记与不随意识记比例失调，造成了不随意识记肥大症。

学生负担过重的原因，一是对需要加以识记的东西死记硬背，结果知识不能被理解和运用，只是堆砌在学生的大脑中，从而成为负担；二是有些不应该随意识记而应该运用不随意识记的东西，被教师要求加以随意识记，结果增加了学生负担。

为什么不随意识记反而能减轻学生的压力？

首先，不随意识记是一种自然的学习方式，并不需要付出特别强烈的意志努力。一个孩子沉浸于阅读中，实验中，或心爱的劳动中，他往往既没有明确的识记压力，也并非来自外部的强制。在这种情形下，知识的习得是默会的。

其次，不随意识记总是伴随着高涨的情绪，或者说是兴奋，伴随着求知欲、好奇心、渴望，在这种愉快的情感的支配下，任何学习都会变得轻松。

最后，不随意识记避免了死记硬背，它是一种理解的思考的状态，在不随意识记背景下，思维始终处于活跃状态，这对于智力是非常有益的刺激，并且使随意识记的内容能够迅速地被理解和记忆。

显然，许多学困生之所以越学越难，就是患有“不随意识记肥大症”，越是禁绝丰富的课外阅读，想将他们的注意力引到要明确加以识记的知识上来，他们就越难以识记这些他们并没有真正理解的知识。

四、交集点

在智力活动中，如何使学生能够始终保持高涨的学习兴趣？或者说，如何增强学生的注意力，并将这注意力引向智力领域，引向要解决的问题本身？

这是教学中的一个核心问题。

苏霍姆林斯基的观点很明确，要不断地增加合宜的智力挑战。即要以合宜的方式对智力进行有益的刺激以促进思考，通过这种思考不断地发展智力。

如果说第二套大纲是为掌握第一套大纲而进行的铺垫，而第一套大纲是要掌握的知识技能（即形成新的经验），那么，在这二者之间应该有一个桥梁。这个桥梁，就是教材或材料中的一些特殊区域（有时候需要教师制造这样的区域），一些矛盾交错，能够引出深刻的问题的地方，这些问题会形成一种深刻的刺激，这种刺激有助于形成新的经验（即掌握第一套大纲），那么，这些矛盾交错的地方，就是敏锐的教师要重点找出来的地方，苏霍姆林斯基命名为“交集点”。

（一）注意力

注意力的重要性不言而喻，那么，高度的注意力从何而来？

苏霍姆林斯基关于注意力的观点，可以概括为：

要动用一切智育的手段（阅读、直观手段……）来形成一种内部的刺激和诱因，这种内部的刺激和诱因会成为“思维的引火线”，促使学生将新教材与这种内部的刺激和诱因（原有经验）联系起来进行思考，并引发学生兴趣，形成和保持情绪高涨、智力振奋的内心状态。在这种状态下，学生能够体验到一种追求真理、进行脑力劳动的自豪感。这样，学生的注意力就比较集中。

显然，这是一个良性循环。反之，则是恶性循环。

没有情绪高涨、智力振奋的内部状态→知识只能引起一种冷漠的态度，而不动感情的脑力劳动只会带来疲劳→丧失理解因果联系的能力→课堂上掌握的知识就非常肤浅→全部负担都转移到家庭作业上，家庭作业负担过重→没有时间阅读科学书刊→无法形成情绪高涨、智力振奋的内部状态……

在这里，苏霍姆林斯基强调，关键是要让儿童形成了保持一种情绪高涨、智力振奋的内部状态，而要做到这一点，最重要的因素是“内部的刺激和诱因”，尤其是阅读。

如果联系苏霍姆林斯基的其他论述，会发现，他认为学生注意力不集中，通常教师要做如下检讨：

(1) 教材解读不到位，不能深刻理解所教知识。用苏霍姆林斯基的话来说，没真正做到“一辈子备课”；

(2) 找不到“交集点”，无法设计有效的能引发思考的好问题和大问题，因此不能形成智力挑战，也无法引发学生的兴趣；（见下文）

(3) 缺乏足够的现象材料（即经验，包括相关阅读、观察、实验等，换句话说，缺乏第二套大纲），导致学生已知知识不足，新知识就缺乏一个背景，变得较为抽象而难以理解，因此丧失兴趣。

高度的注意力总是源自这样的情况：问题触发了原有的经验，原有的经验因此进入一种重新整理（编码，理解）的过程。在这里，有两个必要的条件：已有的经验，没有这种经验，教学将只能是痛苦地死记结论；有效的问题指向，使得仅仅作为形象的现象的原有经验，开始面临着重新整理的挑战与契机。

所以这里事实上就要求我们做到：

1. 如何在事先填充孩子的经验（形象可感的体验及不随意识记）？

2. 如何用问题或作业，诱发经验重组的发生？

确保课堂注意力可以有四种方法：惩罚、奖励、智力挑战、训练有素。

这里苏霍姆林斯基强调的，正是第三种智力挑战（苏解释了智力挑战之可能的条件），而这样智力挑战一旦成为习惯，就成了第四境界：思的训练有素。

在平时的课堂中，我们通常会采取如下措施来吸引学生的注意力：

第一类方法：增加现象材料

（1）引入课外阅读材料，尤其是新鲜的材料（例如作者逸闻）来丰富和活跃课堂；

（2）采用直观教具或实物进行教学；

（3）利用多媒体设备（PPT、电影、电视等）。

……

第二类方法：改变教学方法

（1）反复强调，加强纪律管理；引入奖惩机制，例如小红花等方式，更多的时候是语言鼓励或批评。

（2）突击提问（或多种方式提问，迫使学生集中注意力）。

（3）插入笑话进行调剂，或使授课更为幽默。

（4）让学生带着任务听课。

（5）通过强调学习目的促使学生集中注意力。（例如强调所教知识的重要程度，与考试乃至于个人前途的关系）

（6）采取灵活多样的方式，包括增加师生或生生互动。

（7）更多地联系生活经验或设置接近学生经验的教学情境，让课堂显得生动活泼。（生活化）

（8）增加课堂上“思”的含量，更多设计有挑战性的问题。

……

如果对照苏霍姆林斯基的理论进行检讨，会发现其中有些是无效的，有些是有效的，有些是否有效无效，取决于如何运用。

苏霍姆林斯基在许多条中讲到了注意力问题。将这些问题概括一下，大致有：

1. 让每一个孩子在课堂上进行脑力劳动，这种脑力劳动会带来成就感、自豪感。（这意味着要给予不同的孩子不同的任务，使他不因为任务太难而丧失信心直至放弃，也不因任务太简单而无所事事。）

2. 如果一个学生广泛地阅读，那么在课堂上所讲解的任何一个新概念、新现象，就会纳入他从各种书籍里汲取到的知识的体系里去。在这种情况下，课堂上所讲授的科学知识就具有特殊的吸引力：学生感到这些知识是帮助他把“头脑里已有的”东西弄得更加清楚所必不可少的。

3. 在课堂上使学习的形式多样化，可以说是教育学上的“窍门”之一。经验证明，在一年级刚开学的时候，不应当有“纯粹的”阅读课、写字课或算术课。形式单调会使儿童很快感到疲劳。当儿童刚刚开始感到疲劳的时候，我们就马上变换作业形式。图画是使作业多样化的有力手段。

4. 为了使少年学生能注意听讲，我们力求使讲课的思路达到最清晰的程度。这一点对于那些思维操作比较迟缓的学生尤为重要。因此，教师所知道的东西，就应当比他在课堂上要讲的东西多很多倍，以便能够应付裕如地掌握教材，在课堂上，能从大量的事实中挑选出最重要的来讲。

当然，得承认，注意力还与课堂节奏、教师个人风格、师生关系以及物理环境等诸多因素有关。但对课堂教学而言，教师能否抓住或制造交集点，是一个关键因素。

（二）交集点

苏霍姆林斯基在许多地方都谈到“交集点”（有时译为交接点、接合点、关键点）：

第 8 条：获取知识——这就意味着发现真理、解答疑问。你要尽量使你的学生看到、感觉到、触摸到他们不懂的东西，使他们面前出现疑问。如果你能做到这一点，事情就成功了一半。但要做到这一点并不那么简单。在备课的时候，你要从这样的角度对教材进行深思熟虑：找出因果联系正好在那里挂钩的、初看起来不易觉察的那些交接点，因为正是在这些地方会出现疑问。而疑问则能够激发求知的愿望。

第 11 条：对学习最“差”的和学习有困难的学生来说，对新教材的这个专门思考的阶段尤其必需。有经验的教师都特别重视让学习有困难的学生集中注意教材中的一些“点”，这些“点”实质上就是因果联系，即知识的基础。多年的经验证明，学习困难的学生的知识不够巩固，其根源就在于他们没有看出、没有理解各种事实、现象、真理、规律性之间相互交接的那些“点”，正是在这些“点”上产生了各种因果的、机能的、时间的及其他的联系的。正是对这些“点”，应当引导学习困难的学生加以注意。

第 21 条：对知识的兴趣的第一个源泉、第一颗火星，就在于教师对上课时要讲的教材和要分析的事实所抱的态度。真理的知识在学生意识中的产生，来源于学生认识到各种事实和现象之间的那些接合点，认识到把各种事实和现象串联起来的那些线索。我在备课的时候，总是努力思考和理解那些接合点和线索，因为只有抓住这些思想的交接点，才能在认识周围世界的真理和规律性中揭示出某种新颖的、出人意料的东西。

第51条：怎样才能做到使教学成为复杂的思考工作，成为获取知识的活动呢？这里什么是最重要的呢？获取知识——这就意味着发现真理、发现因果联系及其他各种联系。这就意味着解决疑问。你很熟悉，当教室里出现了那种“不懂的地方已很清楚”的迹象时，或者形象地说，当这只鸟降落在教室里的时候，孩子们的眼睛是怎样闪闪地发光，教室里是笼罩着一种多么特别的、难以比拟的寂静气氛的。你要努力做到，使你的孩子们十分明确地理解、感觉到和看到那“不懂的地方”，——就是说，使他们面前出现疑问。如果你幸运地做到了这一点，那么事情就成功了一半。

就是说，在备课的时候，正是要从这个观点对教材进行一番思考：要找出那些乍看起来不易觉察的“交集点”，即各种因果联系、时间联系、机能联系交叉集结的地方，因为疑问正是从这些联系中产生的，而疑问本身就是一种激发求知愿望的刺激物。

常有这样的情况，就是引导学生接触到问题以后，由你自己来讲解教材。为了使学生在这样的情况下也能积极地学习，你就应当清楚地了解每一个学生的知识水平：有的学生知识水平高些，有的就低些；有的学生能牢记学过的东西，有的就忘掉了一些。正是在这里，你要当好学生脑力劳动的指导者，使每一个学生在仔细听你讲解的时候，就跟着你的思路走，并且同时在自己的知识储备里找出那里所保存的东西。如果在预定应当保存着知识的地方是个空白点，如果有的学生已经迷失了你讲课的思路，那就必须以补充的讲解来填补这个空白。这是需要有很高的技巧的。你要能够看得出：正是现在，在这一瞬间，有的人已经“断了线路”；你要能立刻就回想起，学生忘掉的可能是什么地方，听不懂教材的原因在哪里。常见的做法是，在这个时刻，你要想取得“反馈信息”，可以提个问题，让学生用一句话或者几句话简短地回答一下，你就已经清楚地知道，个别学生发生了什么困难，以及怎样帮助他们去克服这些困难了。

在讲课过程中，有经验的教师正是在那些各种思想相互交叉、纠缠、碰头的“交集点”上，即意义联系的地方，特别注意监视学生的脑力劳动。正是在这些理解教材道路上的“监督点”上，教师应当以这些或那样的方式进行检查：我是否把要给予他们的全部东西，都带到了这个点上？

当我教给学生新知识的时候，他们是从“知识仓库”的哪些角落里提取和利用自己的储备的？在这些“监督点”上进行检查，是使学生积极地获取知识的重要前提。根据所学教材的具体内容，这种检查可以用各种方法来进行：提出问题，要求学生做概括性的回答，布置短小的（一两分钟）的实际作业等。

如果已经查明有的学生在有些地方没有弄懂，有经验的教师并不重新从头讲起，而是在前面的“监督点”上去寻找“可疑点”，找到以后，再提出些问题，以便使学生自己去抓住断掉的思路，使他们想起那些妨碍理解新教材的东西。

当教师叙述、讲解教材的时候，以及乍看起来似乎学生并没有积极活动的时候，也能让学生积极地获取知识，——这是我们的教学实践中最复杂的问题之一。

苏霍姆林斯基讲述的重点是教材中的“交集点”，即教材中各种因果关系交错的地方。这些地方往往晦暗不明，正是产生疑问的地方，而对新知识的掌握，正是通过对这些因果关系的梳理（由晦而明，问题解决）而完成的。例如：

鹰和狐狸

某日，有人逮到了一只鹰，剪短了他的翅膀，把他关进场院和家禽一起喂养。鹰十分伤心，垂头丧气，拒不进食，那副神态活像是一位被囚的君王。

没隔多久，另一个人来把鹰买去了。他撩起鹰翅膀上的羽毛，在受伤部位涂上一些药，于是翅膀又长成了原来的模样。鹰再度飞入高空，发现了一只野兔，就把他捉了来作为礼物送给主人。

狐狸把这一切全看在眼里，就对鹰说道：“你不该把野兔送给现在的主人，而该送给原来的主人。现在的主人本性善良，但原来的主人你非得给他送礼不可，免得他又来逮你，剪你的翅膀。”

《伊索寓言》中的这个文本，明显的因果关系交错处即在于，本来鹰应该“知恩图报”，将野兔送给现在的主人，但是狐狸却建议送给原来的主人，“免得他又来逮你，剪你的翅膀”，这与阅读者的原有经验相悖，就产生了一系列的疑问：

1. 为什么狐狸会给出与常理相悖的建议而且似乎很合理？

对于这个问题的探究，有助于理解《伊索寓言》的特征。这里借狐狸揭示的，是那个时代的一种流行逻辑，这套逻辑不叫“以德报怨”，它的逻辑核心，不是“报”，而是“保”，即不是报恩，而是保己。新主人对自己没有危害，旧主人则可能继续危害自己，所以不回报新主人，不会招灾，但不贿赂旧主人，则可能遭殃。它体现的是那个时代社会的残酷真相。伊索作为奴隶，他的寓言，从某种意义上是奴隶哲学，这种哲学的核心，是远祸全身，钻营求福，如同现在流行的成功学或心灵鸡汤一样，是以功利主义为核心的。他的智慧，主要是生存智慧，而非事关存在的大智慧（如庄子寓言）。

2. 如果我们是鹰，会听取狐狸的意见吗？

这是由自居自然而然会产生的问题，对这个问题的讨论，有助于发展阅读者的道德水平。因为解释这个问题，有助于阅读者对自己的道德观念进行检讨：自己打算做一个彻底的利己者，还是遵照良心法则行动，纵然有可能引起不好的后果？

显然，苏霍姆林斯基认为，教师在教学中，应该找到教材中的这些交集点，然后利用交集点产生疑问，通过解决疑问更积极地进行思维，更有效地掌握关键知识。

很多时候，学生并不容易发现教材中的因果联系，这时候需要教师的介入，揭示其中的矛盾以引发学生思考。

例如，在《丑小鸭》中，有这样一句话学生很容易忽略：

“如果你是一只天鹅蛋，哪怕生在养鸭场里也没关系。”

那么老师就可以提问：丑小鸭原来是一只天鹅蛋，那么，这是不是说，它纵然不努力，最终也会变成白天鹅？而如果它是一只鸭蛋，那么无论怎么努力也是无用的？

这是老师揭示的文本中的矛盾。

对这个矛盾的聚焦，将使课堂变得精彩，使学生进入思考，并真正领会童话的主题与手法（知识）。即这篇童话的主要写作手法是象征，天鹅蛋象征了一颗高贵的心。

什么是高贵的心？进取，不甘平庸，以生命来追求、追随美好，谦卑……的心，才是高贵的心。而这样的心，我们本来都是具有的，只是岁月的流失，现实的压迫，内心的失守，平庸的围困……我们自己高贵的心被遗忘了，当我们偶然想到曾经也有高贵的心的时候，我们自己都不敢相信！我们不知道我们是谁了。“是那只为别人下蛋而获得生存的母鸡，或者设法取悦主人的猫？或者，是那只向往广大的世界的丑小鸭？我们是不是把那只母鸡的幸福生活，当成了我们的最高标准？”母鸡、猫和丑小鸭一样，都是安徒生童话里的“人物”。

可以想象，这种讨论的深入，无论对学生领悟活的语文知识，或者对学生理解主题，甚至与生命共鸣，都有着非常积极的意义。

再如，在《孩子们，你们好》一书中，阿莫纳什维利记录了这样一个案例：

在最近几天我已经给他们做过类似的作业，但绝非所有的孩子都能解答。我指着黑板上画着的梨——3 个小的和 2 个大的，问他们：

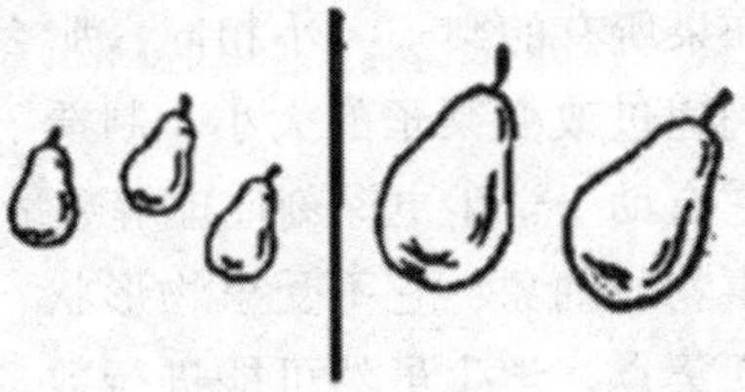

“哪边的梨多一些；左边的还是右边的？”

“右边的多！”他们对我说。

“让我们一起来数一数！”我建议说。

我们一起数的结果是：左边——3 个；右边——2 个。我在画的下方写上了数字。

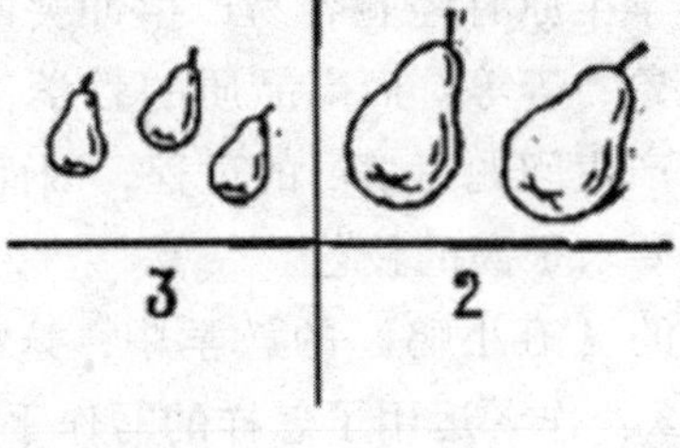

“哪个数大——3 还是 2？”

“3 大！”孩子们对我说。

“那么，哪边的梨多——左边，还是右边？”

“右边多！”

“为什么？”

孩子们给我“解释”：“这是很明白的——右边的梨大，而左边的梨小。”

当时只有萨沙没有屈从于皮亚杰现象。

“不对！”他说，“左边有 3 个梨，右边只有 2 个，也就是说，左边的梨多！”

我迅速地跨着大步走向萨沙，郑重地向他伸出了手。

“让我握握你的手！”

萨沙疑惑不解地向我伸出了手。全班的孩子都好奇地注视着我们：怎么一回事？

“谢谢你，萨沙，你学会了思考！今天你使我非常高兴！”

在这个案例中，如果所有的梨子大小相同，那么学生能够进行顺利的比较。但阿莫纳什维利通过改变梨子的大小，制造了一个交集点。这个交集点非常重要，因为它有助于学生更深刻地理解数量（“多少”）概念的本质，即数量概念是对事物的抽象，它不受事物形状、大小等物理属性的影响。而如果没有这个交集点，学生虽然可能进行数量运算，但对数量的理解是相对肤浅的。可见，好的交集点能够引发好的问题，对问题的解决有助于学生深刻地理解和掌握知识。

（三）交集点与课堂提问

通常而言，教学必须从问题出发。

交集点，就是可能引发高品质问题的情境。它可能指教材中因果关系错综复杂的地方，或与学生原有经验容易产生冲突的地方，或一些引发困惑的实验场景、自然现象，等等。而高品质的教学，就是找出或制造这种情境，然后，从情境中产生问题。学习的过程，因而就是问题解决过程。

因此，提问是一门要求很高的技艺。

例如，在上面所说的《丑小鸭》的教学中，这样的提问就是糟糕的：《丑小鸭》的主题是什么？作者运用了怎样的写作手法？（这正是现在课堂教学中最常见的提问方式）因为这种提问无法引发学生的认知冲突，学生回答这种问题的过程，不是提出或借助新的解释（即新的知识）来使问题情境变得清晰明朗，而是从以往经验中寻找相应的词语去套用这篇课文，纵然套用的概念是合宜的（例如学生指出写作手法是“象征”），也并不意味着课文或概念被理解了，至少不意味着被深刻理解了。用苏霍姆林斯基的话来说，知识是死的，并没有在运用（解决问题的过程就是运用过程）中活起来，因而无法完成有效的建构。

利用交集点设计问题，要特别注意：交集点的选择或制造，取决于教材（或现象）本身的倾向性以及教学目标这两个要素。

例如，我们把“苹果落到地上”视为一个包含着交集点的现象，那么，这个现象对于物理学家（例如牛顿）、生物学家以及哲学家的意义可能是完全不同的。牛顿会向这个情境提问：为什么苹果向下落而不是向上落？他对这一情境的探索的结果，可能是获得了万有引力定律这一新知识，从而使这一现象成为可理解的。生物学家会向这个情境提问：为什么苹果到了一定的时候就要落下来而不是一直在枝头？他对这一情境探索的结果，可能是获得关于果实成熟后果蒂变化的知识，从而使这一现象成为可理解的。而哲学家或许会向这一情境发问：死亡究竟意味着什么？他对这一情境探索的结果，可能是获得关于死亡本身的一种领悟，这种领悟有可能指导他更好地生活。

好的教学中，教师能够根据教学目标的需要，准确地抓住教材中的关键，然后带领学生持久地聚焦，直到揭示出现象背后所隐含的本质（知识）。这种抓取咽喉（交集点），直取要害（向现象提问），抵达本质（解释现象的知识）的能力，就是优质教学的本质所在。

所以，教授新知识，老师不妨问自己一组问题：

1. 我打算教什么？（通过解读教材，找出包括技能在内的关键知识，明确第一套大纲，包括明确这个关键知识在整个体系中的位置，以及与其他知识的关系。）——确立第一套大纲

2. 我打算选择怎样的情境？（事实、现象、例题……广义地说，是指第二套大纲。这种情境，是建立在教材情境的基础之上的。例如讲一篇课文，课文即情境，但课文无法引起学生的兴趣，或者感觉到不充分，就可以引入另外的文本、事实、现象等。尤其提醒的是，情境要提供适当的刺激以引发学生的兴趣。）——确立第二套大纲

3. 根据我的教学目标，我从情境中选择哪些交集点？我如何将学生的注意力聚焦于这个交集点并产生疑惑？或者换一种说法：我如何在最有价

值的情境中提出有挑战的任务（问题）？——提出核心问题

4. 我如何协助学生运用已有知识连续不断地思考事实、现象并完成任务？并在完成任务的过程中掌握新知识？（这里涉及一些重要的原则、技巧）

5. 我设计怎样的情境（作业、任务……）让学生运用新知识进行检验，并体会成就感？（要努力协助学生获得成功，包括为学生提供必要的支持）

总结一下，教学时，应该以学生的脑力劳动为核心，让上述关键知识“活起来”。主要包括下面三个步骤：

1. 将事实（关键知识）与现象（尤其是“交集点”）联系起来，激发学生的惊奇感（疑问、兴趣），给学生以明确的任务；

2. 让学生在思考事实、现象的过程中通过解决具体任务理解和掌握抽象真理（关键知识），并发展思维能力；

3. 让学生将知识加以运用，在运用中加深理解和巩固，并使学生体验到一种理智高于事实和现象的“权力感”（增加自我感受，即自尊感、成就感）。

最后补充一下，为什么课堂上往往要有大问题，而要避免成为无数琐碎的小问题的汇聚？

因为一节课上所要掌握的关键知识是有限的，往往只有一两处核心，那么就必须针对这一两处核心提问，是之谓大问题。虽然在解决问题的过程中仍然会有不少小问题，但如果没有大问题笼罩，小问题便失去了方向。

（四）对“交集点”的再思考

应该说，苏霍姆林斯基非常敏锐地抓住了课堂教学的一个关键，即教师不能平均化（面面俱到）地处理教材，而应该抓住交集点来组织教学。

因为教材不是均质化的，一个文本（现象），就像一个人体，而解读者就像医生。文本充满了关系，就像人体中各种血管之类密密麻麻地交织在一起。人体中总有一些要害（交集点、各种组织复杂交错的地方），文本中也总有一些要害（交集点、各种线索关系交错的地方）。这些要害（交集点）的重要程度（即复杂和丰富以及与主题关联程度）各不相同，但并存于一个系统之中。（好的结构图，例如鱼骨图，就能够比较好地呈现这些关键）在教学中，交集点的重要性是依据其复杂程度（是否复杂，要视与目标的关联程度而定）依次降低的。

但是，苏霍姆林斯基的“交集点”的概念倾向于客观，即“交集点”更多地指教材中的一些可以更好地用于教学的部分，可以称之为“兴趣点”或“兴奋点”。

然而，我们可以更好地拓展“交集点”这一概念，对之做出修正，将苏霍姆林斯基已经隐隐触及但没有明朗化的思想予以清晰化。因为找出这种客观存在的交集点，只是高品质的教学的前提，并不一定导向高品质的教学。因为这里的“交集点”，仍然只是现象，与认知无涉的现象而已。

所以不妨重新追问：谁跟谁交集？

从学习的角度或者说经验建构的角度来说，更准确地表达，应该是新的有待解释的现象（或问题，即原来的“交集点”）与学生原有认知经验的交集（冲突）。这种交集或冲突，是诞生或掌握新的观念（指新知识）的开始，或者说开拓了建构新观念的可能空间。

要注意，一个包含了丰富的因果关系的现象（即苏霍姆林斯基所说的“交集点”）很有可能无法引起一个学生的认知兴奋（解释这个现象所需要的知识，或远高于，或低于他原有的经验水平）。

可能需要引入维果斯基“最近发展区”这一概念重新阐释“交集点”。所谓“最近发展区”，是指儿童发展的可能性与他的现实水平之间的差距。

好的交集点，就是一个拓展出最近发展区的起点行为。

这个最近发展区的外端，是儿童接触到并在一定程度理解科学概念，这个最近发展区的内线，是儿童对现象开始困惑、兴奋、思考并尝试做出解答。而实现这个区间大小（即内线起点的强烈程度，和外线的延伸程度），应该是“教学”。

教学，先创造出一个儿童认知与现象间的交集点，然后，开拓出一片这个领域的最近发展区，最终，儿童借此接近这个领域的“科学概念”。

五、思维课

苏霍姆林斯基在智力生活方面，敏锐地意识到，智力领域的死记硬背现象，学生的厌学情绪，后进生的形成，跟知识没有在学生的思维中活起来有关。而要知识真正地活起来，一方面要关键知识准确和明确（第一套大纲），另一方面，特别重要的是，要为掌握关键知识而准备足够的智力背景（第二套大纲），这智力背景是指相对固定的“课外阅读和其他资源来源”。

但是，对小学一、二年级乃至学前儿童而言，他们的识字量非常有限。并且，在自动化阅读能力形成之前，他们阅读尚且存在一定的困难，那么，针对他们最初的学习，应该以怎样的方式提供丰富的智力背景？

苏霍姆林斯基提出了“思维课”这一概念。

（一）什么是思维课

在《蓝天下的学校》中，苏霍姆林斯基这样描述“思维课”：

我竭力要做的是，让孩子们在没打开书本去按音节读第一个词之前，先读几页世界上最美妙的书——大自然这本书。

在这里，在大自然当中，有一个想法是特别明确和清楚的：我们教师们与之打交道的，是自然界中最娇嫩、最精细和最敏感的东西，那就是小孩子的大脑。当你想到大脑时，就要想象这是一朵挂着露珠的娇嫩的玫瑰。要做到摘下花朵而又不使露珠被抖落，需要多么的小心谨慎。我们时时刻刻需要的正是这种审慎态度，因为我们接触的是自然界最精细、最娇嫩的东西正在成长的机体身上会思维的物质。

孩子用形象进行思维。例如说，当他听老师讲一滴水旅行的故事时，便在自己的想象中描绘白色的滚滚晨雾、乌黑的雨云、隆隆雷声和淅淅春雨。他想象的这些景象越鲜明，对自然规律的理解就越深刻。他脑子中娇嫩敏感的神经元还不够强壮，要发展和加强它们。

儿童在思维……这就是说，他大脑半球皮质的某一部分的神经元在感知周围世界的形象（图片、实物、现象、词语），并通过极精细的神经细胞，犹如通过交通渠道，发出信息。神经元对这些信息进行“加工”，系统化、分类、对比、比较，而这时新的信息又不断输送进来，又要一再感知、“加工”。为了既能接受接踵而来的新形象，又能“加工”信息，神经元的神经能要在极短暂的时间内从感知形象瞬息间转而去“加工”它们。

正是神经元的神经能量的这种神速转换，我们把它叫作思维，——孩子在思考……儿童的脑细胞如此娇嫩，对感知对象的反应如此敏锐，以至于只有当感知和思考对象是可以看见、听到和可以触摸到的形象时，才能正常工作。只有当出现在儿童面前的形象，或者是直观的现实形象，或者是描述得非常鲜明、使儿童好像看得见、听得着、触得到的语言形象时，作为思维实质的思考转换才有可能进行（正因为如此，孩子们如此喜欢童话）。

儿童大脑的自然属性要求，对他的智力培养须在思维源头，即在直观形象中，首先是在大自然中进行，使得思维由具体形象向着这个形象的信息“加工”转换。如果孩子脱离大自然，从一开始学习起就只感知词语，脑细胞很快就会疲惫，以致无法完成教师布置给他的工作。然而这些细胞却是需要发展、增强和积蓄力量的。正是这个缘故，许多教师在低年级往往会遇到这样的情境：孩子老老实实地坐在那里两眼瞪着你，好像在注意听讲，可是一句话都听不懂。这是因为教师只管滔滔不绝地讲，而孩子要思考规则，要解答算题，要解释例子——这些全是对事物的抽象和概括，而没有生动的形象，脑子很疲劳……学习跟不上的情况便由此产生。这就是为什么要在大自然中发展儿童的思维、增强孩子的智能，这是儿童机体自然发展规律的要求。所以说，到大自然去的每次游览就是一堂思维课，一堂发展智力的课。

究竟什么是思维课？

用苏霍姆林斯基的话来说，所谓思维课，这就是生动地、直接地感知周围世界中的形象、画面、现象和事物，并进行逻辑分析，获取新知识，进行思维练习，找因果关系。

这里包含了两层意思。

一是要让孩子“生动地、直接地感知周围世界中的形象、画面、现象和事物”。在这里尤其重要的是，要经常带孩子到大自然中去，低年级及学前儿童的真正的“学校”，应该是“蓝天下的学校”，大自然的种种奥秘与神奇，大自然的丰富的变化，是孩子进行最初思维的前提、材料，是孩子真正进行思考的智力背景，是一种非常特殊的“第二套大纲”。

二是要引导孩子“进行逻辑分析，获取新知识，进行思维练习，找因果关系”。就是说，不但要让孩子感受大自然的种种现象，更重要的是，要让孩子通过观察产生丰富的问题，头脑中盘旋着诸多的“为什么”，产生一种惊异，一种认知上的兴奋，并对蕴含在自然现象中的因果关系进行初步的思考。这是一个开端，是一个从具体思维向抽象思维逐渐过渡的开端。所谓具体思维，就是指“用形象、色彩和音响来思维”，思维还没有从内容中抽象出来，还在很大程度上停留于直观阶段，没有充分地概念化和形式化。

阅读“大自然的书”（特殊的第二套大纲），因此就具有两方面的意义。一方面，是让词语鲜活起来，与活生生的形象建立起关联：

我开始同孩子们进行到词语源头去的“旅行”：让孩子们看到美的世界，并竭力使他们从心底里感受到词语的乐音。我力求做到使词对于孩子不光是事物和现象的标记，而是还包含情感色彩——它的芳香和细微差异。重要的是要让孩子们像听美妙的旋律那样聆听词语，要让词语美和词语表达的那部分世界的美能引起对字母的兴趣，也就是对表达人的言语声音的那些花纹的兴趣。在孩子们还没有感受到词语的芳香、没有觉察它的细微差异之前就不能开始识字教学；如果教师教字，那就会使孩子陷入繁重的劳动。（孩子最后会挑起这副重担，但要付出多大的代价啊！）读写教学在下面这样的条件下才会容易进行，这就是使识字对于孩子成为生活中鲜艳夺目、兴趣盎然、充满生动形象、声音和旋律的一部分。要孩子必须记住的，首先应当是有趣的。

就是说，最初的学习（尤其是词语的学习，这是一、二年级最重要的任务），要防止机械地记忆和练习，而首先要让词语成为生动可感的形象。如果一个孩子看到词语，头脑中无法浮现出生动鲜明的形象，无法直觉到词语与词语之间的微妙差异，那么，学习即是枯燥的，也是无意义的，并且他将无法真正准确地在阅读中领悟其微妙含义以及在写作中运用它。同时，越无法形成生动的形象，学习就变得越机械和困难，越容易形成生动的形象，学生就变得越来越轻松有趣。

另一方面，是促进学生对大自然中因果关系的思考，发展思维能力：

表象，不管它有多么鲜明，不是教学的目的本身，也不是教学的最终目标。

智育从有理论思维的地方开始，这儿生动的直觉并不是最终目标，而仅仅是手段。周围世界的鲜明形象对教师来说是一个源泉，在它形形色色的多种表现形态中，隐藏着千百个问题。揭示这些问题的内容，教师就好像在翻揭《大自然的书》的书页。

也就是说，对大自然的观察，意味着不是止于现象，而是尽可能深入地探究现象背后的关系，这是观察最重要的目的，也是思维课的本质所在。

显然，思维课的原理与两套大纲、随意识记与不随意识记在本质上是一致的。因此，如果受到了条件限制（例如去大自然中的机会很少），那么同样可以开展思维课：

带孩子去商场认识各种商品；

在教室里种养花草；

……

（二）思维课的误区

误区之一：将思维课当成一种新的课型。

思维课不是通常意义上的“课”，因为它并没有精确的教学目标，以及精心的教学设计。它更接近于一种特殊的“儿童课程”，它不强调精确的有固定目标的训练，而是主张努力地给孩子以丰富的刺激。这种刺激越丰富和深入，越有利于孩子的思维，越有助于孩子以后的学习。

更重要的，它应该成为一种意识，一种家长和老师都应该具备的意识：带孩子到大自然中去，鼓励孩子的自由观察与探索，与孩子保持丰富而适度的交流……孩子年龄越小，思维课应该越频繁。

误区之二：将思维课当成旅游或课外活动。

思维课，并不是简单地把孩子带到大自然中去，它与旅游有着本质的区别。旅游可能是一种娱目，一种消遣，一种休息，但它并不必然地导向发展思维。而思维课虽没有精确的教学目标，但却有明确的目标。因此，思维课包含了家长或教师的一种引导，通过引导将孩子的注意力引向细致地观察，引向对包含在大自然中的不易觉察的“交集点”的思考。

这种引导，对家长或教师也提出了一定的要求。不但要求具备相关的丰富的自然知识，而且要求具备一定的教育学素养。

误区之三：将脱离形象的思维训练当成了思维课。

有一种专门针对思维而进行的思维训练。例如，尽可能多地写出曲别针的用途。再如，用两个三角形、两条直线、两个圆组成有意义的图形，能组成多少个？这种思维训练的目标往往非常精确，例如是训练发散思维还是聚合思维？等等。

但这不是苏霍姆林斯基所说的思维课，而是一种孤立的精确的思维训练，是一种形式化的逻辑练习，可以在任何年级进行。它作为一种辅助练习未尝不可，但不是真正发展思维的根本方法。真正的发展思维，不能脱离实践，脱离具体的问题或任务。——对低年级来说，就是不能脱离非常直观的现象。

最后要指出的是，思维课也不同于所谓的情境教育。

思维课的特征，可概括为两条：一是大自然中的丰富的形象；二是引导学生进行质朴的思考，对丰富的形象之间的关系进行思考。

和情境教学相比，思维课有两个特点：一、这些活生生的现象，是未经精心组织的，是自然存在的；二、这里没有明确的知识会出现，而永远是儿童所能够自发地关联到的程度。而情境教学的情境，是我们精心设计的，而其中已经隐含了我们想要授予的知识。或者说，思维课的直观是自然的，学生的思维也是自然产生的，它的核心是思考；而情境教学法中的直观是教师有目的精心设计的，它的核心是知识。

六、直观性

为了刺激学生的思维，教学中经常要利用直观性作为手段。思维课，就是对直观手段在低年级及学前阶段的作用的一种强调。而实际上，直观性的运用要广泛得多。

那么，什么是直观性？如何利用直观性促进学生的思维？直观性的运用有哪些误区？

（一）什么是直观性

苏霍姆林斯基在许多地方对直观性进行了论述：

培养注意力的唯一手段，是对思维施加影响，直观只有在促进思维过程的时候，才有助于发展和加深注意力。

然而，直观的目的绝不是要使学生的注意力在整节课中都固定不变。课堂上之所以要使用直观教具，为的是使学生在认识的某个阶段能脱离形象，进而领会概念和理解规律性。

儿童是用“形式、声音、色彩和感觉”来思维的。这一年龄规律，要求在自然环境中发展小孩子的思维，使他们同时能看得见、听得见、感受得到，并能进行思考。直观性是一种发展注意力和思维的力量，能使认识带有情绪色彩。由于同时能看得见、听得见、感受得到并进行思考，孩子的意识中就形成了心理学称为的情感记忆；记忆中形成的每个表象和概念不仅同思想有联系，而且同情感和感受也有联系。如果不形成发达的、丰富的情感记忆，就谈不上童年时代有充分的智力发展。

经验表明，这些学生的智力发展很大程度上取决于由形象思维向概念思维过渡，需要多长时间和经历怎样的步骤。有些学习困难的学生老是不行，老师也不知道对他们怎么办，如何激发他们的思维。这主要是因为，他们没有经过长时间的“形象思维”训练，教师却催促他们快些过渡到抽象思维，而学生对此却完全没有准备。要知道，学习困难的学生往往不会举例子说明费大劲才能记住的规则，这就是形象思维和概念思维脱节的一种后果，是教师操之过急造成的后果。（《直观是认识的途径，是照亮认识途径的光辉》）

但也不能夸大自然界在智育中的作用。有些教师抱着一种很错误的看法，他们认为，只要有自然界存在于儿童的周围，那么这一事实本身里就包含着智力发展的强大动力。只有人去认识自然界，用思想去钻研因果联系的时候，自然界才能成为教育的强大源泉。过分强调直观性，是把儿童思维的个别方面绝对化，把知识活动局限于感觉的范围。不应当把儿童思维的特点——包括儿童是用形象、色彩、声音思维的这一特点偶像化。固然，这一特点是客观真理，康·德·乌申斯基早已证实了它的重要性。但是，如果说儿童是用形象、色彩、声音思维的，那么由此并不能得出结论说，不应当教给儿童进行抽象思维。有经验的教师在强调直观性的重要性和自然界在智育中的重大作用的同时，也把这些因素看作是发展抽象思维和进行目的明确的教学的手段。（《大自然的书》）

我提出的目的是：要把周围现实的画面印入儿童的意识里去，我努力使儿童的思维过程在生动的、形象的表象的基础上来进行，让他们在观察周围世界的时候确定各种现象的原因和后果，比较各种事物的质和特征。我们的观察证实了儿童智力发展的一条很重要的规律性：儿童在课堂上要掌握的抽象真理和概括越多，这种脑力劳动越紧张，那么儿童就应当越经常地到知识的最初源泉——自然界里去，周围世界的形象和画面就应当越鲜明地印入他的意识里去。但是鲜明的形象并不像在照相底片上那样反映在儿童的意识里。表象——不管它们是多么鲜明，并不是目的本身和教学的最终目的。智育是从有理论思维的地方开始的，生动的直观并不是最终目的，而是手段：周围世界的鲜明形象对教师来说只是一种源泉，在这个源泉的各种形状、色彩和声音里隐藏着成千上万个问题。教师揭示这些问题的内容，就好像在翻阅这本《大自然的书》。（第58条）

经验告诉我们，在这个年龄期，数学的教学水平在很大程度上影响着少年对脑力活动的兴趣发展，也影响到学生的整个精神面貌。学生逐步认识到抽象和概括活动的重大意义，这不仅发展了他们进行复杂的思维运算能力，而且加强了他们对周围生活中的因果联系的纯智力的敏感性。他们对那些不能直接观察到的东西，有意识地想去进行思维的分析。过分明显和直观的因果联系反而会削弱他们对现象或事件的兴趣。（第 72 条）

在一个真正的教师手中，直观手段不仅是为了演示，为了形成关于事物的鲜明表象，而且是为了让学生进行独立研究。这里包含着一种特殊的教学论目的：在独立研究的过程中，学生头脑里会产生许多问题，在普通的、经常遇到的事情中有许多复杂的东西这一点使他激动，促使他去思考现象的本质。所有这些也就是一种情绪——意志刺激，没有它，思维活动的幼芽就会枯萎。（第 89 条）

不应当过分追求直观性。不要在儿童早已知道的东西周围“摆满”各种直观手段，——这会阻碍抽象思维的发展。即使教师拿一只活猫到课堂上来，儿童对猫也不会有更多的理解。如果真的有必要讲到猫，那你就得想一想，怎么给学生讲一点完全新的东西。（第 90 条）

什么是直观（或曰具体）？

给从没有见过香蕉的孩子出示一串香蕉，或香蕉的图片，帮助他建立起香蕉这种水果的形象，这是一种知觉的直观。

但苏霍姆林斯基所指的，主要不是这种直观，而是一种关系的直观，即思维的直观。例如，科学实验就是一种关系的直观，直观地显现现象中的因果关系。数学中解应用题时经常会借助于画图尤其是线段图，就是以图形的方式将题目中的关系表现出来。

但是，直观与抽象之间，并没有一条截然的界限。一种表达究竟是直观还是抽象，往往取决于认知主体的经验水平，直观与否，是对认知主体（即学生）而言的。如果脱离了认知主体，那么，任何表达都可能既是直观的，又是抽象的。以绘画为例，苏霍姆林斯基就说过：“绘画的直观性不仅是把表象和概念加以具体化的手段，而且是从表象的世界里解脱出来而进入抽象思维世界的手段。”

所以，直观与抽象总是相对的。

假设一个小孩从来没有“花”的概念（实际不可能，小孩在学习“花”的概念之前，已经接触到许多“花”并知道这些是“花”了），你将如何教给他？

第一个老师，给小孩看一朵具体的花，小孩“明白”了，这就是“花”。于是，小孩只要看到与这朵花形状、颜色不一样的花，就认为不是“花”。所以这时候，他对“花”的概念是非常模糊的。

第二个老师，给小孩看了一组各种各样的红花，小孩又“明白”了，他会逐渐舍弃形状上的特征（注意，这就是抽象的过程：舍弃次要的，无关本质的特征)，但只要看到一朵白色的花，就认为不是花。

第三个老师，给小孩看了一组形状颜色不同的花，小孩又“明白”了，他会逐渐舍弃形状和颜色上的特征（这是进一步的抽象），这时候，他对“花”的认识加深了，因为样本的丰富性（直观)，他逐渐从无关紧要的细节中摆脱出来，而能够深入“花”的本质特征中去。

如果学生基本掌握了“花”这个概念后，他会在以后的不断学习和运用中进一步地抽象，使“花”这个概念不断地丰富和加深，例如：

浪花、雪花、烟花……

姐妹花、花花公子、花样年华……

花名册、花言巧语、花天酒地……

如果这个学生以后成了伟大的作家，他甚至可以给“花”创造出新的意义。

这个过程，就是一个不断地从直观到抽象的运动过程，这个运动过程，就是概念的理解不断加深的过程，也是知识不断地活起来的过程。

教学的艺术，就是准确地判断学生的思维处于怎样的程度，然后决定在传授概念时，是更直观一些，还是更抽象一些。对学习困难的学生，所谓的降低难度，多数时候就是指更形象一些以便于理解和向抽象过渡，对学习优异的学生，所谓的提高标准，多数时候是指更抽象一些以便于从更高层面上把握。

关于直观与抽象的认识有一个误区，往往将二者割裂开来，似乎直观是低级的，而抽象是高级的，有些东西是直观的，有些东西是抽象的。这种认识，一方面助长了错误的感官刺激，另一方面助长了机械的训练，而没有意识到直观与抽象之间的辩证关系。

（二）直观教学的误区

运用直观的目的，是为了形象，还是摆脱形象？

准确地说，是为了通过形象摆脱形象。所以运用直观的成败，取决于是让学生的注意力集中于形象，还是寓于形象中的抽象？

举个例子，伟大的爱情片和平庸的爱情片的区别在哪里？伟大的爱情片，会通过生动鲜明的形象，以及主人公在关键时刻的选择（直观的形象和事件），将观众引向对伟大的爱情以及人的自由与尊严的思考（抽象的主题）。在伟大的爱情片中，这些抽象的思考（主题）是活生生的体现于生动的人物形象之中的。观众的注意力，最终会聚焦于对主题的思考。而在平庸的爱情片中，导演却会通过强化某些刺激（演员的容貌、装扮、风情等所给予观众的刺激，激情戏所给予观众的刺激，诸如主人公动辄得癌症等过于戏剧化的以催泪为目的情节所给予观众的刺激……），而让观众的注意力停留于这些刺激（幻想、由此引发的冲动以及肤浅的感动等），而无法进入对爱情本身价值与意义的抽象思考。平庸的爱情片往往也设定了主题，但因为没有寓主题于形象（人物性格、情节冲突）之中，所以主题仍然是抽象的，是标签式的。

大家会发现，这一区别，也是一切优秀文学作品与平庸的文学作品的区别，也是一切优秀的艺术与平庸的艺术的区别。

同样，这也是一切卓越的课堂与平庸的课堂的区别。在平庸的课堂中，刺激是单纯的刺激，知识是抽象的知识，二者之间只是简单的说明和比附，而并不是寓抽象的知识于鲜明的直观之中。

所以最好的课堂，常常是诗与思交织彼此水乳交融的课堂，这时候，抽象的知识以直观的方式显现。

再举数学上的例子。让学生摆小棒、数手指的目的，不是让学生的注意力聚焦于小棒和手指，恰恰是为了让学生通过小棒和手指，去理解寓于小棒和手指之中的抽象的数学关系。也就是说，真正要注意和理解的，是小棒和手指所代表的抽象的数字。

所以错误的直观教学，往往是教师有意无意地（经常是为了吸引学生兴趣）将学生的注意力引向形象本身，而没有引向“最主要、最本质的东西”，即通过直观所意欲让学生理解的内在关系。例如，摆小棒，是为了学生理解数量关系，如果学生的注意力放在了小棒的形状和颜色上（例如，老师找来了色彩鲜艳上面有花纹甚至图画的小棒），那么就偏离了本质。再例如，学生本来要理解的是“春色满园关不住，一枝红杏出墙来”中所蕴含的关系（“关”与“出”的紧张关系及其象征意义），但老师使用的图片或视频，却没有将学生的注意力引向这种关系，而是引向了春天的美丽，这就是不恰当的直观所导致的不恰当的刺激，反而是对学习的妨碍。

因此，理解下列结论是重要的：

1. 直观教学只是手段，而非目的，是为了刺激思维，使学生发展抽象能力，而不是为了简单地吸引注意力。许多花哨的课堂（老师用了许多图片、音像资料等），固然吸引住了学生的注意力，但本质上是一种猎奇，却丧失了思维的深度。

2. 直观性能给认识带来情绪色彩，而如果没有情绪记忆，就谈不上儿童完满的智力发展。

这一点不仅仅体现在语文教学中，例如，在数学中，通过手指、数小棒和围棋等方式让孩子学习数数和计算，其意义是什么？不仅仅是更直观更容易理解，儿童在用手指、小棒或围棋来进行运算（思维）时，他对所获得的结论（知识）是确信的，这种信赖或者说信任，就是一种积极的情绪，这种积极的情绪越强烈，儿童对知识越有信任感，这就是知识即信念的含义。当知识没有变成信念，就意味着你对知识不信任，知识就是外在于你的词语而已。而你对知识的理解越深刻，运用越深入，知识越会成为你的信念。

3. 个别困难学生的出现，是因为没有经过一番长期的“形象思维”的训练，过早地转向抽象思维所致，是形象思维与概念思维相脱节的结果。

七、劳动（活动）与智力

劳动，以及活动，是学校生活的重要组成部分。但是，它们与智力之间有何关系？它们对于生命的整体发展，究竟具有怎样的意义？

（一）苏霍姆林斯基关于劳动的论述

苏霍姆林斯基多次强调了劳动的重要意义：

在学校工作的十几年经验使我相信，劳动在智育中起着极其重要的作用。儿童的智慧在他的手指尖上。

这一教育信念是从观察中产生的，我看到，那些双手灵巧的儿童，热爱劳动的儿童，能够形成聪敏的、好钻研的智慧。我指的不是随便什么样的劳动，而首先是指复杂的、创造性的劳动，这种劳动里要有思想、有巧妙的技能和技艺。一年年积累的事实更有力地证明，这里面有一种直接的联系。手所掌握的和正在学习的技艺越高超，儿童、少年和青年就越聪明，他对事实、现象、因果联系、规律性进行深入思考和分析的能力就表现得越鲜明。

我竭力想弄懂这种依存性的科学根据，我读了不少学者的著作，同时又在研究教学和教育过程的各个方面和表现。我们想实际地利用劳动来达到对那些学习困难的儿童和少年进行智育的目的，于是吸引他们参加一些需要掌握复杂的实际技能和技巧的作业。这种劳动的典型特点，就是它的各个步骤和操作之间都有依存性，而且它要求高度的注意力、精神专注和动脑筋思考。在手的动作和思维之间进行着不断的传导：思维在检查、纠正、改善着劳动过程，而手似乎把各种细节和详情报告给思维，于是劳动就发展了智慧，教给学生合乎逻辑地思考，深入那些不能够直接观察到的某些事实和现象之间的依存关系中去。

吸引那些思维缓慢而混乱的学生参加复杂的、动脑筋的劳动，以及对他们的劳动活动的长期观察，这一切都帮助我更清楚地认识了思维形成的途径。我懂得了：如果一个人在学习上遇到困难，那么产生这些困难的最主要的原因，就在于他不能看见事物之间的关系和相互联系，也就是说，他离开“事实”就不能进行思考。而最容易看见事物之间的关系和相互联系的机会，则是在它们以直观的形态（在劳动活动中）呈现出来的地方。(第 28 条)

……人的手可以做出几十亿种动作，它是意识的伟大的培育者，是智慧的创造者。遗憾的是，手对于培育智力的作用（特别是在童年和少年早期解剖生理过程迅猛发展的时期）这个问题，还研究得很少。令人莫解的是，直到最近，当谈到应当吸引学生参加劳动的问题时，人们所依据的理由，总是说这是为了克服学校过分追求发展智力的偏向。这是多么荒谬的逻辑：好像双手不做事，就有发生智力肥大症的危险。

实际上，这种情况是没有也不可能发生的。双手无所事事，也像不假思索地随便找点体力负担给学生让他有事可干一样，这两种做法对于少年的智力发展是同样有害的。我在 10 年的时间里观察过 140 名学生（由 8 岁到 16 岁的学生）的智力发展情况。我看到的情况是，学生们年复一年地，每年都有几个月在从事单调的、令人疲劳的体力劳动，而不需要任何技巧。他们的双手只不过是一种发出体力能量的器官，而远非一种创造的工具。在解剖生理过程迅猛进行的这个时期，少年们被迫去完成那些特别使人疲劳的、单调的而且长期的体力活动。有一所学校，学生在学习的时候，脑力活动也非常局限和单调，没有培养他们的智力兴趣和需要；而且更加令人担忧的是，这些处于童年和少年期的学生，没有用自己的双手去从事过任何复杂的、精密的、要求细心和动脑筋的作业。这种做法给这所学校的许多学生的智力发展打下了烙印：16 岁到 18 岁的男女青年，当需要他们用最基本的机械进行操作时，竟显得束手无策，心慌害怕。这所学校没有一个毕业生通过高校入学考试。这就是在总的智力贫乏性的背景上暴露出低劣的劳动素养而造成的可悲后果。在人的大脑里，有一些特殊的、最积极的、最富创造性的区域，依靠把抽象思维跟双手的精细的、灵巧的动作结合起来，就能激发这些区域积极活跃起来。如果没有这种结合，那么大脑的这些区域就处于沉睡状态。在童年和少年时期，如果没有把这些区域的活力激发起来，那么它们就永远也不会觉醒了。(第 40 条)

有些学生没有明显表现出来的天资，我们对于培养这些学生的才能要予以特别的重视。这种学生不仅在学业成绩中等的学生里有，而且在优等生里也有。我们深信每一个人都能够在某一劳动领域里达到高度的技巧，因此我们也要尽力激发这一部分学生的创造性的开端。在这里，起决定作用的是劳动、坚持精神、意志力、克服困难的勇气和遇到挫折不气馁的精神。我们要努力使儿童把全部力量集中在一件事情上，深入它的精细微妙之中去。如果学生在第一次没有取得成功，教师就要帮助他再从头做起；如果第二次也失败了，教师应当建议他从另外一个方面去着手，或者暗示他应当如何去做。

我校全体教师始终在努力使学生从事的一切劳动项目都充满智力的内容。那些最简单的劳动过程，都应当渗透研究性的、试验性的思想。一个学生哪怕只有一次经历了某项劳动的全过程，——譬如，从准备肥料混合物到施肥，再到收割，而所培育的植物比大田里的作物提前成熟一到二星期，——那么你就很难使这个学生离开研究肥料的工作角了。我们有几个少年和青年男女学生，在这个不平常的“工厂”里从事创造性劳动，已经有四五年的“工龄”了。由于从事积极的研究性劳动，这些学生的才能和天资逐步地发挥出来了。他们的简单的体力劳动跟实验室里的精心细致的研究工作结合在一起。在教学实验园地里，他们在试验研究化学物质对微生物生命活动的积极性的影响。从铁锹和粪叉到显微镜，从化学反应到保存着宝贵的腐殖质的粪沟，——这一原则成了学生的最简单的农业劳动的显著特点。我们的理想是让这些学生成为专心致志地研究土壤，研究有机物质和化学物质，研究消灭害虫的手段的劳动者。现在学校里正在组织成立一个少年研究者参加的土壤研究站。这将又是一个儿童从事心爱劳动的活动之角，他们将在那里研究各种各样的土壤混合物，研究本区和本州的各种土壤。

我们认为现在已经应当严肃地讨论一下这个问题：每一个学生在学校里就应当找到一种最大限度地适合于他的天资和才能的劳动种类。寻找这种劳动种类的过程应当尽早地开始。这里最重要的一点是：要使学生对自己的活动爱得入迷，并且要努力使实际活动跟掌握理论知识结合起来。我们现在就在努力做到这一点：学生选择了某种劳动，他就应当在与这种劳动有关的那门学科上走在同年龄学生的前面。

我们准备在自己的实际工作中加强这种倾向。例如，对植物栽培方面的劳动和试验活动表现出爱好的那些学生，就准备学习一种较为深入的植物学课程。现在我们的学校图书馆就正在为这一批学生挑选图书资料。在课堂上，也将向这一部分学生提出更高的要求。那些对机械化、电工学、模型设计和制作方面的劳动显示出明显的才能的学生，将对物理教学大纲中已有的某些章节学习得更加细致，并且准备补充学习一些教学大纲中没有的材料。补充材料可以以课外独立活动的形式来学习。对于在理论思维（特别是数学思维）方面天资较高的学生，我们现在已经在教学大纲中补充了高等数学的因素。在数学方面天资最高的一些学生，将从三、四年级（原来是从六年级）开始学一点代数，——我们让高年级学生教他们，并为此专门规定了另外学习的时间。这些学生到了九、十年级已经能进行微积分的计算了。这个要求在他们来说是可以达到的，正像个别 9—10 岁的孩子会装电子管收音机一样。现在学校里已经为“少年数学家研究室”配备了一些直观教具和设备。专为他们编写的包含高等数学因素的教学大纲，目前已经在实际中试用。十至十一年级的一些学生已经在掌握无穷小量的分析，掌握微分和积分计算。

我们设想，再过两年，我校在大概从四年级起的所有各年级，都将安排一小时供学生学习他最喜欢的学科（可能，我们给它起个名称，叫作“创造性学时”）。在列入课时表的这一小时内（起初每周 1 小时，以后随着教学过程的改进，中年级将安排 2 小时，高年级为 3 小时），每一个学生都可以去研究他感兴趣的问题，深入地钻研理论。全体教师将努力在这一个小时内，使每一个学生的创造性思维的努力跟他的体力劳动紧密地结合起来。学生学习和活动的地点，将根据每个学生的爱好的性质和劳动的内容来确定。有些学生将去翻阅书籍和杂志，另一批学生用显微镜去看东西，第三批学生迷住一个设想，要实现它就需要用铁锹去工作，第四批学生将到车床边或者装配台上去加工材料。从事“心爱的劳动”的时间将变得更加内容丰富和形式多样。我们全体教师将竭尽努力，使学校能够完全满足所有学生的个人兴趣和爱好。我们提出一个设想：开辟一个“难题之室”，把一些最复杂的设计和装配的意图作为创造性的任务陈设在那里，让学生去解决。(第67条)

要给从事任何劳动的人以幸福，——这就意味着，要帮助他在无数的生活道路中，找到那一条最能鲜明地发挥他个人的创造力和个性才能的生活道路。共产主义教育的实质，其中就包括着要在每一个人的身上发现和找出能使他在为社会谋福利的劳动中给他带来创造的欢乐的那一条“含金的矿脉”。每一个学生是否能够成功地、正确地决定自己在集体中的地位并且完成自己对人民的义务，这将影响到他的生活在道德上、智力上、审美上的完满与否。在把人摆在首要地位的社会里，任何劳动都可以提高到创造性的高度。对每一个儿童来说，他在其中表现为一个真正的创造者、诗人和艺术家的那项劳动，都可以成为一种精神的创造活动。我们的任务就在于，在学校里不要使任何一个学生成为毫无个性的、没有任何兴趣的人。每一个学生都应当从事一件他自己感兴趣的事，每一个学生都应当有一个进行心爱的劳动的角落，都应当以一个年长的同学的劳动作为自己的榜样。每一个人不仅应当自己学一样东西，而且要把自己的知识和技能教给同学，——这正是集体得以建立在上面的内部联系之一。人只有当他进入与别人的道德关系之中的时候，他才会开始感到自己的创造力和才能，——事业感正是这样产生的，自我教育正是这样进行的。在劳动过程中，当一个人开始看到自身的优点在别人身上表现出来，以及别人对于他好像成为衡量自己的一面镜子时，集体成员之间的道德关系才能最鲜明地表现出来。每一个儿童身上都蕴藏着某些尚未萌芽的素质。这些素质就像火药：要点燃它，就需要火星儿。灵感、对年长或同年龄同学的技艺的热烈爱慕，就是这样的火星儿。在集体中劳动，——这不仅是人对于自然界、周围世界的作用，而且也是心灵、思想、信念、情感、感受、兴趣、爱好的相互作用。我们认为，教育的最重要的任务之一就是：不要让任何一颗心灵里的火药未被点燃，而要使一切天赋和才能都最充分地发挥出来。

劳动越复杂、越有趣，其中智力的因素越鲜明，那么年长同学和年幼同学之间的精神财富的交流和互助就具有越重要的意义。在每一个最有能力、最有天才的学生身边，总是聚集着几个也喜爱这项活动的小同学，也有时候他们只是对年长同学所做的事感到好奇而已。而这种最有能力、最有天才的学生，往往并没有想到自己要做指导者，他埋头于自己的事，甚至没有觉察到旁边的人在干什么。对年幼同学的有意识的指导，是后来才出现的。儿童从入学的最初几天起，周围的各种各样的劳动就包围着他，这就像是有着各种力量的磁石吸引着罗盘上的敏感的指针一样，给儿童指示道路。磁石越有力即儿童参加的劳动越有兴趣，就越能鲜明地展示儿童的才能、爱好和志趣。经验证明，在教师或年长同学的劳动热情的感召下，儿童对什么都不感兴趣的冷漠态度是维持不住的。如果我们发现哪一个儿童或少年对一切都很冷漠，我们就要设法找一个人从精神上去接近他。个别对待就是从这里做起的。

个性表现的重要规律性，就是要使每一个学生在他心爱的活动中取得优异的成就——掌握劳动的技巧，达到完美的境地。通往成功的道路一般是要经过长期探索的，一个人在各种不同的活动中尝试自己的力量。但是如果学校里有一种普遍热爱劳动的气氛，学生就能找到一项他在其中比同年龄学生更突出地表现自己的活动，从而为自己的技艺而感到自豪。我们特别注意那些他们的天赋还没有明显地表现出来的学生，着重培养他们的才能和爱好。我们深信每一个人都可能在某项活动中成为诗人、艺术家，因此我们千方百计使这些学生把全力集中在一个领域里，挑选一项活动去深入细致地钻研它。（第 94 条）

（二）劳动与智力以及学生发展的关系

关于劳动（活动），一直以来存在着许多错误的认识。

错误认识的根源，乃是将劳动（活动）与智力发展割裂开来。劳动是低级的（与智力活动相比较），但是劳动是光荣的（因为劳动是低级的，所以肯承担劳动，就具备了道德上的价值，标志着奉献、牺牲）。另外，劳动（或活动）还具备调节的性质，可以使身体与大脑保持平衡。

确实，有些劳动带有机械操练的性质，并且可以磨炼意志或增强责任感，例如打扫卫生等。但将这一小部分等同于劳动的全部，是不对的。事实上，在学校教育中，劳动主要不应该是体力性的，而应该是智力性的。也就是说，劳动应该成为学习的重要途径，而不能成为训诫身体甚至控制精神的机械方式。

活动也不例外。

我们经常称活动为“课外活动”，这是一种非常暧昧的命名。它既表明，活动往往是在正式的课程之外进行的，又暗示，活动与课程是无关的，或者明确地说，与有计划的系统的发展智力是无关的。它主要是一种休息功能，以缓解课内学习的疲惫，有时又具备发展个人兴趣的功能，即给学生自主发展的时间和空间。有时候进一步发展，就是“课外兴趣小组”。总之，“课外”一词，就将活动与正式的课程划开了界限，也使活动身份尴尬，目标不明，而没有成为课程的有机组成部分。

而在苏霍姆林斯基这里，劳动或活动，并没有与智力发展割裂开来，而是智力发展的重要途径，也是课程的主要内容之一。而它与传统对劳动的庸俗认识的根本区别在于：劳动，究竟是一种体力消耗的方式，还是一种刺激智力的方式？

答案不言而喻。甚至可以直接地说：劳动，是一种重要的思考方式。

一个农民，年复一年地种水稻，除非他每年都进行探索性的改进，否则，这主要是一种体力劳动，智力含量是很低的。但是，袁隆平年复一年地“种水稻”，就主要不是一种体力劳动，而是一种试验性质的科学探索，或者说，主要是一种智力活动。

而苏霍姆林斯基带领学生从事的劳动，无论是田间的劳作，还是校办工厂里对机械的操作，都是智力性与创造性的。劳动的智力性表现在，它虽然需要身体的参与（尤其是双手），但远比此重要的是，它是在智力的指导下进行的，并且自始至终贯穿着智力活动，并具有研究的性质。

例如，苏霍姆林斯基也带领或鼓励学生种植小麦，栽种葡萄，嫁接植物等，但其中的每一项劳动，都不是对农民的种植行为的重复，而是一种严谨的探索实验，包括研究如何增加产量，如何科学施肥或提高土壤肥力，如何通过嫁接培育出新的品种……显然，在这种研究中，体力劳动退居到次要的地位，而学生探究的兴趣也将大大地增加，而在这个过程中所获得的智力上的成就也是可想而知的。

对于学困生而言，这种劳动的意义更为巨大：

我们想实际地利用劳动来达到对那些学习困难的儿童和少年进行智育的目的，于是吸引他们参加一些需要掌握复杂的实际技能和技巧的作业。这种劳动的典型特点，就是它的各个步骤和操作之间都有依存性，而且它要求高度的注意力、精神专注和动脑筋思考。在手的动作和思维之间进行着不断的传导：思维在检查、纠正、改善着劳动过程，而手似乎把各种细节和详情报告给思维，于是劳动就发展了智慧，教给学生合乎逻辑地思考，深入那些不能够直接观察到的某些事实和现象之间的依存关系中去。

吸引那些思维缓慢而混乱的学生参加复杂的、动脑筋的劳动，以及对他们的劳动活动的长期观察，这一切都帮助我更清楚地认识了思维形成的途径。我懂得了：如果一个人在学习上遇到困难，那么产生这些困难的最主要的原因，就在于他不能看见事物之间的关系和相互联系，也就是说，他离开"事实"就不能进行思考。而最容易看见事物之间的关系和相互联系的机会，则是在它们以直观的形态（在劳动活动中）呈现出来的地方。

学困生的问题，往往在于知识对他们而言过于抽象，过于形式化。他们无法在大脑中同时把握思维的不同方面并处理它们之间的关系（即进行皮亚杰所说的"运算"），但在劳动中，事物以及事物的变化是直观地呈现在眼前的，并且可以通过操作而进行各种尝试。这样，他们更容易理解知识和发展思维，也更容易发现（或让教师发现）他们的困难所在。在这里，巴甫利克是一个典型的例子。

这样的劳动不但对于智力发展特别重要，对于个性形成，也有着非常重要的作用。如果每个孩子都能找到属于自己的一项或几项"心爱的劳动"，那么，他的个性就会获得长足的发展。或者说，他更容易发现他自己。

此外，因为劳动通常的协作性，它对于学生之间的交流互助，对于团结精神的发展，包括对于学生道德的发展，都具有积极的意义。

案　例

（一）第一套大纲样例：苏教版五年级语文（下）第一单元学习标准①

第一单元学习标准

一、字词。

1. 要求学会的生字（会读、会写、理解意思）

叮　谣　裸　寂　寞　叽　蹦　咆　哮　盈　解　喷　倚　栏　扣　旺　畅　肢　酿　朴　墨　寿　哪　默　瓣　苔　篱　蝶

2. 绿线内的字（只识不写）

锨　镐　煎　熬　颐　澜　棠　额　匾　砚

3. 理解由生字组成的词语

叮叮当当　歌谣　裸露　寂寞　叽叽　又蹦又跳　咆哮　成千盈百　不解　喷发　背倚着　栏杆　纽扣　旺盛　欢畅活泼　四肢　酿雪　朴素　笔墨纸砚　寿镜吾　哪里　默默　花瓣　苍苔　篱笆　蝴蝶

4. 多音字（弄清读音，理解意思）

（1）儿童不解春何在：解，jiě，明白。儿童少不更事，对季节的概念

① 案例选自《理想课堂的三重境界》。

不那么清楚。

(2) 使出浑身解数：解，xiè，解数，指武术的架势。也泛指手段、本事。

5. 课文中重点词语的意思

彩翼　成千盈百　座无隙地　烂漫　浑身解数　忸怩　冰清玉洁　纯净疏淡　润泽透明　应怜屐齿印苍苔，小扣柴扉久不开　儿童急走追黄蝶，飞入菜花无处寻

二、句式训练。

1. 比喻句：弄清本体与喻体之间的联系，体会句子所要表达的意思和感情，从而体会比喻句的好处。

课文中的句子：

(1) 成千盈百的孩子，闹嚷嚷地从颐和园门内挤了出来，就像从一只大魔术匣子里，飞涌出一群接着一群的小天使。（用"魔术匣子"比喻什么？"小天使"比喻谁？这样写你觉得怎么样？）

用"魔术匣子"比喻"颐和园"，"小天使"比喻"孩子"。这样写更形象地表现出孩子的活泼可爱、勃勃生机。

(2) 这繁花从树枝开到树梢，不留一点空隙，阳光下就像几座喷花的飞泉……（用"喷花的飞泉"比喻什么？这使你觉得怎样？）

用"喷花的飞泉"比喻开满淡红色花的海棠树。这样写不仅突出海棠花开得旺、艳，而且形象地展示出整棵海棠树盛开的姿态。

2. 认识顿号，体会顿号的用法。

课文中的句子：

(1) 当年鲁迅就在那里读书、习字、对课，或者把宣纸蒙在《西游记》一类的小说上描绣像。

(2) 素以品行方正、教书认真著称的寿镜吾老先生严厉地说了这样一句话："以后要早到！"

标点符号顿号（、），表示句子内部并列词语之间的停顿。主要用在并列的词语或并列的较短的词组中间。

三、能正确、流利地背诵下列课文。能够正确地默写。

《春光染绿我们双脚》《只拣儿童多处行》（第5—9自然段）

《古诗两首》（《游园不值》《宿新市徐公店》）

对于古诗，除了背诵和默写，还要理解其中的重点词语的意思，知道诗句的大意。

四、片段训练。

1. 读到“春色满园关不住，一枝红杏出墙来”，你的脑海里出现了怎样的情景？把你想到的画下来，并且用文字表达出来。

2. 描写春天的一种植物，注意写出它的特点。

3. 读一读《只拣儿童多处行》第3自然段，看看作者是怎么描写孩子们的，仿写一段话。

4. 仿照《早》第3自然段的写法，写一个你熟悉的场所。

五、关于课文学习，要熟练掌握横线所画的内容。

1. 《春光染绿我们双脚》：

踏一路春风，撒一路欢笑，走遍青山碧岭，春光染绿我们双脚。这一节在全文中起首尾呼应、总结全文的作用，表达了同学们绿化祖国、美化自然的豪情壮志。

山下的河水不再浑浊咆哮，荡漾的碧波轻抚着河畔的小草。待到金色的秋天，我们把丰收的果园拥抱。这段话中表现水变化的词语是浑浊咆哮、碧波轻抚。从这样的变化中可以体会到植树造林给自然环境带来的巨大变化，取得了丰硕的成果。

诗歌第五、六自然段描写的小动物有小鸟、松鼠、小兔和小猴，表现它们心情的词语是抖动、快活、叽叽直叫、再也不怕、开心。松树有了美丽的家园，快活得叽叽直叫，好像在说：“……”

2. 《只拣儿童多处行》：

厘清作者行踪路线：冰心老人“只拣儿童多处行”，先迎着儿童的涌流，挤进颐和园，接着在知春亭畔看到许多儿童在玩。最后走进玉澜堂，与孩子们共赏海棠花。在整个游览的过程中，冰心老人一路上看到了儿童和花儿的勃勃生机，由此感慨：“只拣儿童多处行”，是永远不会找不到春天的！

春光竟会这样地饱满，这样地烂漫！它把一冬天蕴藏的精神、力量，都尽情地释放出来了。

花儿和儿童一样，在春天的感召下，就会欢畅活泼地，以旺盛的生命力，舒展出新鲜美丽的四肢，使出浑身解数。这时候，自己感到快乐，别人看着也快乐。

这篇课文主要描写儿童，作者又用了许多笔墨描写花儿，这样写的目的是托物言志，借花喻人，赞美春天里充满旺盛生命力的花儿，实际上赞美儿童就是祖国的春天。

3. 《早》按方位顺序介绍了三味书屋的陈设，文中表示方位的词语是朝西、南墙、东面、正中、四面、东北角、前面。

《早》一课作者写梅花就是为了以花喻人，以梅花开得早衬托鲁迅时时早、事事早的精神。

迈进后园，蜡梅开得正旺，几乎满树都是花。那花白里透黄，黄里透绿，花瓣润泽透明，像琥珀或玉石雕成，很有点冰清玉洁的韵致。梅飘香而送暖，梅花开的时候，正预示着春天的到来。二十四番花信风，一候是梅花，开得最早。

提示：体会画横线词的意思，体会梅花的特点：开得多；梅花的色泽美丽；梅花的清香；梅花的品格。

4.《游园不值》是宋代诗人叶绍翁所作，“不值”是没有遇到的意思。诗的前两句写诗人春游访友不遇，表明诗人遗憾、扫兴的心情，后两句写诗人从露出墙头的“一枝红杏”，联想到“春色满园”，心里一下子高兴起来。

这首诗中表现深刻哲理的诗句是：“春色满园关不住，一枝红杏出墙来。”蕴含的哲理是：任何新生事物和进步力量都是无法阻挡的，它总是冲破阻力向前发展。

《宿新市徐公店》是宋代诗人杨万里的作品。这首诗描写的是春天（什么季节）乡村田园（什么地方）的景色，诗中描写春天景色的诗句是“篱落疏疏一径深，树头花落未成阴”。描写儿童活动的句子是“儿童急走追黄蝶，飞入菜花无处寻”。

在《宿新市徐公店》这首诗中，作者抓住篱笆、小路、树、黄蝶、菜花等景物，描绘了一幅春意盎然的儿童捕蝶图，表达了诗人对田园春色的赞美和对乡村孩子的喜爱。

六、积累拓展。

1. 保护环境的公益用语：

珍爱生命，珍爱我们共有的家园。

多一片绿叶，多一份温馨。

告别城市的喧嚣，投入绿色的怀抱。

水是生命之源，树是水的卫士。

2. 鲁迅珍惜时间的名言：

时间就像海绵里的水，只要愿挤，总还是有的。

节省时间，也就是使一个人的有限生命更加有效，也即等于延长了人的生命。

哪里有天才，我是把别人喝咖啡的工夫都用在工作上了。

七、写作训练。

训练目标：

1. 学生能够留心身边景物，连续观察，并进行丰富的想象，随时记录。

2. 按照一定的顺序抓住过程进行细致描写，写出它的变化经过，要写出景物的特点，注意文章的过渡要自然。

友情提示：学生要连续观察一种自然现象，如朝霞晚霞，月圆月缺，春风春雨，雾起雾散，等等。

优秀范文：

雾

早晨，一打开房门，啊！世界万物都披上了一层缥缈的轻纱，世界成了仙境一样。就连早晨就会升起的太阳也被雾这位神奇的魔术师隐去了，往日鲜艳的脸庞模糊了，只留下一圈黄红相间的圆晕，在迷蒙的雾气中，透出些许红晕来。

雾，越来越大，好像要把整个世界笼罩得严严实实才罢休似的。人们的身影在大雾中忽隐忽现。近处，人们都被雾这位画家描绘了幅全身像，远处则绘出了半身像，如同上半身悬挂于空中，神奇美妙。这大概只有雾这位杰出的画家才能栩栩如生地刻画出来吧。

雾，把人们带进了一片浩瀚无垠的大海。在这茫茫的雾海中，高大的楼房似乎都矗立在宽阔的大海中，楼房是海中的一个岛屿。而汽车、人们就是岛中一座座移动的小岛了。

在人群较密集的地方，彼此打招呼时首先要辨认一下，自己是否看真切了。在汽车灯光的指引下，在一束束交叉着的灯光的影响下，雾中的世界又变得迷离起来。如果不是来来往往的车辆发出的喇叭声此起彼伏，还真会以为自己来到了天庭。

来到了郊外，雾渐渐浓了，已经伸手不见五指。会感觉人都是突然从某个角落冒出来的，而不是一步一步走来的。雾，让一切穿上了隐形衣，四周朦朦胧胧、渺渺茫茫、轻轻柔柔。

深一脚，浅一脚，行走着。雾在睫毛上、头发上顽皮着，凝结成玲珑剔透的水晶球，一眨眼，便从睫毛上滚落下来，清爽无比。这时，幽幽地飘着几缕清风，把雾纱轻轻掀开，吹起一角，于是光亮闪现在人们眼前。

渐渐的，仙气如烟般袅袅地散开，湛蓝的天空逐渐明亮起来，好像刚才的只是一场梦。

雾，神奇的雾！

八、关于“练习1”。

训练目标：

掌握字谜的特点，能根据谜面猜出谜底，并且能自己创作谜面。诵读散文诗，领会散文诗的韵味，提高感悟语言文字和审美的能力。练习口语交际，学会在生活中遇到麻烦或者困难的时候向别人请求帮助。

例1：字谜是怎么创作出来的呢？书中的例子第一则用了形象化的描述；第二则是用了“转转盘”的方法，巧妙地借用了偏旁表义的造字规律；第三、四两则，都是一半描写字形，一半影射字义。当然还有一些别的方法，我们可以先试试。

从下面几个字中，任选一个来创作字谜，也可以选别的字。（后面的谜面仅供参考）

（1）哭——一只狗，真少有，头上长了两只口。

（2）休——人倚树旁，歇会儿再讲。

（3）盯、灯、钉、叮——有眼看得紧，有火看得明，有铁钻得进，有口说不停。

（4）笔——上边光，下边松，竹竿一头毛茸茸。

（5）众——三人一条心，黄土变成金。

例2：这是一首散文诗，我们要反复诵读，并在此基础上，抓住“张开”“笑了”“醉了”“乐了”“染红”“漂白”“描青”“绘绿”“闻到”“花瓣”等词语体会散文诗所描写的意境，想象春天来了，大地在春雨的滋润下，一片生机盎然的景象以及人们的欣喜。

例3：请你帮个忙（口语交际）。

提示：

1. 在生活中遇到麻烦或者困难时要主动向别人寻求帮助。

2. 求助时要注意有礼貌，让对方知道你的需要是什么。

（二）罕台新教育小学092班自动化阅读情况综述

罕台新教育小学092班自动化阅读情况综述

文/严盈侠

按：092班是罕台新教育实验小学的“重灾班”，即生源质量最差，严重学困生占到班级总人数三分之一左右。这些学生在二年级接触新教育实验之初，基本上不具备流畅地朗读课文的能力。

我们班孩子在二年级之前基本上没有接触过课外书，像班上最优秀的张振邦说的那样“在二年级之前，我不知道课外书是什么东西，只知道语文书”。大多数孩子也没有阅读故事的能力，很多孩子识字量非常少，能把课文读下来的孩子占不到三分之一。

二年级时，接触新教育，开始大量读书。

二年级时主要读绘本，听故事。读了几百本绘本，老师每周最少讲两个绘本故事，每天晚上给孩子们讲故事，或者老师讲《格林童话》，或者优秀的孩子讲故事，二年级下的时候，个别孩子可以读桥梁书，读《彩乌鸦》了。

三年级是我们开始提倡大阅读的时期。我们提出目标，一学期冲击五百万字，三年级上，我给班上添了很多的书，老鼠记者系列，罗尔德达尔系列，彩乌鸦系列，国际大奖系列等，而且真正的班级共读开始，读了《木偶奇遇记》《夏洛的网》《中国神话故事》等。我们也开辟出专门的读书时间，每天午饭后半小时，晚饭后半小时，晚自习时间，如果做完作业就可以自由阅读，孩子一般是第一节课写作业，第二节课阅读，星期天，我们的要求是每天读书时间不能少于一个半小时。

三年级上学期第十一周开始，我对孩子们的每周阅读情况进行统计，这是其中一周的阅读情况：

刘奕彤：《五毛钱愿望》《爱德华的奇妙之旅》，2本，约9.4万。

崔雪婷：《谁知我心》《屋顶上的小孩》，2本，约17.5万。

白茹：《亲爱的汉修先生》《爱德华的奇妙之旅》《谁知我心》《鼹鼠的月亮》，4本，约34.4万。

张振邦：《小怪物六六》《兔子坡》《狗来了》《巫婆求仙记》，4本，约29.6万。

李小龙：《山居岁月》《柳林风声》《爱德华的奇妙之旅》，3本，约23.9万。

张宇：《雷蒙拉的爸爸》《洋葱头历险记》《小怪物六六》，3本，约25.5万。

贺旭慧：《给大象拔刺》，9.9万。

张城熙：《风之王》，约10万。

郝旭涛：《给大象拔刺》《桥下家人》，2本，约15万。

王荣：《夏天里的苹果梦》，12万；

于小雨：《兔子坡》，约7万。

统计的11人，其中30万以上1人，25万—30万之间2人；15万—25万3人；10万—15万2人，4人在10万以下。

其他16人没有统计是因为他们还没有阅读整本书的能力，还在读绘本，而阅读量每周都在5万以下，其中五六个孩子还要老师带着读。这样统计一个月后放了寒假。寒假前孩子的阅读情况比第一次统计稍有上升。

接下来的40天寒假，我专门开家长会重点讲自动化阅读。并对全班同学的阅读进行了分层，并提出不同的要求。

1. 孩子整个寒假，必须完成的总量为300万字，优生下限。

张振邦、张宇、贺旭慧、白哲、白茹、李小龙、武浩哲、郝旭涛，都应该达到这个目标，其实40天，如果一天能读10万字，应该能读到400万字，所以300万是最底线。

2. 中间的孩子：刘奕彤、崔雪婷、张城熙、刘宇龙、康美蓉等每天最少三万字的阅读量，这样一周也可以到二十几万字。

3. 接下来郝飞燕、张雅楠、李峻岐、王荣、于小宇、贾元昊、赵文波天最少读2万字，每周读14万字，一个假期的阅读量为百万左右。

寒假来后，阅读情况如下。

张振邦（450万）、张宇（450万）、贺旭慧（300万5千）、白哲（357万）、白茹（429万2千）、郝旭涛（462万）、康美蓉（330万）、张城熙（325万）、刘奕彤（266万）、崔雪婷（230万）、刘宇龙（200万）、郝飞燕（180万）、张雅楠（286万）、王荣（196万）、李峻岐（168万）、撖淇锋（133万）、张志博（131万），17个孩子超额完成阅读任务，10个孩子没有达到最低要求。

三年级下期，许多孩子的阅读有了一个飞跃，尤其是假期中阅读在三四百万字的同学，这学期的阅读很多同学基本上能保证每周在三四十万字以上了，学期初进行统计，阅读量平均每周达到25万以上的11人，30万以上的10人，比上学期的阅读情况大有提高。

学期末的时候，因为排童话剧等原因，阅读时间减少，但是孩子们的阅读量并没有减少，统计结果还稍有提升：后两周每周阅读平均达到 40 万以上的 7 人；30—40 万之间 7 人；20 万—30 万之间 3 人；15—20 万之间 5 人；阅读在 10 万左右或不满 10 万的 4 人。本学期的阅读量优秀的孩子最少可以达到 600 万以上；阅读最弱的孩子可以达到 300 万以上，包括 7 本共读书（7 本共读书的字数大概有 80 万字）。

三年级一年的阅读量最保守的估计，上学期优秀的孩子可以达到 300 万左右，假期达到 300 万左右，加上这学期二十周的 600 万左右，三年级一年三分之二的孩子轻松超过 1000 万，完成了我们预定的一年 1000 万字的阅读量，中等的孩子最少可达七百万字。这个统计中不包括孩子读的绘本，很多阅读能力弱的孩子每天读的绘本和桥梁书比较多。

孩子们的阅读速度越来越快，理解力也越来越强，这直接使得平时的语文教学效率提高。孩子们的写作能力也大大地增强，二年级第一学期时顶多写三四句话，第二学期就可以写到一二百字了，三年级第一学期大多数同学可以写到二三百字了，这学期班上同学的写作一般都可以保持在四五百字的量，最弱的孩子也可以达到一篇文章二三百字的量。按照这样的阅读速度，四年级一年，班上除个别孩子外，大多数同学都应该能完成我们规定的量，写作也会有大步的提升，大部分同学都可以完成自动化读写。

（三）开发每个学生独特的人格之美①

我永远也忘不了巴甫利克这个学生。像他这样的学生，有些老师怀着善意的同情，另外一些老师则以十分冷漠的态度来对待。按照这些老师的说法，“他根本没有掌握知识的能力”。我还记得，这个孩子刚刚入学时，是那么活跃，那么好动，那么充满好奇心。可是过了没有多久，他就变得那么沉默寡言，那么过分地循规蹈矩，那么唯命是从，那么胆小怕事。

在开始学习的最初几周，巴甫利克就感觉到他和其他孩子们有所不同：同班的同学们已经能够毫不费力地把单个的字母拼成音节并且能够大声读出来，可是他，不知道为什么，把一个字母和另一个字母区别开来都要费很大的力气；同学们只要用心听两三次关于冬姑娘的诗就能把它记住，可

① 《苏霍姆林斯基选集》，103 页。

他却无论如何也记不下来。老师专门给他接连读了好几遍，这个孩子也在努力地记，用心回忆诗里的话，可是却……徒劳无益。

“你为什么不背？下课以后我还得陪你坐多长时间?”老师生气地问。可那个孩子却蜷曲着身子坐在那里，紧皱着双眉。

在教师会议上，在讲到自己的班级时，这位老师把巴甫利克描述得仿佛是个“思维迟钝的孩子”。她说：“他对自然景物和自然现象都无动于衷，不善于思考、比较和对比。对他必须是教了一遍又一遍。比在别的孩子身上花费的时间要多两三倍。一道习题，甚至最简单的一个从属关系，他都要考虑半天。”这位女教师认为，既然巴甫利克思维迟钝，就应该让他尽量多花费一点时间学习功课。她在学校里就是这么做的，她还建议巴甫利克的母亲也这样做。

有几次，我和孩子们一起在田野上、在树林里活动，在这里，巴甫利克与在教室里相比完全变成了另外一个人。他给我和他的小伙伴们讲述他自己所观察到的一些动植物的有趣现象。他的讲述让我感到吃惊，因为他善于第一眼就发现那些事物与事物之间和现象与现象之间的无形的联系。“不，巴甫利克不可能是后进生，”后来我对他的那位女老师讲，“不能用一些音节和习题来束缚这个孩子的智力。”但是这位老师属于那种认为孩子们读书读的时间越长，就会变得越聪明的老师（值得庆幸的是，这样的老师为数并不太多），当然她不会同意我的意见。

就这样，这个孩子继续艰难地在那里啃着课本。月复一月，季复一季，老师所做的就是引导孩子努力追求那种救命的“分”，据说“分”才是孩子成绩的标志。这种追求，对巴甫利克来讲是付出了高昂的代价的。他几乎没有一点时间来参加课外活动。只要他和同学们玩的时间略微长一点，老师就会认为他是疏忽、懒惰。况且，总的来讲，这位老师认为自己的学生们参加课外小组活动，无非是让他们在空余时间有点事干。可是她深信，巴甫利克不可能也不应该有空余时间，那么还让他参加课外小组有什么用。“而且，这个孩子不像别的孩子那样，他对任何事物都不是真正的感兴趣。”她这样讲。为了证明这一点，她还讲了下面这件事：

“有一次我带全班同学去参观自然展室。孩子们在那里看到了多少新奇有趣的东西呀！大家都欢呼雀跃，问个不停，不少孩子甚至希望早点儿开始进行试验。只有巴甫利克站在那里默不作声，盯视着远处的什么地方。他在这里感到枯燥无味。现在对他已束手无策了，什么也不能引起他的兴趣。”

“对这样一个善于十分敏锐地观察大自然的学生，怎么能这样评价呢？”我想，“不能，这次一定是这位老师错了。”于是课后我也去了自然展室。我看见有个人正在门口那里张望。对，他就是巴甫利克！

“你在这儿干什么？进去吧，咱们一块儿看。”

这个孩子进来了。参观以后，我们一起往回走。从他观察新事物的神态中，从我听到的他那充满激情的讲述中，我明白了，那位女教师所说的冷漠意味着什么。在自然展室里，展现在孩子们面前的，是一个全新的、他没有见过的世界。那些植物仿佛都是他所熟悉的，但每一种植物又都显得那么新奇，不同寻常。番茄的茎不是长成一丛，而是长得像葡萄的藤蔓，而果实是一串一串地挂在上面的；洋葱头长得像西瓜一样大；黄瓜，好大的一个黄瓜，却长在瓶子里。这个孩子眼界大开，他想：这一切都是怎么得到的呢？一种想象所描绘出来的神奇世界已经不在这个阳光充足的自然展室里了，而是飞到了学校的实验田：如果能种上几十棵这样的西红柿，让它们并排生长，上面挂满了一串串像葡萄一样的果实，那该有多好啊！但是，他怎么能把这种想象说出来呢？要知道，他在算术方面是后进生啊！他有资格去幻想那些有趣的事吗？

但是，正当我对他进行观察的时候，那位女教师对这个孩子也是一分钟都没有放过。她照旧把死啃书本看成是发展智力的唯一途径。不管别人是否认为奇怪，总之我是这样想：如果这位教师对巴甫利克的“关怀”少一点，如果她能允许他投入蓬勃发展的学校生活，一切都会变得好一些，这个孩子的智力就不至于如此畸形地片面发展。在这些学校里还有这样的老师：他们对孩子们善意的管束，他们希望学生多花一点时间去啃书本的良好愿望，最后竟变成了对孩子们的敌意。

巴甫利克十分艰难地结束了四年级的学习。在他升入五年级的时候给他附带了很多条件。那位女教师把对巴甫利克的教育评定事先给所有的五年级教师都看了，还把她个人统计的这个孩子所犯过的各种语法错误的一览表转交给他们，同时，她还开列了一张算术规则的清单，她认为，这些规则还应该经常地让他进行复习性的练习。

升入五年级以后的最初几周，这个孩子坐在那里啃课本的时间更长了，他也就感觉更无聊了。这一次，找孩子母亲谈话的，已经不是一名老师，而是8名老师全体出动了。但是与此同时，在巴甫利克的生活里也出现了一些新的东西：有不少的课程，在课堂上不仅需要像在低年级那样听和记，而且还需要动手做点什么。这种课程给这个孩子带来了乐趣。他最感兴趣的课就是植物课。植物课老师很善于组织课程，他不是像一般所讲的那样，让孩子们“学”知识，而是让他们自己主动地摄取知识。每个学生都缝了一个小书包，还做了几个袋子，用来盛各种各样的植物标本，这些标本都是在课堂上要用的。孩子们从书包里取出枝和叶，茎和根，花和籽。所有这些都通过放大镜来观察，然后再铺平，把它们画下来。

直到这时，老师们才初次感觉到，原来巴甫利克是一个最聪明、求知欲最强的学生。按自然课老师的说法，他的智慧就“在手指尖上”。“这个五年级孩子所能做的，有时候连有经验的园丁都做不到。”这位老师在教师会议上这样讲。下面所描述的，都是从这位老师的叙述中得知的。

有一次在生物课上，孩子们学习使用各种方法来给果树嫁接。老师注意到，巴甫利克是如此精细地（用园丁的话说就是“巧妙地”）割开小果树的皮，然后再小心翼翼地把芽从接穗上取下来。“这是真正的技巧。”老师一边观察孩子的工作，一边这样想。巴甫利克切下一段带两个芽的优种苹果的枝条，开始仔细观察起来。

“你看到了什么？”老师问。

“能不能不嫁接就直接培育树苗呢？”巴甫利克反问道，“就这样拿一个枝条，把它栽到土里，好好管理它，它能不能成活呢？”

“这孩子的语气把我惊呆了，”后来这位老师这样讲，“给人的感觉仿佛是，他是经过深思熟虑以后才发问的，甚至可能他已经试验过了。我知道，切一段果树枝条，特别是苹果枝条，就想让它生根，是相当困难的，必须是真正的能手才行。”于是这位老师回答巴甫利克说：“可以，但是这非常难，只有最有经验的米丘林式的园艺家才做得到。”

“那我能不能试试呢？”——孩子问。这时他的眼里闪着愉快的光。

课后，老师带巴甫利克到温室去，并且对他讲，应该怎样准备和进行这项有趣的实验。

对巴甫利克来讲，幸福的日子开始了。他用玻璃和塑料建造了一个小小的温室，用来培育那些苹果的枝条。从此，他就每天用温水浇灌土地，精心照料，让温室里保持恒定的温度和湿度。有一半枝条都成活了，芽绽放开了，叶子上出现了光泽，并且长出了新芽。但是老师发现，这个小家伙还是对什么有些不满意。

“那些成活的枝条，都是我从树的上端取下来的，”他对老师说，“而这些死了的，都是中端和下端的枝条。也就是说，应该从树的上端来取，这样，才能培育出大量的树苗。”

“当我听到这些话的时候，我的心几乎都收紧了，”后来这位老师说，“要知道，这可是个真正的试验工作者呀，这是个未来的科学家或者天才的园艺家。他不仅达到了预期的目的，而且还对自然现象进行了研究、探讨。当然，这一切都是按照自己的方式，也就是孩子的方式进行的。”

关于巴甫利克的实验，很快全校都知道了。很多孩子们都想用同样的方法来培育树苗，但是最后成功的只有 3 个人，顺便说一下，其中的两个是女孩子。而教师本身，正像他自己所承认的那样，没能使一根枝条生根。

以这件事为契机，巴甫利克开始了“新生”。对很多教师来讲，这简直大大出乎意料，同时，这件事也促使他们对一些尖锐、敏感的教育教学问题进行认真的思考。这个孩子过去所有的那些恐惧心理、谨小慎微和犹豫不决的心理也都逐渐消失了。现在，他在课堂上回答老师的问题，已经用不着去回忆课本上哪个地方写的是什么，而是一边回答、一边思考，从他的所见所闻、观察体会中总结出自己的结论来。他的求知欲也是教师们所始料不及的，现在他正是怀着这种强烈的求知欲在课堂上听老师讲课。他对所学教材理解得越深刻，他所提出来的各种各样的问题也就越多。老师们简直无暇回答他的所有的问题。有一位老师甚至表达了自己的一种不满情绪，他说：“在巴甫利克的问题里仿佛含有一些对老师所讲的不信任的成分。”但是，对他所提的各种问题的意思认真思考以后，老师们认识到，在孩子思维的这种批判态度里，恰恰表达了他正在努力探寻某种真理的正确性并且力图在心中对它形成一个坚定的信念。

老师们把孩子成长中的这种变化叫作思维的顿悟。有些知识的来源——现实生活、实践、生活等——是在观察、检验和研究的基础上产生的，在学习这些知识时，这种“顿悟”则表现得尤为明显。有一些课程，它们的理论概括与具体事物和周围生活现象之间的联系比较复杂，不十分明显，在这样的课上，孩子思维的“顿悟”过程就慢一点。但是，一些概念、规则、定律、公式等，思考越困难，巴甫利克就越努力让自己的意志力战胜困难，而过去，在这些困难面前，他总是望而却步的。

毫无疑问，这个孩子思维的顿悟，智力的高速发展，强烈的求知欲，所有这些都与他具备创造性劳动的天赋有直接关系，生物老师十分成功地把这些天赋从孩子身上开发出来。巴甫利克本人明白，也许是他很快就觉察到了，在植物栽培学这一活动范围中他能够充分发挥自己的才能。看得出，他在努力把过去所失去的补回来。在温室和植物实验园地里，有一小块巴甫利克可以进行自己有趣实验的角落。在这个只有 10 平方米的地块上，孩子种下了几种野生果树的种子，用它们培育用来嫁接的砧木树苗，然后再用人工培育的果树往上面嫁接。其中就有移栽过来的他在温室里用无性繁殖法培育出来的树苗。不管他的劳动能不能取得物质成果，他总是不断地进行实验，进行研究：他往砧木上嫁接不同品种的果树，对它们进行观察，看它们每一种如何生长，一种对另一种有什么影响，他还制作了用来培育果树的各种混合土壤，观察它们对果树生长的影响。一次又一次地对果树进行移栽，努力让它们的根系发展得更大。逐渐的，巴甫利克又开始对种植粮食作物的实验产生了兴趣。

这个孩子进行劳动的一个重要特点，就是能在劳动的每一个工序中都充分显示自己的高超技艺。他的这一特点是在课堂上制作标本的实验过程中培养起来的，我们就努力让他的这一特点得到进一步发展，引导他在实验园地上从事更加复杂的工作。巴甫利克怀着浓厚的兴趣修整土地，准备播种粮食作物或者栽种果树。他集中精力、充满爱意地做着每一件事。由此，我们可以清楚地看出，这个孩子力图把日常生活中最普通的事也做得完美无缺、巧夺天工。

几年过去了，巴甫利克在植物栽培方面所从事的劳动渐渐成了真正的创造。他把人工培育的李子、桃子、柠檬等果树品种嫁接到野生的乌荆、梨子、苹果等树木上，培育出了一些抗寒的果树品种。这些品种的珍贵之处在于它们花期较晚，当它们开花时，严寒已经过去，对植物的威胁已经不存在了。在跨往青年时代的门槛上，巴甫利克已经成了一个真正的种田能手。他学会了给土壤施加有农家肥和矿物肥制作的混合肥料。这种肥料从根本上使那些濒于死亡的老树复壮，使它们恢复了结果能力，并且医好了由狂风暴雨给它们带来的创伤，加速了被冻坏的枝条中的水分的运行。他用自己的双手把一块不大的，并不肥沃的黏土地块变成了高产田。这块地上的小麦产量比集体农庄的产量高出了10倍。

年复一年，巴甫利克在学习上也取得了越来越好的成绩。这个小伙子所掌握的知识不但牢固，而且知其然又知其所以然。努力把所学知识运用于以后的学习之中，并能确定这些知识在智力发展中的位置，成了他学习的一大特点。中学毕业以后，他进入了农学院，成了一名农艺师，现在已经在一家集体农场里卓有成效地工作了好几年了。

资源与拓展

“智力”是苏霍姆林斯基教育学中最重要的主题，其中的每一个概念都值得深入探究。

苏霍姆林斯基的这些理智成就，不但得益于长期的教育教学实践，也得益于一些当时的前沿研究成果，尤其是心理学和教育学成果，例如，杜威、皮亚杰、维果斯基……参读这些人的著作（当然比本书要难得多）或选读其中的某些章节，有助于更好地理解智力这一主题。

这里列出一些相关资料，供延伸阅读。

一、围绕“两套大纲”这一主题，可涉猎如下材料：

1.《用两套教学大纲超越教材，用课程思想超越两套大纲》（干国祥）。

2. 怀特海的“浪漫—精确—综合”理论（参见怀特海《教育的目的》一书第二章）。

3. 王荣生谈语文教学（参看《语文学习》杂志王荣生系列文章，或从王荣生著作中选取谈语文教学内容的章节）。

4.《智力教育的两个大纲》（《育人三部曲》，第459页）。

5. 学科课程标准。

二、围绕“自动化读写”这一主题，可涉猎如下材料：

《如何阅读一本书》（美国，莫提默·J. 艾德勒、查尔斯·范多伦著）相关章节（例如《阅读的活力与艺术》等，以及其中关于阅读机制的一些论述摘录）。

三、围绕“随意识记与不随意识记”这一主题，可涉猎如下材料：

脑科学方面的书籍，例如《适于脑的教学》（美国，詹森著，中国轻工业出版社），其中第四章与这一主题密切相关。

四、围绕“交集点”这一主题，可涉猎如下材料：

杜威《我们怎样思维》一书，尤其是他提出的思维五步法（第七章）。

五、围绕“直观性”这一主题，可涉猎如下材料：

杜威《我们怎样思维》一书第十五章《从具体到抽象》。

第三章 丰富多彩的校园精神生活

究竟什么是学校这种精神心理基础的奠基石呢？是思想生活，是公民的信念与追求，是公民的自尊感，是一个人由于意识到自己并非一棵默默无闻的脆弱小草，而是名曰祖国的那棵巨树上的强壮树枝而产生的自豪感。精神和道德的成熟——这是点燃勤勉奋发之火的火种：这是光明，在它的照耀下，丰富多彩和具有充分价值的生活之美，为着祖国的劳动之美，庄稼人和建设者、工程师和哲学家、音乐家和天文学家的辛勤劳作之美，都会在一个人的面前展现出来。

导　读

儿童获得成就的途径，应该是多元的。

智力生活无疑是其中的核心因素，但智力生活，不可能脱离更为广阔、丰富、多元的精神背景，或者说，离不开学校精神生活的丰富性，更离不开个人精神领域的丰富性。

学校应该创造丰富多彩的校园精神生活，让每一个儿童探索的触角能够伸展得更为广泛，精神发展拥有更多的可能性。学校更应该鼓励不同的儿童在自己所擅长的不同领域获得长足的发展并取得成就，以此向世界宣告“我”的存在。用苏霍姆林斯基的话来说：“学校的精神生活应当是如此丰富而多方面的，以致每个人在德、智、体、美、劳诸方面的需求和兴趣都得以形成、发展和满足，并使每个人都能找到展示、表现、确立自己的力量和创造才能的场所。”

只有丰富多彩的校园精神生活，才有可能孕育精神生活丰富以及个性高度发展的儿童，才能创造全面、个性、和谐的教育生活。

在今天，教育领域中广泛存在着片面的、机械的教育方式：以死板的统一标准（例如学业成绩甚至只是分数）作为衡量每一个学生的唯一标准；校园环境单调刻板，整齐划一；体音美等课程形同虚设，考试科目备受重视；学生的身体和灵魂都被牢牢地禁锢在应试体制之中……这一切，已经导致了严重的教育问题甚至社会问题。

在这种背景下，重新从苏霍姆林斯基教育学中汲取营养，或许能促成一种必要的反思。

文　选

〔1〕关于学校教育的思考①

（1）母亲带女儿来上学

大约10年前，她抽出考签②，不做准备，就出色地通过了历史考试。从那时以来，她几乎没有变化。她叫奥莉娅，是班上的骄傲。这仿佛就是昨天的事，可现在她已经是母亲，带着小女儿来报名上学了。奥莉娅似乎猜到，我很想了解她的生活情况，于是向我讲述起来。

"我本来要上大学的，但结果却事与愿违。我已经出嫁，参加了工作，有了一个小女儿……我跟丈夫在一起只过了半年，就分手了……要是把这种不幸讲给别人听，他们要么默默地表示同情，要么拿些毫无意义的话来安慰我。我既不需要同情，也不需要安慰。可对那些在青春时代教育我们的人，我实在十分气恼。"

这女人深深地叹了口气，沉默下来。我感到，使她激动不已的那些思想，这些年来也同样使我焦虑不安，于是我问道：

"是什么惹您生气？"

"他们没有教会人怎样生活。您以为，我们分手是由于彼此对对方失望吧，或者是由于现在常说的'性格不合'吧？都不是。我们简直不会生

① 《苏霍姆林斯基选集》，551页。

② 这是苏联采取的一种考试方法，考题写在众多的考签上，由学生任意抽取，然后与教师进行面对面的口试。

活，不会做妻子和丈夫。无论是他，也无论是我——两个人都不会。”

跟年轻母亲的这次谈话，将永远铭刻在我的记忆里和心坎里。在这次谈话后，我常常在思考：是的，我们在学校里没有教会最主要的东西，没有教会怎样生活。我们教这教那，我们的学生懂得许多许多有益和有用的东西（而这些东西有时就不那么十分顶用），例如水在5米深处处于何种状态，汉谟拉比①国王的法典里写的是什么，星际空间一立方厘米的物质中有多少个原子，什么是重力……但他们对怎样过家庭生活却一无所知，也就是说，他们不知道怎样做妻子和丈夫，怎样做自己儿女的父母。要是哪位教师以“家庭中的夫妻关系”为题，突然同八年级或九年级的学生举行一次讲座，他就会被视为怪物。然而，谈论这个话题，远比谈论亚述②帝王的陵墓来得重要。要知道，父母的离异，孩子们会流下多少伤心泪啊。

近10年里，我分析了200个年轻家庭离异的原因。189个家庭的离异，就是因为年轻夫妇不善于彼此理解。年轻人结婚时，有关家庭生活要求复杂和微妙相互关系的素养，甚至连一个起码的概念也没有。没有人向他们讲，他们也就不知道，日复一日地生活在一起，住在一个房间里，这种夫妻生活不是令人愉悦的幽会的短暂时刻，而是一辈子待下去，这里不仅有欢乐和幸福，而且有无与伦比的艰辛，需要共同努力，付出全部精力。这要有多大的素养和多大的精神准备，而学校为此又应具有多大的智慧啊！

不管有多么奇怪，但学校里确实没有开展这项工作。生活要求我们为中学高年级的少男少女开设“家庭关系素养”课。要用令人信服的事实在未来父母的面前阐明，夫妇生活的实质，也就是要时时刻刻与人相互影响，首先是丈夫或妻子、与公公婆婆或岳父岳母相互影响，然后是儿女相互影响。可以毫不夸张地说，这非常复杂和非常微妙，只有用理智和心灵才能领悟这些乍一看来似乎是司空见惯的琐事。我再说一遍，这些琐事要求教师具有巨大的智慧。如果我们真的能够把生活的繁难复杂展现在少男少女面前，这将有助于他们成为成熟和谨慎的人，再也不会那么轻率，而后者正是我们在许多年轻人的观点和行为中观察到的东西。

如果有人要我编写《家庭关系素养》这门高年级非常需要的课程纲

---

① 汉谟拉比（前1792—前1750）：巴比伦王国国王。《汉谟拉比法典》反映了奴隶占有制的特点，是东方法学的珍贵文献。

② 亚述原为“两河流域”（在今伊拉克境内）的古代国家，公元前8世纪后半期和公元前7世纪前半期为其鼎盛时期。公元前605年被米太王国和巴比伦国王所灭。

要，我将把人的愿望素养放在首要地位。什么是夫妻生活的能力呢？这首先是调整和控制自身愿望的能力，是为了妻子或丈夫、公公婆婆或岳父岳母以及儿女的幸福放弃自身部分愿望的能力。匆忙离婚的，首先是那些利己主义者和个人主义者，对这些年轻人而言，个人的愿望高于世上的一切。在我的纲要中有一章是《年轻家庭中愿望的协调》。在阐述这一章的内容时，我将详细分析年轻家庭里发生的事情，举出一些富有教益的实例，说明人的愿望的产生，哪些愿望可以满足而且应当满足，哪些愿望则必须善于节制，怎样使自身的愿望服从家庭的共同利益。

我透露一个小小的秘密。“家庭关系素养”这门课程已经存在，我们已经有好几个年头教少男少女如何准备结婚和如何过好家庭生活，这里既包括家庭中相互关系的高度素养，也包括如何抚育子女。当然，教学计划中尚未设置这样的科目，更没有规定课时，在这种条件下讲授这样一门并非容易的课程，难处实在不少。但不管有多大困难，我们还是克服了，因为我们知道，这门课程即使不是最重要的，其重要性也不亚于数学、物理、化学……这一点你们会做出判断，因为并非人人都能成为物理学家和数学家，可每个人不分男女，都无一例外地会成为父母。

就算有的读者不理解我，以为我在贬低数学和其他学科的作用。是的，不懂得这些学科，就连科学的门槛也迈不进去。然而，关于人的知识更重要一些。在学校的教学计划中，即使不是今天，那么明天也会设置人际关系素养的课程，而且将它置于首位，因为我们生活在大写的人的时代。不管我们想不想设这门课程，这门课程必将开设。对我们学校而言，这个时候来得快些岂不更好。

（2）令人惊异的命运

我跟一个30岁的妇女谈心。她的脸上表现着高尚的神情，显得很美；一对明眸上，有一种炽热和执着的深自内省留下的几道细纹。这位妇女在向我倾吐她的生活经历，在我们今天乍一看来显得令人惊异和不可理喻的生活经历。

“有人差点没把我当成疯子，”她说，“人们常常都觉得我很古怪，叫人莫名其妙，简直是个活古董……特别有人认为，我们今天的人的一切或几乎一切都能解释清楚和探究明白。”

“我是个独生女，父母都信教。但说来奇怪，我青年早期的精神世界，的确很像是奥斯特罗夫斯基[1]的《大雷雨》里女主人公卡捷林娜[2]的精神世界。我冲动、内向、孤僻，对周围世界也同样敏感，也同样期待着某种奇迹……”

“当我上到五年级时，我们照本宣科地学过《大雷雨》……是的，正是照本宣科，”这妇女深深地叹息了一声，重复着。

“我通读过奥斯特罗夫斯基的这部悲剧，正如俗话说的那样，是屏住呼吸一口气读完的。这简直不是单纯的阅读。对我而言，这本书成了一种启示。我仿佛遇见了一个有思想的真实的人，她也跟我一样，感觉到某种莫名的忧虑，在等待着什么，寻求着什么……卡捷林娜掀起了我思想和感情的旋风。要知道，我正如卡捷林娜一样，也虔诚地、绝对地信仰上帝。我相信，上帝无所不见，无所不知。我相信，他是大慈大悲、救苦救难的。父亲使我接受了这种思想。而现在，卡捷林娜悲惨的死，在我心里点燃了第一颗怀疑的火花；为什么一个人为了证明自己的正确就得去死？为什么上帝不离嘴的坏人行凶作恶这样得手？

“我多想有人把这个好姑娘复杂的精神世界对我解说清楚，也跟我谈谈我自己。我多么想找到那些折磨我，使我不得安宁的问题和疑窦的答案。我急不可待地等着讲《大雷雨》的文学课。关于我喜爱的作品的第一堂课终于盼来了。使卡捷林娜心焦如焚的感情，也同样烧灼着我的心。原本寓居和跃动在我心房里的一切，如今都变成了怀疑的问号：难道父亲一向奉为吉祥力量的上帝，难道照母亲的说法知道一个人就寝和起床时都想些什么的上帝——难道就是这个大慈大悲和救苦救难的上帝，竟能跟卡巴尼哈和契基[3]同流合污、沆瀣一气？

“这一点我很想问问老师，但却羞于启齿。而老师本人也没有对我做出解答。他讲的大多是剧作家体现在主人公形象里的社会思想。我回到家里问父亲：怎么上帝能无动于衷地眼看着一个正直的人就这么死去？要知道，卡捷林娜是在向上帝祈求拯救和帮助呀？总之，为什么常常发生这种事情，上帝不仅对恶势力熟视无睹，而且好像还姑息纵容？

“父亲微微一笑，温和地说：‘放心吧，我的孩子。如果世界上没有恶，上帝也就不存在了。怀疑上帝的大慈大悲和救苦救难的心肠，这是可

---

① A. H. 奥斯特罗夫斯基（1823—1886）：俄国剧作家。

② 俄国批评家杜勃罗留夫在评述这一艺术形象时，称她是“黑暗王国的一线光明”，体现了一个非自由人对封建桎梏的反抗。

③ 《大雷雨》中的反面人物。

怕的罪孽啊。不应该议论上帝，要真心诚意地信奉上帝。课堂上对你讲的东西，别往心里去。记住，能做出回答也就罢了，但不要挂在心里。’

“父亲还跟我谈了很久。他告诫我，为了拯救灵魂，不要把心里想的都说出来。他再三对我说：‘要善于封闭自己的心扇。’

“从那时起，我开始过着一种奇异的生活。在我身上，似乎有两颗心……我令人惊异的命运，其根源就在这两颗心。中学毕业后，我考入一所学院，以优异的成绩毕业（这有毕业证书上的评定为凭），毕业后立即进了修道院，当了一名修女……

“我知道，我的熟人们在千百次地彼此探问：这是什么缘故？许多人认为我不诚实，是个伪君子，不相信我是出自一片真挚的感情。他们在寻思：高等学校自然科学的专业知识与宗教，生物学、达尔文主义基础以及这些科目的优秀成绩与信仰上帝——难道这些水火不容的东西可以并行不悖吗？也有人认为，我的生活之所以变成这个样子，一定有什么失恋之类的个人悲剧。

“但一切并非如此……也许，还是会有人觉得不可思议。但中学里讲的达尔文主义基础，大学里讲的自然科学，对信仰上帝的我来说，全都是中立性课程。照我现在的说法，这两颗不可调和的心在我身上似乎是和解了。

“您会问：‘这怎么理解呢？’

“在我置身于修道院院墙内以后，我弄懂了宗教世界观和宗教道德的实质。我这样说是很自信的。学校培养（更准确地说，是试图培养）我具有科学唯物主义观点。而父母培养我却是宗教观点。这一点他们做得更成功。我将说明这其中的奥妙。为了我的‘第二颗心’与‘第一颗心’和平共处，我的父亲费尽了心机，可学校为了科学唯物主义信念与伪善和虚假的宗教精神进行斗争，却没有做出什么努力。这就是我的命运的根源之所在。害我的是父亲那貌似疼爱的絮叨：‘我的孩子，你在课堂上听到的关于死亡、宇宙、善恶的说法，不要记在心里。你相信的只能是圣经里教给你的东西。’

“现在我才明白，我原来一直只是一架记忆和复现知识的活机器（那时我当然还没有形成这种看法，虽说我也感觉到了这一点）。在中学里一课复一课，在大学里一讲复一讲，全是关于物质、时间、空间，关于基本粒子，关于复杂的生物化学过程，关于遥远的太阳系里存在生命的可能性，关于宇宙的起源等科学道理。而讲授这一切是为了什么呢？首先是为了记住，保存在记忆里，然后回答。能回答问题，能陈述知识，就能得到好分数。于是养成了这样一种思维方式，这样一种精神需求方式：积累知识是为了在考试以后摆脱知识。我也是这样。在中学里回答完教师的问题，在大学里回答完教授的问题，我也就摆脱了知识，感到一阵轻松，然后又准备吞下一份又一份的新知识。

"学到的一切，不知怎么的，全是些在思想表层一掠而过的东西，既未能使我感动，也未能触及我的切身问题。在教师和教授的话语里，我听不到一句是对我本人说的：请你思考思考，请你琢磨琢磨，请你验证验证，请你体验体验，请你考察一下周围的世界和人。

"而与此同时，信教的父母却以他们非凡的洞察力，注意到了我的每一个念头，每一种感受。

"无论在中学还是在大学，我研究的都是周围的世界，但很少研究人。对于人，我们知之甚微，因此对自己也很不了解。我过去和现在都喜爱文学。我认为，这是一门有别于其他课程的学科。这理当成为跟学生畅叙人生的侃侃交谈，而不是过些时候得个好分数就可从中摆脱出来的让学生生吞活剥的一份知识……人生最大的幸福是为他人的幸福而斗争，而现在我们每个人都可以参加这种斗争。如果教师在讲授《大雷雨》时能使我充满这种崇高的信念，我的生活可能完全是另一个样子，不至于无可挽回地浪费掉青春年华。然而为了这一点需要做什么呢？需要学校在我身上培养的第一颗心（科学唯物主义的心），不是第一颗，而是唯一的一颗，需要使这颗心与伪善和虚假进行一场你死我活的决斗。我在一本书里读到这样一句话：善应与恶较量才称其为善。这就是说，为了让我准备好为最壮丽的真理（我们的思想真理）而斗争，就应当这样跟我谈心，就应当这样教育我。

"我不是专家，不能妄议怎样教文学，但我懂得，文学课的目的应当是认识他人和认识自我，了解人的爱好、思想、感情。

"我现在才弄清楚，父亲是怎样教我热爱文学的。他照他宗教观点的要求行事。这其中挑选书籍起着决定性的作用——这是一种带着偏见的选择。直到现在，我才明白一个道理：我觉得，应慎重考虑由谁来编写学校的文学大纲。真奇怪，为什么在文学大纲里没有以巨大的力量反映出人的复杂精神世界（他的思想、激情、感受）的作品？为什么高年级大纲里没有柯罗连科、列斯科夫[1]的一篇作品？为什么没有迦尔洵[2]、乌斯宾斯基[3]、萨尔蒂科夫·谢德林[4]、普里什文、帕乌斯托夫斯基[5]这样一些如此洞悉人心的作家的作品？对托尔斯泰和契诃夫、涅崔－列维茨基[6]和科贝良斯卡娅[7]那些揭示人的不幸和痛苦的力作，为什么也不学习，甚至不推荐为课外读物？这些作品不是有助于认识人的精神生活吗？为什么也不学习《堂·吉诃德》[8]？排除《堂·吉诃德》这部行善的百科全书，这部表现人的欲望、思想和激情的深邃世界的百科全书，又怎么能设想去培养人呢？

“大概，我对人的精神世界兴趣之强烈，其原因就在于我想更深入地认识自己。父亲对这一点了如指掌，于是给我弄来了没有良师指点不易理解的作品，人的命运、爱好、行为在这里错综复杂地交织在一起，靠自己是很难分析清楚的。

“我懂得，《堂·吉诃德》不是惊险小说。对我而言，堂·吉诃德的形象成了包罗人一切善行的化身。我是怀着十分激动的心情阅读过陀思妥耶夫斯基的这样几句话：当人类在上苍面前为自己的业绩做出说明时，他将首先呈现出塞万提斯的这本书作为自己积德行善的证明。我伏在《堂·吉诃德》这本书上哭泣过，我把它反复读了几次，在家里，在那个困囿着我的复杂环境里，这本书确乎成了我的第二福音书。

“我的命运是奇特的，因为我学院一毕业就进了修道院……除此之外的一切，则毫无奇特之处：一个人落到了宗教世界观的影响下，而随着时间的推移，也会恍然大悟的。在修道院里，我曾试图强迫自己读宗教书籍，并想从中找到对人的赞美，但越往下读，我越是深信：宗教损害人的尊严，把人贬低到如同草芥尘埃。

---

① 列斯科夫（1831—1895）：俄国作家，作品多以人民生活为题材，主要作品有《走投无路》《左撇子》《被诱惑的流浪汉》。

② 迦尔洵（1855—1888）：俄国作家，作品反映对不公平的社会现象的批评，主张造福人民。

③ 乌斯宾斯基（1843—1902）：俄国作家，其作品真实地反映了城市贫民的困苦和受压抑的生活，作品充满民主主义和人民革命思想。

④ 萨尔蒂科夫·谢德林（1826—1889）：俄罗斯讽刺作家，其作品真实地反映了城市贫民的困苦和受压抑的生活，作品充满民主主义和人民革命思想。

⑤ 帕乌斯托夫斯基（1892—1968）：苏俄作家，抒情散文大师。

⑥ 涅崔－列维茨基（1838—1918）：乌克兰作家。

⑦ 科贝良斯卡娅（1863—1942）：乌克兰女作家。

⑧ 《堂·吉诃德》：西班牙作家塞万提斯（1547—1616）的代表作。

“于是发生了在学校求学时本当发生的事情。我终于在书里找到了在中学和大学被忽视的对人的赞美。在我的小居室里，出现了《自然辩证法》《唯物主义与经验批判主义》《浮士德》，以及契诃夫、高尔基、法捷耶夫、肖洛霍夫的作品。我以全新的情怀重读了这一切。在我的记忆里，又浮现出我在中学和大学听过的课，读过的书。现在，这一切都成了我的武器，成了向我在宗教里发现的贬低人这种最可怕的恶势力猛刺过去的武器。从前，我以为人生最大的乐趣是探求宗教的理想，而现在，我从另一种观点来对待生活和人。我觉得，在伟大的艺术作品里确立了一种正确的看法：人热切向往的幸福不在彼岸世界，而在这里，在人间。

“我懂得，塞万提斯以悲怆的笔调描写堂·吉诃德行善的幻想时，他是在赞美人。浮士德与魔鬼订立契约，也是为了人。杀人犯因自己的罪恶行径而感到万分恐怖，这痛苦也是因人的善良本性而引起的内心斗争。

“修道院有个失明的修女，天性十分聪颖，十分机敏。我为她朗读了《盲音乐师》①，她的心豁亮了。她懂得，就连黑暗也阻挡不住一个人——人是能够认识世界的，因为他是人。

“当我明白科学和真正的艺术作品都是在赞美人和提高人时；当我的心为我是一个人而充满自豪感时；当我豁然大悟人高于某些人所臆造的神时，在中学和大学里学习过的东西又以崭新的面貌展现在我面前。这时，我也以全新的观点理解了高尔基浪漫主义作品的意义。那个把自己炽热的心高擎在双手上的自豪的丹柯②，又浮现在我眼前。我对果戈理和他不朽的史诗《死魂灵》也有了新的看法。屠格涅夫描写大自然和人的短篇小说，又以其真正的美引起了我的莫大兴趣。

“我一步一步地‘复习’我在生物学、物理学、化学、历史、辩证唯物主义和历史唯物主义里学习过的一切。所有这些知识，我都是仿佛初次接触。我想起了乔尔丹诺·布鲁诺的故事。那是个灰暗的下雨天，我坐在凉亭里。突然，世界好像被太阳的万道金光照得通亮。我仿佛看到了成千上万群古罗马人，在仰望着一个敢于宣称‘世界不是圣经所说的那个样子’的勇士被押赴刑场。这场面呈现在我面前，是如此清晰，如此真切，以致我站起身来，步入林荫道，攀上山顶。从那里远眺，但见小河流水，林木苍郁，好一派绝妙的景色。此时此刻，我情不自禁地想把这个世界饱

① 柯罗连科的中篇小说。
② 高尔基短篇小说《伊则吉尔老婆子》中的主人公。

览一番，欣赏一番。我为乔尔丹诺·布鲁诺的丰功伟绩感到豪情满怀。这就是一个高于上帝的人！我笑了起来。我之所以笑，是因为我对比了两个形象：一个是叮嘱人们逆来顺受、寄希望于天堂的永远苦恼的上帝，一个是自豪的战士乔尔丹诺·布鲁诺。在我看来，上帝是多么可怜呀……

"就是在这个时刻，我彻底醒悟了。对我来说，与宗教决裂既没有难忍的痛苦，也无须绵长的挣扎。这是我的一大乐事。我仿佛再次降生到这个世界。我对女修道院院长说，我要离开修道院。她深知我的观点对她的信女们有多么危险，便急忙拱手相送。就在那一天，我给男朋友写了封信……我讲修道院时，他很难过。当时他像长了翅膀似的飞来了。一周后，我们结了婚。我很幸福，我们已经有了一个儿子……但是，在我经受过长期的痛苦思索后才展现在我面前的东西，为什么不是在我上学的收获展现出来呢？"

(3) 抽象的学生与活生生的人

这位妇女的故事，迫使我对教育教学工作的许多问题进行思考。说实在的，为什么我们强大的精神力量——我们信奉的主义的伟大真理，艺术语言的真与美，有时就是进不了年轻人的心扉呢？为什么这位聪慧而正直的妇女，这么晚才理解和觉悟到她本应在学校念书时就应明白的事理呢？我不打算涉及这个人奇特命运的各个方面，只想谈谈知识与信念问题。为什么知识往往不能成为深入年轻人个人心坎里的最可宝贵的东西呢？为什么文学有时也不能教会人们去生活呢？上面讲到的那个姑娘进了修道院，还有其他一些没有信念的人进了酒吧间，进了可疑的娱乐场所夜夜厮混……这到底是什么缘故呢？

把知识转化为一个人自己的信念——是形成学生世界观的一个最重要和最复杂的问题。教师在传授知识时没有注入自己的思想和感情、欢乐和痛苦，他与之打交道的似乎不是坐在课堂里的一个个活生生的具体的人，而是实际上不存在的抽象的学生，这是某些学校教育教学工作的最大缺点。令人遗憾的是，传授知识的这种毛病，在高等学校里也很典型。

总的来说，直接与人的心灵对话，与其意识和良心对话，这是学校里一切课程，尤其是文学、历史等人文学科教育艺术的内核。我上面谈到的其奇特命运的那位妇女绝非偶然地说，她身上有两颗心，她信教的父亲力图使不可调和的两种世界观和平共处，相安无事，而且他做到了这一点。这是为什么呢？听着这位年轻妇女的叙述，我想起了火热的革命英雄谢尔盖·拉佐说过的话："要让信念历尽磨炼，要检验它的生命力……一个人应当做到赴汤蹈火在所不辞，个人信念决不可丢。"即使在一个人的头脑里装满真正的知识，也不能因此而说达到了教育教学的统一。要成为一名为共产主义而奋斗的忠贞不渝的战士。就要像掌握武器一样掌握知识，像使用利剑一样使用知识，而不是把它们储备起来——为了取得一个好的分数。遗憾得很，在教育实践中，某些教师没有把这一点牢记在心中：共产主义信念——这就是向敌对的意识形态发起坚决果断和毫不妥协的进攻。就其实质而言，不可调和的东西，就不应和平共处。而在那位命运奇特的妇女的精神生活里，却一度令人懊丧地发生了相反的情况。

青年人喜欢阅历丰富的明智长者与他们年轻的心灵直接对话。不幸的是，要做到在课堂上与青年男女灵犀相通，激发他们去思考自己的命运，这样的机会是太少太少了。

就拿历史大纲来说吧，堆积着大量史实，那些生活和斗争赢得成为青年人指路明灯的人物，教师想讲几句真挚而热情的话语也找不到时间。不管这有多么奇怪、多么荒谬，历史大纲里就是没有这样的明确规定，比如说，让历史教师深刻阐明科学共产主义奠基人马克思、恩格斯、列宁精神世界的形成过程。关于"民意党"英雄们的斗争和生活，关于共产党员拉佐和捷尔任斯基、奥斯特洛夫斯基和伏契克的英雄主义生平，大纲里也没有规定让学生了解。忽视忠于共产主义思想的活生生的榜样，会降低历史教学的水平。

历史是最主要的人文学科，它的目的应当不仅是讲授历史事实和总结性的结论，而且也要介绍那些充满激情、扣人心弦的生动故事，讲讲高尚意愿的胜利，讲讲堪称青年人现在和将来指路明灯的忠于光辉理想的大无畏者的形象。克鲁普斯卡娅写道："对于儿童来说，思想离不开具体的人。"① 很遗憾，教师们常常忽视了这条教育的金科玉律。而如果考虑到一个教师急于要干的是无论如何也要把大量史实塞进课堂，那么，就会把这条金科玉律干脆置诸脑后。因此历史教师揭示的道理，往往是干巴巴的几条，不能感动学生，不能激发出学生本人的感受和追求。情感贫乏总是在降低着学科的教育作用。然而，在历史教学中，具有头等意义的是把教材的思想性和情感性结合起来。"语言教导人，榜样吸引人。"——这句古老的拉丁谚语，包含着教师应当永远记取的一个真理。

① 《克鲁普斯卡娅教育文集》第3卷，俄罗斯联邦教育科学院出版社，1959年，265页。

现在来谈谈文学。学校里的文学不是一门普通课程。不可把它与其他学科等量齐观。文学是教育人的强大工具。正是从这个观点出发，正是为了使人精神充实的一切最有价值的东西注入文学课，是到了该认真考虑文学大纲的时候了。青年人的人文科学修养，是道德教育的一个重要基础。

在我看来，正是由于对文艺珍品在教育中的作用估计不足，才导致学生既不知道堂·吉诃德，也不知道蒂尔·乌连什皮格尔；既不知道但丁，也不知道柯罗连科。几年前，甚至从大纲里删去了萨尔蒂科夫·谢德林的《戈罗夫略夫老爷们》。不学习《戈罗夫略夫老爷们》这颗世界文学的明珠，又怎么能在年轻人的心灵里激起对自私、贪婪和吝啬的痛恨呢？一位学者不久前建议把文学“列入”选修课。在这种建议里，突出地反映着现在还偶尔有人念叨的一种想法：我们生活在数学、物理学和电子学的时代，所以一切注意力都应当放在这些学科上。

数学时代——这种说法广为流行，但它没有表达出今天发生着的一切事情的全部实质。世界进入了崇尚人的时代。一个人不具有一定的数学才能似乎就是一个不够格的人，这种思想是不能容忍的，也是根本错误的。

我掌握的一些确凿资料可以证明，犯下凶杀、抢劫、强奸、敲诈这些最严重罪行的，往往是那些对人文科学一窍不通的人，我们无权忘记这一点。虽说这样的败类为数不多，但他们还存在。当你看到一个 20 岁的青年杀了人，从受害者的衣兜里掏走了 3 个卢布，因而被判处枪决时，你该不致会为我们的青年总体还是好的这种想法而变得轻松些吧。任何计算机也计算不出我们的道德损失，这是某些学校对年轻一代的心灵和信念教育采取冷漠态度的结果。

我们也无权忘记，某些青年人已养成一种可耻的习惯：去俱乐部、去跳舞、去运动场，总要先喝上那么二两烧酒。不管与酗酒现象、流氓行为和犯罪行径做斗争的措施多么严厉，如果不以艰巨的教育工作作为支撑，这些措施也将无济于事。

情感和审美上的厚颜无耻——这是许多道德缺陷的根源，而这根源又出自学校人文学科教学上的笨拙无能。

教师和学者同志们，让我们再来思考一下我那位女交谈者的话，她认为在她上学的岁月里，教学的目的就是让学生回答老师的问题，然后就从知识里解脱出来。这种教学观点对任何学科来说都是危险的。而对历史和文学来说就等于自寻死路。

许多教师忘记了，文学之所以成为人的良师益友，形象地说，就是因为美的空气在支托着思想的翅膀。没有美，没有美感，这只飞鸟就会像石头一样栽落在地。

我们设想一下，如果音乐课只是没完没了地谈论乐理，而没有悠扬悦耳的琴声和歌声，那很清楚，在这种情况下，也就没有任何音乐的陶冶。文学也是这样，如果无止无休地谈论文学理论，没有感人肺腑的语言，没有美，没有抓住能使学生回肠荡气的情感，也就阉割了文学本身。

讲授文学，应直接跟人的心灵对话。我坚信，学习文学——这首先是让一个人认识自己本人，激发他不懈地努力用共产主义思想进行自我教育。语文教学的真正行家，都善于达到使学生比他们现在变得更加美好的目的。在人类创造的精神财富中，年轻公民应当发现赞美人、鼓舞人的一切。

在学校里学习文学的一项重要任务，是让书籍作为精神需要进入年轻人的生活，让一个人在书籍海洋里的精神生活不是以学校的文学学习告终，而是以此为开端。做不到这一点，文学教学将失去任何意义。

在我校的一个班里，已经进行了3年实验：我们把阅读原著作为学习文学的基础。学生要做好课前准备，通读整部文学作品，而不是教科书里的片段。教师也要做好课前准备，甩开大纲，直接研究原著。在课堂上，死气沉沉的郁闷空气一扫而光，关于主题思想的干巴巴的议论也荡然无存，有的只是体现在艺术形式里的鲜明的思想；常常出现关于人和生活的充满激情的热烈交谈，师生的心扉相互敞开了，学生真正地懂得了文学，书籍永远进入了他们的精神生活。

我坚信，文学课就应是这样。正如音乐教师带着小提琴进课堂一样，语文教师在文学课上也应当用艺术语言来揭示主题思想，而不是枯燥无味地讲述主题思想。

当然，不应当把这个改进教学过程的例子理解为对教科书的否定。教科书是重要的知识源泉，是科学的入门知识。但教科书只是真实事物的逻辑总结。可是在文学中也如在音乐中一样，我们与之打交道的是人类最细腻、最复杂的关系的艺术表现，是情感、美感和人的个性。学生当然要读文学教科书，但要在理解和感受到这全部复杂性和原著全部审美价值之后去读，才能读懂读透。

无论在中学还是在大学，教学计划里都没有“人学”这门课。也许，用不着为这门课安排专门的课时，但应当把它渗透到中学和大学全部的教育教学工作中去……

教师要爱学生，爱自己崇高的事业。而为了热爱，就得了解。了解青年人心房的每一次搏动，了解每一颗心的心扉能被什么样的影响推开。了解，意味着斗争。与狡猾阴险的敌人斗争，与敌视我们的意识形态斗争。要知道，在敌视我们的人的身后，宗教为了俘虏人的心灵，世世代代都在进行细致入微的工作。

为成为坚定不移的共产主义战士，我们的学生应当用自己的知识去进攻。只有当知识在进攻和搏斗中节节胜利的时候，我们思想的宝剑才会永远锐利。怎样达到使知识去进攻的目的，这是教育中一个非常重大的问题。

〔2〕发展学生的个人能力与爱好①

一切为了人，一切为了人类的利益，这条共产主义的人道主义原则已越来越深刻地影响着我们社会生活的各个层面。先进的苏维埃人的最高利益和最大幸福就是进行创造性的劳动，在这种创造性劳动中，个人的能力和天赋能够得到最鲜明、最完整的体现。

在共产主义社会，劳动的精神因素会提到空前高的程度。H. H. 谢苗诺夫院士说："创造人类幸福生活的最主要的方面就在于，让精神方面的创造性活动在某种程度上成为每个人最基本的活动。"在今天，就应该让青年一代感受到热爱劳动的幸福。我们认为，这就是思想道德与劳动教育的有机结合。

在苏联社会生活的现阶段里，培养全面发展的人，开发每个学生的个人能力，是我们教育工作的一个重要任务。共产主义首先意味着使每个人的能力都得到充分的发展。在这个全新的、最公正的社会里，每个人都将全身心地投入自己的事业，充分发挥自己的全部创造力。及时发现、培养和发展每个学生的能力，即是摸清他们的志向，这就是当前教育中一项重要的任务。

我们全体教师给自己提出这样一个任务：要使学校里不存在一个没有个性的学生。这种学生的特点是：对什么都不感兴趣，无论什么事都无法让他们感动，让他们着迷，他们无论是学数学公式，还是学抒情诗，都是一样地漫不经心。我们努力做到，让我们的每一个学生从入学的第一

① 《苏霍姆林斯基选集》第五卷，167 页。

天起就对一些东西感兴趣，乃至着迷，发展自己的创造力，形成一定的生活志向。

怎样才能从事件的角度做到这一点呢？怎样才能点燃每个孩子心中的创造之火呢？

我们学校常年有500—550名学生学习。新生一入学，首先映入眼帘的就是那种创造性劳动的气氛。当然，新入学的一年级新生对这种鼓舞人心的气氛，首先是感觉到，其次才是理解到。但是有一点对教师来讲非常重要：不是用空话，也不是用说教，而是用高年级学生活生生的事例来吸引孩子们参加劳动实践。那些高年级学生们已经在他们乐于参加的工作中感受到了生活的乐趣。每个新生都有他们喜欢的、进行创造性劳动的场所，也都有为他们起榜样作用的高年级同学。当前，组织课余教育工作的一个主要困难就是，帮助每一个学生找到自己喜欢的工作，找到掌握劳动技能的榜样。学生们与社会的广泛联系帮助我们克服了这一困难。他们联系的对象有：被授予共产主义劳动集体称号的当地集体农庄的拖拉机耕作组，大田种植组的劳动者们，畜牧场的工作人员，修造站、克列缅丘格水电站、车辆制造厂和其他一些工业企业的工人们。那些对什么都不感兴趣的孩子们，经常让他们同尽可能多的对象联系，直到最后他对某项工作产生了兴趣。

这是一项艰苦细致的工作，工作过程中还经常发生一些冲突，是每天都要做的日常教育工作。我们学校有一个九年级学生帕维尔，过去曾经是个对什么都不感兴趣的学生。老师们花费了很长时间，都无法让她对什么事情产生兴趣。对劳动的冷漠导致了对学习的冷漠。8年的时间里（从一年级到八年级）这个孩子一共留级三次。后来，少年科技小组来了一个姓塔兰的新组长。他有一双十分灵巧的手，干钳工、装配工、车工都是能工巧匠，他很快就把大部分孩子吸引到自己身边。只有那个帕维尔，还像过去一样，对什么事都不感兴趣。可是，过了不久，这位新组长居然把这个孩子的劳动兴趣激发起来了。特别重要的是，他教会了帕维尔善始善终地做好每一件事。这个小伙子也为自己做了一些事而产生了自豪感。在我们看来，这就是培养劳动兴趣的最重要的条件。帕维尔逐渐地被科技小组的活动迷住了，现在成了一个对制作模型和组装机器最感兴趣的学生。

我们学校每天只上半天课，所以，除了上课和休息，每个同学都有足够的时间从事自己喜爱的课余活动（大约下午4—8点）。为给学生们进行创造性的劳动奠定物质基础，老师们需要花费很大的精力。一般情况下，一到课余活动时间，学生们都到学校里来。邻近的一所八年制学校的学生们也经常和他们一起来。一年级的小孩子们还经常把自己的弟弟妹妹带来，他们也想干点什么。应该为每个孩子都找到他们喜欢做的事，而不是简单地用点什么事来占住他们的身子，免得他们无事可做或者互相干扰。为了让每个学生都充分发挥自己的创造精神，必须在所有这些课余活动的场地为他们广泛地提供各种重要的劳动形式。要充分考虑孩子们的年龄特点，让这些劳动形式成为纯属孩子式的活动（这里最忌讳的是，搞得过分严肃而让孩子们“畏而远之”；组织这些活动，就是为了让孩子们感到有趣）。

我们学校有 4 个设施完备的科技室，3 个小工厂（一个木工厂，两个金属加工厂），两个机械技术室。为组装机器、制作模型、设备安装和电工设置了两个工作室和 5 个露天场地，一个无线电实验室，一个从事自动装置和遥控装置的工作室，几个为少年摩托车爱好者准备的活动场地，还为高年级学生和教师们组装的一辆小马力汽车准备了一间汽车房。无论是一年级学生还是十一年级学生，都能从这些不同技术创造形式中找到自己喜欢的、感兴趣的事情来做。在木工小工厂里有一些专门给低年级同学准备的电锯，而在另一个技术车间里，则有制造玩具零件的小车床和小钻床。有几十个工作岗位是为那些喜欢金属加工、组装机器和制作模型的孩子们准备的。每一处工作场地都准备了小型的老虎钳、锉、锤子、平嘴钳，各种成套的材料：导线、金属板、各种螺钉、螺帽等。所有这些都是为了孩子们在制作各种零件、组装模型的时候充分发挥自己的聪明才智。在工作室和小工厂里还有各种机器的工作模型。

与低年级同学的活动地点相邻的，就是少先队员和高年级同学的工作场地。三、四年级的同学在小机床上磨制玩具车的小车轴和小车轮。在他们旁边，是八年级的学生在组装车床供八年级同学使用。这种做法具有特殊的教育意义：可以创造条件对那些什么都不感兴趣的学生，乃至懒惰的学生施与积极的影响。

为了发展中低年级同学组装机器的兴趣和能力，我们专门拨出一些劳动场地，在这里孩子们可以用拆散的零件组装机器模型。在这些低年级同学的工作场地旁边，就有高年级同学在那里组装带有嘈杂系统的供演示用的车床。我们刻意安排这种相邻关系，也是从教育的目的出发的。

多年的经验使我们确信，在低年级的时候就有个别同学在操纵比较复杂的机器方面显露出了明显超众的才能。为这些天生有才能的孩子，更准确一点说，是为了用尽可能多的劳动来磨炼这些有才能的孩子，我们专门设立了一个动力车间，这里就有几个小型内燃机，启动它们和制动它们都不会有危险。它们都能带动几个电压不高的玩具电动机。在这个专门为小孩子们设立的动力机车旁边，就有一个真正的动力装置，它是由年龄比较大的科技小组成员研制的。实践显示，每10个男孩、女孩当中，有三四个孩子在10—11岁时就能拆卸和组装不大的内燃机并且能成功地操作机器，尤其重要的是，他们都能对机器产生浓厚的兴趣。这些孩子就是未来的有才能的机械专家。每100名男孩、女孩当中，有两三个在同样的年龄，与对技术毫无兴趣的十一年级学生相比，对内燃机的了解要多得多。孩子们的才能表现得越明显，越能有效地克服在培养能力和兴趣方面的困难，也能使个别对任何劳动都不感兴趣的同学改变他们的态度。

我们给中低年级同学准备了五十多台内燃机，有的作为多种车辆（拖拉机、汽车、摩托车等）的一部分；有的作为一种单独的装置，用来启动各种不同性能的直流电动机。比如，有两台内燃机是用来启动圆锯和刨床的（尽管我们这里也拥有用电网的电流来启动的同类型的工作机）。孩子们可以随时来拆卸它，清洗它，给它上油，乃至仔细思考各个零部件之间的相互关系。有两辆拖拉机和两辆汽车归高年级同学使用。我们更加重视的不是那些新机器，而是那些超期服役的机器。在这种机器上工作不是一件容易的事，因为它要求经常修理，但是它却可以培养孩子们的耐心使之真正地热爱技术工作。

校园还有一些地方是为喜欢建筑的孩子们开辟的。这些建筑爱好者们在这里组装钢架，制作钢筋混凝土块和各种制件。

电工室内又为各个年级段的学生们设置的工作场地。最小的学生先是用现成的部件来组装电动机模型，逐渐过渡到用单个的零件来组装。略微大一点的学生则用单个的零件组装成部件，再用这些部件组装成电子测量仪器的模型；同时，他们还给那些最小的孩子们制作电动细木锯和电烙铁。为高年级同学的工作场地准备了比较复杂的机械装置和机械工具，这些机械是利用电能转变成机械能、热能和光能的原理进行工作的。

为培养一些学生个人的能力，我们对电子和自动装置小组的工作予以特别的关注。这里拥有全套的材料和零件，用来组装各种工作模型和工作装置，这些模型和装置都是建立在自动装置和遥控的原则基础上的。多年的经验告诉我们，每个年级都会出现两三个这样的学生，他们借助于所学课程，在科技小组活动中，对自动装置和电子技术的创造能力能够逐渐得到发展。

无线电小组的工作室里总是挤满了人，在这里工作的，既有低年级同学，也有少先队员和高年级同学。孩子们在这里的创造性劳动是从制作简单的矿石收音机开始的，最后到组装复杂的半导体收音机和遥控航模的无线电装置。几乎每一个孩子都有一个迷恋航模的阶段。在这方面取得的成绩越大，他们对诸如无线电、自动装置、电子、电工这类劳动心思的兴趣也就越浓厚。

全体教师们还特别注意激发和培养学生们的艺术创造力。在小陶器加工厂里，孩子们制作各种器皿和塑像。给最小的孩子们专门拨出一块劳动场地，让他们给学校的木偶剧团制作演出用的陶偶。在烙画和锯画小组里，孩子们把自己的想象力充分体现在这些烙画和锯画上面。绘画小组的成员有一年级到毕业班各个年级的学生。在合唱团里，在儿童民乐团里，在少年钢琴队里，孩子们的音乐才能得到了充分的发挥。学校里还有一些文学创作小组。学校定期举办学生作品展（名为《我们的创作》）。我们培养孩子们在艺术创造方面的能力，当然不是想让他们将来把音乐和绘画作为自己的职业——这是那些专门性学校的任务。我们的责任是全面培养每一个学生的个性，让他们在艺术创造方面的才能得到充分发挥，完全是为了满足他们对精神生活的广泛需求。

我们在农业生产方面给学生提供各种劳动形式供他们广泛选择。在我们学校的两个温室里（其中一个是柠檬苗圃），让孩子们着迷的工作一天都没有停止过。实际上，从入学第一天起，孩子们就能随自己的意愿在这里找到他们愿意做的事。在绿色实验室里，在室内和露天的动植物培育场地里，在果树苗圃里，在果园里，在教学实验园地里，在学校的养蜂场、养兔场里，乃至在集体农庄饲养场的一个分场里，到处都在进行各种有趣的动植物实验。我们努力让孩子们从小就在培养植物和耕作土地的过程中，通过切身体验确信人类智慧有改造自然的力量。比如，培育无土植物，就是孩子们一开始从事的劳动之一。他们用矿物营养物质的混合物（沙土、有机物和矿物肥料）制成营养液，用来培育植物。在严寒的冬季，在室内室外的植物园地里，你可以看到，黄瓜一片碧绿，西红柿正在成熟，一串串葡萄在向人们招手。在学校的果树苗圃里，八九岁的孩子就能够把人工培育的果树品种往野生果实上嫁接。当然，远不是所有孩子都能这样做，只是那些在入学以前就已经对大自然产生了浓厚兴趣的孩子才有能力这样做。

在集体农庄的一个养猪场里，专门给那些喜欢饲养动物的学生们开辟了一块园地。这是一个独具特色的实验室，学生们在这里培育青霉素菌苗，把它添加到饲料里，观察这些生化饲料添加剂对动物机体生长的影响。这项工作吸引来不少低年级的孩子们，但还是高年级学生在这里起了主要作用。在集体农庄的养牛场里同样有一个这样的创造性实验室，少先队员们在这里管理着小牛犊。孩子们在这里研究几十种饲料的配置方法，他们最感兴趣的是如何配置富含维生素的饲料。夏天，他们搞了一次专门的长途跋涉，目的是寻找那些富含维生素和杀菌素的植物。学生们用特殊的方法晒制成好几百千克富含维生素的饲料，到冬天就磨制富含维生素的饲料粉。在牛奶场、养禽场和养兔场里也都有这样的小型实验室。这种工作之所以让孩子们如此着迷，主要是它明显地表现出了人类智慧改造大自然的力量。一旦孩子们感觉到了这一点（他们可能对此理解得比较晚），在他们的体力劳动中就已经具有了智力的因素。

我们全体教师都认为，教育工作的一项重要任务，就是使所有这些被钟爱的劳动场地与教学紧密地结合起来。因此，在课堂上讲授大纲所规定的教学内容时，每位教师都注意激发孩子们对这一项或者那一项劳动活动的兴趣。这样，学生们在低年级就已经获得了关于包括果树在内的各种植物的基本知识。给低年级学生们讲授关于植物基本知识。给低年级学生们讲授关于植物的知识时，维尔霍文尼娜、涅斯杰连科、扎连科等几位教师，都给他们介绍高年级同学在教学实验园地、在果园和在苗圃里的工作情况。孩子们都产生了一种迫不及待地工作的愿望，他们想通过课堂学到更多的知识，而这正是对劳动产生兴趣的最初源泉。在所有进行着创造性劳动的场地，都必须通过劳动，才能获得知识；劳动越紧张，对自然规律的了解就越快、越深刻。

实践告诉我们，要调动和发挥学生的能力，最有效的方法就是组织劳动，这种劳动应该建立在学生主动参加的基础上。对某项劳动的共同兴趣能让学生们自愿结合成这样或那样的劳动组织，这样的劳动组织在我们学校里每年都不少于 70 个。每个劳动组织的成员 3—12 个不等，所有这些叫作组或者队的劳动组织都有自己制定的活动规则。熟悉某项劳动的教师也参加进学生的劳动组织中去，并且常常成为这些组织的领导者，但并不是以教师的身份，而是以该项劳动的行家里手的身份去领导这些劳动组织。但是，能承担这种任务的教师，在我们学校总共不超过 15 人。其余的学生劳动组织都是由比较有经验的高年级学生担任领导工作的。在这些劳动组织中的领导工作具有一种特殊的性质，以及领导者的劳动技能首先成为其他人的典范，并善于用自己的劳动来激发别人的劳动兴趣。在每一个这样的热爱自己工作的学生周围（有时他们竟然是七、八年级的学生）通常都聚集着一些同样热爱该项工作的男孩和女孩。

最具活力，因而也是最有教育效能的劳动组织，是那种其成员的劳动技能、技巧水平都各不相同的劳动组织。这种劳动组织看来是很自然地产生的——同八年级学生一起劳动的是二年级学生，向十年级学生学习的是五年级学生。但是这种看起来的自然性实际上就是真正的自觉性：是对某项劳动的共同兴趣和爱好把孩子们结合在一起的。有这样一个工作室，每天一到开放时间，都有一群喜欢制作模型的少年聚集到这里来从事他们热爱的工作，他们热衷于组装那些电动模型。有一个能力特别强的十年级学生叫谢尔盖，他和自己的伙伴（都是些七年级、八年级和九年级的学生）一起制作一套电动铁路的模型。这套模型有电动信号装置，还有几个道岔，几个死岔和几个备用线。与此同时，又有两个七年级学生（一个男孩和一个女孩）、一个八年级学生和一个五年级学生独立制作一个电动起重机模型。但是这些制作起重机模型的学生也有一些人不时参与那些制作铁路模型的能力比较强的同学工作，而这些同学又及时对他们制作的起重机模型的工作给予帮助。这样，在同一个创造小组里又仿佛出现了两个更小的小组：其中一个完成比较复杂的工作，而另一个完成比较简单的工作，但是全体成员对这种劳动类型的兴趣都是相同的。那些进行比较简单的工作的小组成员，都积极努力使自己的技艺达到更高的水平，以便取得同那些比较有经验的同学一起劳动的权利。而那些比较有经验的同学则力图永远在小组中位居前列，因为他们经常会感觉到，那些经验不如他们的同学，正在努力“赶上他们的脚步”。在这个小组里，还有另外3个学生：两个二年级的学生和一个四年级的学生。他们也想做点什么，于是高年级的同学们就给他们找了些力所能及的工作：把准备制作的小车厢和小岔道的金属板磨光，把一台生了锈的旧发动机拆卸开，清洗它的零件。这些低年级的学生们都兴致勃勃地做这些粗活。逐渐的，也交给他们一些略微复杂一点的活让他们干。这样，一个月以后，那个叫奥列格的四年级学生已经能够帮九年级的学生在金属板上钻孔了。看到他们进步得这么快，小组长对同学们说，很快就可以把一台机床交给孩子们独立操作了。

3个月后，铁路模型和起重机模型都做好了。谢尔盖又把一个新模型的图纸带到工作间来，这是一台初轧机的模型。里边已经有一些自动控制的电子操纵成分了（操纵系统和零部件加工质量的监控系统等）。由两个从事不同的复杂工作的劳动小组合成一个大劳动组。不久就发现，那些原来成功地制作起重机模型的学生，远不是所有的人都能从事初轧机模型的制作工作。但是孩子们谁也不愿意去做那些不重要的工作，他们都想在某些方面充分显示自己所达到的技艺水平。于是，他们抓住每一个机会来证明自己是初轧机模型制作工作名副其实的参加者：这些少年着手制作电动机模型了。一些二年级、三年级和四年级的学生们也都参加了这项工作。建立在共同兴趣基础上的劳动，从它的性质来讲，就能促进每个学生充分发挥自己的创造力，努力把交给自己的工作做得更好。在这方面，大多数学生不仅仅学习，而且还向其他同学传授自己的经验。

我们的学生们都是在不同形式的创造性劳动气氛中生活的，这种创造性的劳动是一些具有不同吸引力的独特的磁铁：磁铁的磁性越强，即学生们所参加的劳动的趣味性越浓，那么在完成某项劳动方面的能力也就发展得越明显。

生物和化学老师科洛米琴科研究养殖事业，她就在养殖场里建立了一个实验室，学生们在这里研究抗生素对动物生长的影响。在她的领导下，对普通的劳动对小组成员来讲都成了饶有兴趣的事。这些从事养殖工作的少年们精心饲养着他们心爱的动物，给它们准备饲料。

如上所述，孩子们的个人能力只有在相应的调教下才能得到更好的发展。这种条件就是在创造性劳动的过程中不同年段的学生应该经常进行交流。所以我们认为，在十一年制的学校里，把高年级专门分到另外一个独立的学校里去是不合适的。不能认为，把低年级和高年级同学分开，更便于针对他们的年龄特点进行教育。恰好相反，正是那些儿童、少年和青年在一起学习的学校能取得更大的成绩。一个人只有当他自己也在教育别人的时候，他才能更好地受教育。我们这里没有一个高年级学生没有向他们的小弟弟、小妹妹们传授过自己的知识和技能。尤其重要的是，他们把热爱劳动的品质传给了低年级的同学们。为了起到表率作用，他们则百倍努力使自己更上一层楼。不仅是一年级同学和十年级同学，也有很多九年级、八年级甚至七年级的同学，都成了老师的得力助手。当我们教育低年级同学遇到困难时，我们就会想到：让他跟高年级的哪个同学结成对子更好呢？哪一种兴趣爱好能够成为他们共同的精神土壤呢？我们可以从中找到通向每一个学生心灵的钥匙。不过这是一个很复杂的问题，需要在专门的文章里进行阐述。

在以孩子们独立活动为基础的教育过程中，教师的指导作用如何体现呢？乍一看来，仿佛教师就可以冷眼旁观了，小组里的一切事都让孩子们自己做就行了。其实不然。教师的作用在于，为了每个小组里的学生们对劳动的兴趣长盛不衰，教师必须经常对他们进行支持和鼓励，为他们点燃创造的火焰，并且让这股火焰越燃越旺。我们这里之所以有那么多热爱机械技术、种植工作和园艺工作的孩子们，是因为他们能亲眼看到同样热爱这些工作的老师们，也同他们一起热情洋溢地进行着劳动。菲利波夫、科姆巴尼耶茨、巴尔温斯基、塔兰、什古尔、沃罗希洛等不仅对内燃机和电动机有着深刻的了解，而且还熟练掌握车工、钳工、电工、装备工、电焊工等工种的专业技能。他们每个人都经常和学生们一起制作各种东西。这些由教师们亲手制作的东西个个造型精美，工艺精巧。物理教师菲利波夫和学生们一起制造了一套工具，供电工、钳工从事精密工作时使用。手工劳动教师塔兰制作了一个装在箱子里的“移动小工厂”——一套用于田间劳动条件下的钳工工具，可以随时拿出来修理拖拉机和其他农业机械。什古尔老师做了几十个能装在衣袋里的半导体收音机。效仿他的榜样，很多学生也对这项工作产生了兴趣。我们这里有一些十一二岁的孩子，已经能够按照线路图组装半导体收音机了。

一些教自然课的教师和低年级的教师如萨姆科夫、斯杰潘诺夫、科罗米钦柯、扎连柯、维尔霍文尼娜等则热衷于种植粮食作物、经济作物和果树，喜欢在植物实验室和教学式园地里进行各种实验。他们每个人在果园里和葡萄园里都有自己的果树和葡萄秧——之所以称作“自己的”，是因为这些教师们精心护理着它们的每一个枝条，每年都要播下新的种子来培育秧苗。

掌握劳动技能是刺激学生们热爱劳动的一个最基本的因素。所以，我们努力做到让每一个学生在中学学习的这些年里都在某一方面取得明显的成绩。只有这样，才能培养学生们热爱劳动的习惯：每个人都做他自己喜欢做的事，不做这种事他就觉得受不了。一般情况下，要经过长期的探索才能找到通往成功的路。学生们往往在各种不同形式的劳动中来检验自己的实力。他们可能同时掌握好多种技能，但是当他在某一方面所取得的成就还没有远远超过基本要求之前，还不能说他已经找到了自己的路。这里要特别强调的是，不能说一个人成功地甚至是出色地完成了每一个人都能完成的任务，就叫取得了成绩，并且认为借助于此就可以培养他的能力、爱好和志趣。任何一个学生都会做诸如刨光木板、制作小房子、组装电动机模型之类的事，只是有一些人练习得多一点，而另外一些人练习得少一点而已。但是要想使某种劳动成为自己喜爱的事业，成为自己的爱好，就必须在这种劳动中取得突出的成绩，远远高出对自己这个年龄的学生所要求的成绩。

通常，我们学校的孩子们在低年级的时候就已经在这种或那种劳动中取得了一定的成绩。比如，有的三年级同学用细工锯锯木，比高年级同学锯得还要好；还有的同学制作的小木房子是那么漂亮，以至于令全校师生赞叹不已；也有的给野生果树上嫁接人工培育的果树，成活后长出那么多强壮有力的新芽，致使生物课教师都情不自禁地想：他是怎么做到这一点的呢？更有这样的低年级同学，他们通过帮助学习驾驶的高年级同学擦拭零件，自己学会了拆卸和组装小发动机。但是，即使在这些具体的工作中取得了突出的成绩，也并不意味着他所有的潜能都开发出来了。从此就认为已经了解了他的能力，甚至认为他可以规划自己的未来了（我们做教师的可以这样想，但是对学生来讲，不妨让他们继续探索，取得更新的成绩）。

培养个人能力的过程，是一个充满活力的又不断变化着的过程。天赋也好，能力也好，都是多方面的，有时在过一段时间以后，某个学生会在另外一项工作中取得更大的成绩。想在劳动中取得这样的成绩，则要求孩子们付出巨大的努力。他们会看到，更准确一点讲，他们会感觉到，他们做得是那么多，同时，做得又是那么少。

激发孩子们取得更新的成绩，是开发他们潜能、发展他们能力的好方法。在实践中使用这些方法，并不是永远都一帆风顺的。在从事教育工作的27年当中，我遇到过几十个这样的学生，他们在相当长的一段时间里，都不能在任何一个方面取得任何一点成绩。他们当中就有那种对体力劳动持否定态度的孩子们。但是，无论一个人多么不愿意参加劳动，对他的教育还是应该从让他取得一点成绩开始，哪怕起初仅取得微不足道的一点成绩。对那些无所事事，游手好闲的人，最初就应该强迫他参加劳动。在这种情况下，最好的方法就是教师和学生一起劳动。曾经有过一个叫维塔里的学生，他非常懒惰，对什么都不感兴趣，老师们花了8年时间也没有找到解决问题的方法。他甚至连驾驶摩托车都不想学，很少有对这种事都不感兴趣的孩子。于是有一次，我们决定带他和其他同学一起去给桑树进行株间中耕。老师一边和他一起劳动，一边给他演示，怎么操纵机器，怎样开动马达，怎样使用犁头。老师多次使用这种方法。终于，这个少年对使用农业机械产生了兴趣。而他刚刚在这方面取得了一点点成绩，我们又让他去完成更困难的劳动任务。

天赋和能力，首先在于顽强地去取得成绩，克服困难。在勤奋的劳动中，在取得新成绩的过程中，就能从更多的新的方面把孩子的天赋和能力充分展现出来，而且可以扩展孩子们兴趣的范围。几年前，在一个养殖小组里，有一个叫维佳的四年级学生和高年级同学一起劳动。他最喜欢照管小牛犊。他有机会经常观察到，高年级同学在给大牛和小牛准备干草饲料，然后再把饲料磨碎，制成富含养分的粉状饲料来喂小牛。他把饲料晒得非常干，饲料制作得很精，甚至由这种粉状饲料制成液剂竟成了很好的药品，用它喂生病的小牛，病牛很快就康复了。对于一个四年级学生来讲，这已经是很大的成就了。到了五年级，维佳专攻为小牛准备饲料的工作，后来又自己种植饲草。到了七年级，这个少年又取得了新的成绩——他学会了往饲料里添加蛋白质，于是由他喂养的那几头奶牛，牛奶的产量获得大幅度的提高。我们发现，这个孩子深刻观察的能力越来越强。看来，他应该成为一个很好的养殖专家。但是维佳能力发展的道路略微发生了一些变化。在高年级学习的时候，这个小伙子对抗生素以及它在动物养殖中的实际应用产生了兴趣。在实验室中进行的多次试验，促使他独立地去寻找为抗生素的生命活力创造新环境的方法。在一个养殖场建立了一个生物化学实验室，这里成了一些学生从事自己所喜爱的劳动的新场所。两年前，中学毕业后，维佳考入了一所农业学院。我们希望他能够成为一个很好的专业工作者，也许他能成为这一领域的科学家。

有些学生，他们在各方面都没有明显表现出自己的才能，我们在从事教育工作时，尤其要注意培养这些学生的才能。不仅在中等生中有这样的学生，即使在优秀生中也有这样的学生。我们深信，每个人都能在某一领域获得较高的劳动技能，所以我们就努力在这样的孩子身上培养他们的劳动素质。在这里，劳动本身，以及顽强的精神、意志力，善于克服困难的能力和在困难面前不气馁的气质，都起着决定性的作用。应该努力让孩子们把自己的全部精力都集中到某一件事上，深入了解它的详情和细微之处。如果某个学生初次未能取得任何成绩，教师们就帮助他重新开始，如果这一次仍然失败了，教师就建议他从另一个方面着手，并且提示他应该怎么做。

比如，有一个学生对用枝条培育葡萄秧苗产生了兴趣（在温室里）。

乍一看，这种劳动很简单，可实际上，它却要求具有很高的劳动技能：首先应该精选培育秧苗的混合土壤，还要正确地往土壤中插入枝条，同时要找到光照充足又温暖的地方，更要保证土壤保持足够的水分和有利于有益微生物的生长。最初，这个学生觉得仿佛一无所获，他甚至打算放弃它，重新开始一项新的工作。这时教师必须及时地提示他，即使是一项新的工作，也不可能一下子就取得成绩，并再一次做出示范，怎样更好地对土壤进行加工，怎样准备追肥的肥料，等等。于是，学生又重新开始工作，并且已经从中发现了某些新的东西，这就是激发他创造能力的因素。但是结果仍然不好，不知道为什么，新芽长得很慢，新长出来的枝条都非常柔弱。这时，就开始找原因，究竟错在哪里，一次又一次地做实验。掌握了一定的技能之后，结果就比原来的略微好一些了，这又成了他继续试验下去的刺激因素。于是，这个学生就开始对自己所做的一切进行深入探究，终于得出结论，获得的结果和所付出的劳动是成正比的。这样，他就确信，将来总有一天他所管理的植物会比别的孩子管理的植物长得更好、更快。认识上的这种明显进步促使他更加顽强地从事自己的工作。这项工作之所以成为他热爱的事业，原因就在于，他已经取得了初步的成绩。我们努力让我们的学生进一步巩固所取得的成绩，只有依靠劳动，依靠顽强的精神，那些在各方面都比较平庸，对任何事都不太感兴趣的学生才能找到自己感兴趣的事，才能发展自己的能力。

我校全体教师总是努力地让学生们参加的各种劳动形式充满了智力的因素。最简单的劳动过程也让它包含研究思考的内容。任何一个学生，只要他经历过施肥这项劳动的全过程——从准备，到一次次地施用，一直到看到自己所管理的地块比大田里的庄稼早成熟、早收获两三周，那么你就很难再让他离开这项工作了。我们有一些青少年学生，在这个不同寻常的“工厂”里进行创造性劳动，已经有四五年的“工龄”了。由于参加这种充满情趣的研究性劳动，孩子们的才能和智慧一步步地得到了开发。他们把普通的体力劳动和在实验室里进行的耐心细致的研究工作结合到了一起。他们在教学实验园地里研究化学物质对微生物生命活动强弱的影响。与此同时，又在实验室条件下进行同样的研究。从铁锹、叉子到显微镜，从化学试剂到存放着宝贵厩肥的大土沟——这条原则是学生们从事普通农业劳动的一个重要特征。我们的理想是把学生们培养成对土壤、微生物、化学元素以及同害虫做斗争的方法进行深入研究的劳动者。现在，学校里正在组建一个少年土壤研究站，这又将成为孩子们喜爱的一个劳动场所，他们将在这里研制各种不同的混合土壤，并对本区、本州的土壤进行研究。

让学生们参加体力劳动，远比教会他们把体力劳动与脑力劳动结合起来要容易得多。而正是这种结合才是培养学生对劳动产生兴趣直到热爱劳动的最有效的措施，甚至对那些最消极的学生也是如此。对这种学生，我们首先让他们参加一定的体力劳动，逐渐达到这样的目的：让他们在劳动中感觉到有所收获，哪怕是获得一点并不太重要的知识或者看到一些人力战胜自然的可能性。如果一个学生能把体力劳动当成是达到创造性的目的的手段，那么就意味着他已经克服了懒惰，并将成为一个热爱劳动的人。

现在，我们可以十分郑重地讲：每个学生都应该在学校里找到一种适宜的劳动形式，这种劳动形式可以最大限度地同他的天赋和才能相结合。寻找这种劳动形式的过程，应该开始得越早越好。最重要的是，让每个学生都对我们的工作产生兴趣，努力把实践活动与掌握理论知识结合起来。现在，我们正在努力做到这一点：让学生在与自己所选择的劳动形式相关科目的学习中走在同龄人的前面。

我们将在我们的实际工作中继续深化这种趋势。比如，那些对与植物栽培有关的劳动和实验表现出兴趣的学生，将学习更深一些的植物学内容。现在已经从学校图书馆里给他们挑选了一套这方面的书籍。在课堂上将对他们提出更高的要求。而对那些在机械、电工、组装机器和制作模型方面能力比较突出的学生，就在物理课上给他们补充讲解一系列大纲中没有的章节，面对大纲中规定的相关章节则讲解得更详细一些。补充内容将在课外活动的过程中学习。对那些在理论思维，包括数学思维方面能力比较突出的学生，我们现在已经给他们补充高等数学的一些基本内容了。对那些在数学上比较有天赋的学生，我们让他们开始学习代数的时间，不是六年级，而是三、四年级（一些高年级的数学爱好者在专门为此规定的时间里给他们讲课）。到了九年级或十年级，这些学生们就要开始学习微积分了。对他们来讲，这是完全切实可行的，就像有些十来岁的孩子能够掌握组装电子管收音机的技术一样。现在，学校正在筹集一些直观教具和有关设备，准备开辟一个数学爱好者工作室。而准备为他们开设高等数学基础课程，现在正在实践中进行检验。一些九年级和十年级的学生已经掌握了无穷小数分析和微积分原理。

学校计划在两年以后，在四年级以上各个年级都开设有学生们自选的喜爱科目的课程（我们可能把这些课叫作创造课）。起初，每周开设一课时，以后，随着教学过程的不断完善，中年级增加到每周两课时，高年级增加到每周三课时。在课程表规定的这种课程上，每个学生都能研究自己感兴趣的问题，并把这些问题从理论的角度进行深化。全体教师们将努力在这种自选课上把每个学生创造性的思维能力和体力劳动结合为一个整体。学生们上课的地方将取决于每个人兴趣的性质和劳动的内容。一些孩子们将专心致志地啃书本和杂志，另一些孩子将通过显微镜进行观察，还有的要通过挥锨劳动来实现自己有趣的设想，当然也有些孩子是站在车床前或坐在安装台前工作的。学生们的课余活动时间也将变得更加丰富多彩。教师将努力让学校能完全满足所有学生的兴趣和爱好。我们有一种想法，准备为难度最大的一些工作开辟一间工作室，我们将在这里公开提出一些有关设计与安装方面的比较复杂的设想作为创造任务让学生完成。

我们的第二个想法是，开辟一间专门研究最新农业技术和小型农业机械的工作室，学生们将在这里致力于制造各种新型的农业机械和机组，以减轻农业劳动者的体力劳动强度。在掌握大量劳动专业技术知识的基础上，每个学生都将努力成为自己那个专业的行家里手，成为技术高超的劳动者。

〔3〕我们欣赏大自然的音乐①

音乐、旋律、乐音之美是人的德育和智育的重要手段，是心灵高尚和精神纯洁的源泉。音乐能使人看到大自然的美、道德关系的美、劳动的美。人借助音乐不仅可以认识周围世界的美，而且也可以认识自身的崇高、壮丽和美好。音乐是自我教育的有力手段。

对同一批学生从幼年到成熟期的多年观察使我确信，电影、广播、电视对儿童的那种自发的、无组织的影响，不利乃至有害于正常的审美教育。大量自发性的音乐印象则尤其有害。我认为教育儿童的重要任务之一是，要使音乐作品的感知同那种能够使人借以理解和感受到音乐美的背景的感知交替进行，也就是同感知田野和草原的寂静、树林的飒飒声响、晴空云雀的鸣唱、成熟麦穗的窃窃私语、蜜蜂和雄蜂的嗡嗡，等等，交替进行。这一切也就是大自然的音乐，就是人在创作音乐旋律时从中摄取灵感

① 《育人三部曲》，66 页。

的那个源泉。

一般在审美教育中，尤其在音乐教育中，心理目标是很重要的。教育者在让儿童接触美的世界时就要掌握这个目标。我所定的目标是培养饱含情感地对待美的那种能力和获得美学性的印象的那种需求。我认为整个教育体系的重要目的是：使学校教会人在美的世界中生活，使他离开美就不能生活，使美的世界能在人身上创造美。

“快乐学校”很重视听音乐，听音乐作品和自然的音乐。这里提出的首要任务是，引起对旋律的情绪反应，而后使儿童确信，音乐美的源泉在于周围世界的美；音乐旋律好像在召唤人：你停下来，听听大自然的音乐，欣赏欣赏世界上的美，要爱护这种美，增添这种美。多年的经验证实，人只有在孩提岁月才既能学会语言，又能掌握初步的音乐素养，也就是掌握感知、理解、感受、体验旋律美的能力。凡在童年错过的，很难乃至几乎不可能在成年岁月中去弥补。儿童的心灵对本族语言、对大自然的美和对音乐旋律，其敏感程度是相同的。如果在很早的童年能使他从内心感受到音乐作品的美，如果孩子能从乐声中领略到人在情感上的多种多样的细微变化，他就会提高到用任何其他手段都不可能达到的文化修养水平。对音乐旋律美的感受会向孩子揭示他自身的美——小小的人会意识到自己的长处。音乐教育——这不是培养音乐家，而首先是培养人。……初秋，当清澈的大气中能清晰地听到每一种声响时，一到傍晚时刻我就和孩子们坐在碧绿的草地上，我让他们听了H. 里姆斯基－科萨科夫的歌剧《苏丹王的故事》中的“雄蜂飞舞”的旋律。音乐引起孩子们情感上的反响。他们说：“雄蜂一会儿近了，一会儿又远了。还能听见小鸟在叫……”我们又听了一遍旋律，然后去到正在开花的含蜜草地。孩子们听到蜜蜂的竖琴在演奏，雄蜂嗡嗡地叫个不停。瞧，这就是那个毛茸茸的大雄蜂，时而在花上飞舞，时而落在花上。孩子听了很高兴：

这差不多就是录在唱片上的那个旋律，但是音乐作品里有一种特殊的美，这是作曲家从大自然中听来而又表现给我们听的。孩子们还想再听一听唱片上的旋律。

过了一天，我们清早又到繁花似锦的蜜源地段去。孩子们倾听蜜蜂的竖琴声，试图捕捉到雄蜂的嗡鸣。在此之前他们觉得很平常的东西，现在显示出美来——这就是音乐的魅力。

我选来供欣赏用的乐曲，都以儿童理解的鲜明形象来表达他们在周围经常听到的那些声音：小鸟啾啾、树叶飒飒、雷声隆隆、流水潺潺、风声呼啸，等等。同时我还防止他们感受过多的印象。我要再说一遍，音乐形象过多，对儿童有害无益；它可能使心绪惶惶不安，继而则使情绪反响迟钝起来。我在一个月使用的乐曲不超过两首，但是配合每首曲子都要做大量的教育工作，目的是唤起孩子希望一再听那支乐曲的愿望，并做到让孩子每次都能在作品中发现新的美。很重要的一点是，在聆听那些对掌握初步音乐修养具有特定作用的乐曲之间不要夹杂任何自发的、杂乱无章的印象。听过乐曲之后，孩子们应当细细听听宁静的原野，并在接受两首乐曲之间去认识大自然的美。

有一天我们去橡树林。这是初秋一个阳光明媚的日子，阳光下的树木绚丽多姿，秋天的小鸟在歌唱，远处传来拖拉机的轰鸣声，雁群在晴朗的碧空中列队南归。我们聆听了 П. 柴可夫斯基的《秋歌（十月）》。乐曲帮助孩子去感受在此之前未察觉到的周围自然界中无与伦比的美——橡树的黄叶在微微颤动，清新的空气散发着馨香，道边野菊在凋谢。

孩子们情绪很高，心情很愉快，但是欢乐的曲子也引起了淡淡的愁意。

孩子们已预感到秋雨绵绵的连阴天、寒风呼啸的暴风雪、夜长黄昏早的日子又快来临了。根据音乐曲调的印象，他们谈到了夏日的美好，谈到金色的初秋季节。每个人都记住了一些鲜明突出的东西，这时他们意识中的夏季和秋季的形象已是十分优美的了。如拉里莎说："我跟爸爸去峡谷，山坡上是一堵大绿墙——树林，树林，尽是树林，到处都有阳光普照。不知哪里还有一只斑鸠在咕咕地叫。树林子里真美，真美……真想走啊走，让太阳总是那么明亮地照着。斑鸠咕咕叫的时候，树上的叶子好像都安静下来在倾听。"

舒拉回忆道："妈妈带我到地里去过。她跟着联合收割机干活。我和联合收割机手叔叔坐在上面。后来我困了，妈妈把我抱上了新麦秸垛。我仰望蓝天，一会儿我觉得麦秸垛飘了起来，飘得很高很高。我一会儿来到一只小鸟跟前，可是小鸟还是在天上飞着，一会儿我就离它远了。小蚂蚱也跟着一起飞，它们成群地唱着，迎着小鸟飞去。我就这样睡着了。醒来的时候，小鸟还在天上飞着，小蚂蚱唱得更响了。"

我们又欣赏了一遍柴可夫斯基的乐曲。我觉察到孩子们已经能从曲子中听出他们记忆中感到亲切的那些不可忘怀的盛夏和秋色美的景象。孩子们还听出了新近的情景。

"我跟着父亲拉了一车干草。我躺在干草上，满天星星在眨眼。旷野里只有鹌鹑在叫。星星变得那么近，好像伸手就能够到，像小灯笼一样。"

这是济娜的回忆。我听着这女孩的追述感到万分惊喜。要知道，济娜向来少言寡语，很难让她说上一句话。可是现在音乐使她开口了。

真令人高兴，音乐使得情绪反应更加敏锐了，它唤起了由音乐形象美所引起的想象。真想让每个孩子都能在音乐的影响下去想象、去幻想。音乐能增强儿童天性中诗情的和想象的成分，这是多好的事。使我高兴的是，不论科利亚还是托利亚，在听了塔尼娅和拉里莎兴奋的讲述后也在那里沉思起来，他们也在回忆着什么。

音乐——这是强大的思想源泉。没有音乐教育就不可能使儿童得到长足的智力发展。音乐的最初本源不仅仅是周围世界，还有人本身，他的精神世界、思想和言语。音乐形象按新的方式向人们揭示现实事物和现象的特点。

孩子像是把注意力集中在了音乐从另一种角度展现在他面前的那些事物和现象上，于是他的思想便描绘出一幅鲜明的图画：这幅图画又要求用语言来描述。孩子从世间为新的想象和思考摄取素材，并用语言进行创作。

音乐—想象—幻想—童话—创作，孩子就是按照这样一条途径发展他的精神力量的。音乐旋律能唤起孩子一些鲜明的表象。它是培养理智创造力的无与伦比的手段。孩子们一面听着格里格的乐曲，一面在自己的想象中描绘神奇的山洞、茂密的森林以及善良和凶恶的人物。最不爱说话的也想说话了；孩子们把手伸向了笔和画本，要把童话形象留在纸上。音乐甚至把最消极的孩子的思维能力也激发起来了。似乎音乐给思维物质的细胞注入了一种能产生奇效的力量。我认为音乐影响下的这种智力高涨，就是思维的情感源泉。

冬天，所有小道都被积雪掩埋，我们便待在学校的活动室里欣赏柴可夫斯基、格里格、舒伯特、舒曼等作曲家的作品。黄昏时听童话乐曲尤其让孩子们感到高兴。我给他们讲了乌克兰民间童话老妖婆的故事，然后听了柴可夫斯基的《老妖婆》。在这段曲子的影响下产生的幻想形象和想象之丰富简直难以用语言来述说。孩子们幻想着奔向遥远的山岭，奔向层层密林，奔向蓝色的大海，进入那神奇的峡谷和岩洞。我惊讶地倾听了孩子们创作的一些完全无法料到的故事，其中有些使我终生难忘。老妖婆在尤拉的想象中变成一个蓄意破坏人的欢乐——不让人们歌唱的仇世者。“她带了一个大罐，坐着一个臼满世界乱飞。她一听到哪里有歌声，就飞到人们欢乐歌唱的地方去，用罐往臼上一碰，人们就不唱了，就忘记怎么唱了，因为歌子被藏在罐里了。妖婆就这样把所有的歌曲都藏了起来。只剩下唯一的一个会唱歌的牧童。他一边吹芦笛一边唱歌。不管妖婆用罐子怎么敲臼，一点办法也没有，因为那是神笛。妖婆在她的山上气呼呼地坐在藏着歌曲的罐子上，世上静悄悄，谁都不唱歌也不高兴，只有牧童在吹笛。牧童睡觉的时候妖婆把他的芦笛偷走了。牧童一觉醒来，召集了一些胆大的伙伴就找妖婆去了……”接着尤拉凭着幻想讲到牧童怎样解放了歌曲，欢乐又怎样回到人间。孩子在音乐影响下以及想象中创造了那样鲜明地体现善与恶的童话人物形象，使自己成为主持正义的斗士，这正是惊人的现象。音乐使童话形象具有了有力的脉搏和活跃的思想。音乐把孩子引进了善的世界。

每当我发觉孩子们的思想不活跃时，我就带他们到树林或花园里去，我们倾听能激起善与恶的鲜明形象的音乐。音乐旋律犹如在开凿思想的源泉。

冬天，我们学校不断发现新的幻想家。小丹科是那样腼腆，使人觉得永远都不能指望他说一句话。可是这个男孩也讲了他编的老妖婆的故事。固然，它跟尤拉的故事有一些相似。丹科的妖婆坐着臼飞到世界各处，摘下了所有的花朵；又飞回她那地狱似的厨房，把罐子放进烤炉里——所有的花都死了。

“可是我（孩子们往往把自己摆在故事里好人的地位上）把各种花的花籽都收集起来种在地里。花又开起来了。老妖婆知道之后，一气之下砸了她的臼，还折断了一条腿，现在她再也不能害人了。”

听孩子们讲述这些故事之后，我跟教师们一起座谈了教育中的困难和不足之处。我们得出的一致结论是：我们的教育学经常忘记，学生在学校学习期间的大半时间内他首先还是个孩子。教师在往孩子头脑里填塞现成说法、结论和论断时，常常甚至不给儿童机会去接近思想源泉和生动语言的源泉，捆住了想象、幻想和创作的翅膀。孩子由一个活泼、积极、好动的人变成一部记忆机器……不对，这是不应该的。不能用一堵高墙把孩子同周围世界隔离开来。不能让学生失掉欢快的精神生活。孩子只有生活在游戏、童话、音乐、幻想、创作世界中时，他的精神生活才有充分价值。没有了这些，他就是一朵枯萎的花朵。

当然，学习不可能是轻松的游戏，也不可能纯粹是娱乐或经常不断的娱乐。学习首先是劳动。但是在组织这种劳动时，要照顾儿童在他智力、道德、情感和审美能力发展各个阶段中的精神世界的特点。儿童的脑力劳动与成人不同。对于儿童来讲，掌握知识这个最终目的不可能像成人那样成为他付出智力努力的主要动力。学习愿望的源泉在于儿童智力劳动的性质，在于思想的情感色彩，在于理性的体验。如果这个源泉枯竭了，任你用什么办法也不可能让孩子坐下来念书。

我永远忘不了“快乐学校”的第一冬。如果没有音乐、幻想、创作，那个温暖舒适的教室也会很快使人生厌。音乐使我们的四周充满惊人的魅力。

在寒冬腊月的暮色中，在银白色月光的笼罩下，在旋卷的暴风雪中，在池塘水面的噼啪声中，我们到处都能看到由我们的想象创造的童话人物。

“快乐学校”的第一春来临了，小溪发出潺潺流水声，雪下的报春花开放了，在盛开的苹果和梨树的白色花海中回荡着蜜蜂飞舞的嗡鸣。在这些日子里我聆听了春天的森林、晴朗的蓝天以及牧场和田野发出的音乐之声。

静静的傍晚，我们来到牧场。伫立在我们面前沉思的柳树已绽出嫩叶，池水映照着深蓝的苍穹，成行的天鹅掠过晴朗的天空。我们凝神静听这优美黄昏的乐声。一会儿从池塘那边一个什么地方传来了奇妙的音响，好像有谁轻轻地触动了一下钢琴的琴键，似乎池塘、池岸和蓝天都发出了声音。“这是什么声音?”万尼亚问。“这是春季草地的音乐，”我对孩子们说，“你们在池塘里看见了晴空的倒影。在那无底的深渊里有一座巨大的水晶钟。在那里的神奇宫殿里住着一位美丽的春姑娘。她用金锤轻轻一敲水晶钟，四面八方的草地都响起回声来。”

这个声音又一次响起。科利亚笑着说：“那是青蛙在呱呱叫。”我一直担心孩子们会哄笑起来，冲散那吸引大家神往的情景，然而谁都没动一动。

“也许是青蛙，也许不是青蛙，”萨什科说，“就算是青蛙吧，不管它，反正草场在歌唱。”

从邻近一个池塘传来了声音，好像在响应他的话，片刻之后又有远处的草场在响应。我们站在那里，陶醉在这春季草场的奇妙音乐中。这种音乐就是乐观地感知世界的生气蓬勃的泉源。它帮助儿童在美中去理解、发觉、感受生活的快乐。在我看来，美的和谐犹如光芒四射的光环，它终生都在我们的回忆中照耀着那些不可忘怀的童年岁月。

在四月的第一个阳光明媚的日子里，当古老冢冈在雾霭中颤动时，我们来到旷野聆听云雀歌唱。晴朗的天空中有一个小小的灰色生物在颤动，银铃般的轻柔声响传到我们耳边；忽而铃声静了下来，灰色的小生物向地面坠落；小鸟在嫩绿的冬麦田上空突然伸展双翅，好似紧牵着一根无形的琴弦又缓缓向高处升起，愈飞愈高。我们听到的已不是银铃声，而是银弦的声音了，我要让这美妙的音乐沁入孩子们的心灵，使他们看到周围世界的美。于是我讲了一个关于云雀的故事。

他是太阳的孩子。冬天太阳离开我们很远很远，大地被雪覆盖，被严寒封冻。太阳慢慢地、慢慢地回到我们这边来，可是很难把雪化开。他就把火花撒在积雪上。火花落在哪里，哪里的雪就融化，那块土地就苏醒，神奇的小鸟——云雀就在那里诞生。他在晴空高高飞起，向着太阳飞去，他飞啊，唱啊。太阳撒下银色的火花。云雀停留在天空往下看，看哪个火花最亮。看准之后，就团成一团冲向地面，一下子衔住那个火花，火花立刻变成细细的银线。云雀把线的一头引向地面，把线头挂在麦秆上，而把另一头向着太阳、向着蓝天拉去，越拉越高。你们看他往上飞多费劲，要多么使劲地扇动他那对小小的灰翅膀。那根银线像琴弦一样奏出声音，云雀越往上飞，这根弦发出的声音就越高。云雀把银线一直拉到太阳那里，又重新飞回地面，重新察看火花。童话会不会妨害对真正自然规律的认识呢？不会，反而会有助于认识。孩子们非常懂得不存在“巨人铁匠”“老妖婆”和“长生不老的卡谢伊”，等等。但是如果孩子们缺少了这些，如果他们体验不出善与恶的斗争，感受不到童话中反映的是人关于真理、荣誉、美好的观念，那么他们的天地将会是狭隘的、不舒适的。

云雀的童话故事帮助了孩子们去理解大自然的音乐，为欣赏乐曲做了准备。我们回到学校，听了柴可夫斯基的《云雀之歌》。当孩子们从美妙的乐曲声中听出了响亮的银铃声和那连接绿色原野和太阳的细细银弦发出的悠扬婉转的声音时，他们无比欣喜。我们不止一次地听了这支曲子，不论在碧空无云的清晨还是在乌云密布的阴天都听过。而孩子们总是回忆起阳光四射的美妙景色、蔚蓝的晴空、灰色的小小生命和一望无际的田野。孩子们还想把这神奇小鸟的表象用鲜明的形象体现出来：他们画出了云雀的童话形象，银白色火花和从地上拉向太阳的银弦。

我们逐渐辑成了孩子们喜爱的音乐作品集。我们常常来活动室欣赏音乐。我把作品集叫作“音乐宝盒”，孩子们也喜欢这样叫，他们自豪地说：“我们有个音乐宝盒。”于是产生了一个想法：我们一年年把音乐文化宝库中最优秀的作品搜集起来建立一个“音乐室”，我们就在里面欣赏大自然和人所创造的美。我们将唱歌，学习演奏小提琴和钢琴，不过这是将来的事，暂时我们先学着吹奏简单的芦笛。

在一个阴天里，我们到小树林去，用接骨木做了一支笛子，打光后钻了孔。我吹起了关于快乐牧童的乌克兰民间曲调。孩子们的欢乐简直难以言表。

孩子们个个都想一试身手，大家都幻想着置备一件自己的乐器。每个人都做了一支笛子。莉达、拉里莎、尤拉、季娜、谢廖扎和科斯佳等人显示出具有敏锐的音乐听力和对乐曲的很好感受性。仅仅几天之后，孩子们就已经能吹奏民歌和民间舞曲了。我永远都忘不了那幽静的傍晚时刻，季娜那天演奏了乌克兰民歌《哎，山上收割忙》。她两眼闪烁着热情的光彩，面颊泛起红晕。

她母亲对我讲过，季娜在家里往往长时间地拿着笛子在园子里坐着，“琢磨着”什么，吹着笛子，有时还深情地凝视天空和树木。

有一次我很早来到学校。四周一片寂静。突然从花园深处传来轻轻的笛声。我循着声音走去，有人在随便吹奏，旋律显然是即兴吹奏出来的。全曲贯穿着忧伤情绪，是一种明朗纯洁的忧伤。为了不惊扰奏乐人，我小心翼翼地走近玫瑰丛。季娜坐在草地上，笛子似乎已变成她本身的一部分。她在看着正在开放的玫瑰，眼睛饱含温存的柔情。这时我才理解了乐曲：女孩吹奏的是美丽的花朵，是春天的碧蓝天空。我以为是忧伤，却原来是忧虑：孩子在乐声中表达的是她对未来的思考。

科斯佳也爱上了笛子。他用一只手演奏是有困难的，但是他很快就学会了吹奏一些民歌，随后开始“自编”——即兴演奏，在音乐中表达思想、情感和感受。有一次在春季的雷雨天里我们待在“幻想角”。雷电过后，天空映出彩虹来。我们都沉默着，欣赏着美丽的景色。传来轻轻的乐声，是科斯佳在吹奏。乐声中响起潺潺溪流声，忽而转为令人惊骇的隆隆声，雷雨前的乌云愈来愈近，远处响起雷鸣。科斯佳已忘记人们在听他吹奏，一心沉浸在创作中。忽然，他看到同学们沉思的面孔，有些不好意思……并非他们当中的每个人都会成为音乐家，但我深信，在每个人身上都能培养出因音乐旋律而欢喜的情感。

对这种质朴的民间音乐的喜好，在很大程度上成为我们个人的事。不时地会出现“音乐情绪”：孩子们想坐下来，演奏一番。这大多是在宁静的傍晚，日落之后，太阳隐没在地平线后面射出的余晖还照耀着大地的时候。我们感到极大欣慰的是，音乐已能使我们享受到快乐和满足。

科利亚具有敏锐的音乐听力，他很快学会了吹奏民歌曲调。有一次，当我们从林中返回的时候，我对科利亚说："你还记得，你画过铁匠锻造银花吗？你现在试试用笛子说说那两个铁匠：他们是怎么锤打，冷冷的火花怎么撒向地面……"

"不对，它们不是冷的！"他坚决反驳道，"它们是很烫的，啊，它们多烫呀！"

"对，火花当然是烫的……从铁锤和铁砧下怎么可能飞溅出凉东西来。我也要试试用笛子说说铁匠，说说太阳上的铁匠。"

第二天早晨我们来到学校的园子里。我们用自己的笛子吹出朴实的旋律来述说那两个神奇的铁匠。我们不仅能相互理解，而且还能感觉出支配我们乐曲的那种情绪。我们留心听了科利亚的音乐《铁匠》。他不仅表达了他们的两把铁锤铿锵的锤击声，而且赞美了他们的力量。他赞叹撒落到田野和园林的银色火花所构成的美景，又为不能纵览全球而遗憾。他总想看到他在万物中隐约感受到的美。

的确，我确实看到了通向这个孩子心灵的一条途径。音乐曲调在培养他的灵魂，使他的情感人性化。在音乐中如同在语言中一样能表现真正人性的东西。我们发展孩子对音乐的敏感性，也就是在提高他的思想和志向。任务在于，要让乐曲在每个孩子心灵里开辟人的情感的生气勃勃的源泉。不论是生动活泼的本族语言还是乐曲，都在向儿童揭示周围世界的美。但是，乐曲，这人类感情的语言，传达给儿童心灵的不只是世间的美，它还向人们展现人的伟大和尊严。孩子在欣赏音乐的时刻感到他是一个真正的人。孩子的心灵，那是敏感的音乐家的心灵。心灵中紧绷着心弦，您若能触动它们，就会发出很有魅力的音乐，这里不仅指音乐这个词的引申含义，而且也指这个词的直接含义。童年不能没有游戏和童话，同样也不能没有音乐。

经验证明，音乐——这是教育者与儿童产生精神上的一致性的最好基础。音乐似乎能开启人的心灵。教师和学生通过听乐曲，感受和赞赏它的美，就会变得亲近起来。

在那只有音乐才能唤起的共同感受出现的时刻，教师才可以在孩子身上看到在没有音乐的情况下永远不会见到的东西。在乐声的影响下，当心灵陶醉于崇高的感受中时，孩子会把他的激动和不安都信赖地告诉您。科利亚有一次就是在这种时刻告诉我，他有一本画册，他把使他激动、关心和高兴的一切，都画在里面。过后还给我看了他的画。他的理想展现在了我面前。科利亚向往着驾驶拖拉机，在哨卡上守卫边疆。

【问题与思考】

1. 苏霍姆林斯基所说的音乐教育，与我们通常意义上的音乐教学有什么区别？对打造卓越教师有什么启发？

2. 你如何看待流行音乐，包括电影、电视以及电脑音乐对孩子的影响？你认为在小学生与初中生之间对待流行音乐的态度应该有什么差别？老师如何对待流行音乐对校园的渗透？

〔4〕“童话室”①

童话、游戏和幻想，这是儿童思维活动、高尚情操和志向的生机勃勃的源泉。长年的经验令人信服地说明，因受童话形象影响而在孩子心灵中产生的美感、道德感和理智感使思绪活跃，从而推动大脑积极工作，并使活动的思维区之间产生积极的联系。通过童话形象，语言连同其最细微的含义就进入儿童的意识；它成为孩子精神生活的一个领域和表达思想和情感的手段，也就是思维的生动体现。在童话形象所激起的感情的影响下，孩子学习用语言思索。没有童话——生动、鲜明而又触动幼儿意识和情感的童话，就不可能想象有儿童思维和作为人的思维和语言的一定阶段的儿童语言。

儿童的思想翱翔于童话世界之中，使他们得到极大的满足。孩子能够五次、十次地重述同一个童话，而每一次都能发现一些新东西。童话形象是从鲜明、生动和具体的事物到抽象事物的第一步。如果童话在我的学生的精神生活中不占据整整一个阶段的话，那他们就不会掌握抽象思维的能力。孩子清楚地知道，人世间并不存在妖婆、青蛙公主和长生不老的卡谢伊，但是他把这些形象看作善与恶的化身，每当他重复讲述同一个童话时，总是表达他个人对好与坏的态度。

童话与美是分不开的，并有助于美感的培育，没有美感，就不能想象有高尚的心灵和对他人的不幸、悲伤和痛苦的真诚的同情心。借助于童话，孩子不仅用智力，而且也用心灵认识世界。同时，不仅认识，而且对周围世界的事件和现象做出反响并表达自己对善与恶的态度。关于正义和非正义的最初观念是从童话中汲取的。最初的思想教育也是借助童话进行

① 《育人三部曲》，187 页。

的。只有当思想体现在鲜明的形象中时，儿童才能理解它。

童话是爱国主义教育的丰富而不可替代的源泉。童话内容中深深蕴藏着爱国主义思想，人民塑造的、千百年流传着的童话形象，把劳动人民强有力的创造精神以及他们对生活、理想和向往的看法传至孩子的头脑和心灵。童话之所以能培育对祖国故土的热爱，就因为它是人民的创作。当我们欣赏基辅圣索菲亚教堂令人惊叹的壁画时，我们领悟到这些壁画是人民生活的一部分，是人民巨大天才的产物，因而在我们的心灵中激起了对人民的创造精神、匠心和技艺的自豪感。民间童话对孩子的心灵也起着同样的作用。似乎童话只是以纯粹的“日常”生活为题材的：爷爷和奶奶种了个萝卜……爷爷决定骗骗狼，于是用草扎了一只小公牛……但是这个童话的每一句话就像不朽的壁画上最精细的一根线条，在每一句话和每一个童话人物身上都呈现出富有人民精神的创造力。童话——是人民文化的精神财富，孩子了解童话，也就了解了自己的人民。

“快乐学校”开办三个月以后，我们布置了“童话室”。在高年级同学的帮助下，我们创造了一个环境，孩子们置身其中感到犹如置身童话人物的世界。我们花费了巨大的劳动使周围的一切都能唤起孩子对妈妈以前讲过的童话的回忆和对黄昏和壁炉中欢乐的火光的回忆。瞧，这就是凶恶的妖婆住的地方——支在鸡腿上的神奇小屋，周围是高大的树木和一些树桩，小屋旁是一些童话人物：狡猾的狐狸、大灰狼和聪明的猫头鹰。在另一个角落里是老公公和老婆婆的小屋；空中天鹅在飞翔，翅膀上带着一个小男孩，他就是乌克兰民间童话中的主人公伊瓦西克－捷列西克。在第三个角落里是一片蔚蓝色的海洋，岸上是善良的老爷爷和贪心的老太婆那破败的小屋，门口放着一个旧木盆，老头儿和老太婆一起坐在土堆上，而大海中小金鱼在遨游。在第四个角落里是隆冬的森林、雪堆，一个小女孩在雪堆里蹒跚而行，她的脚深深地陷进积雪——她就是那个被后母逼着在寒冷的冬季去采摘野果的小姑娘……从一所小房子的窗口，小山羊探出头来。这里是那只大手套，里面住着老鼠，几个不速之客正冲着它走来。一个用胶合板制成的大树桩上坐着几个玩偶——小不点儿姑娘、小灰兔、狐狸妹妹、狗熊、狼、山羊、草扎的小公牛，还有“小红帽”小姑娘。

这些都是我们自己陆续做出来的。我动手剪、画、贴，孩子们帮我的忙。

布置孩子们听故事的环境时，我很注重环境的美学特点。每一幅画、每一个形象都要使孩子接受艺术语言的能力变得更加敏锐，要使童话的思想得到更深刻的揭示。甚至童话室的照明也起着很大的作用。当讲青蛙公主的故事时，丛林里便亮起一个个小灯泡，暗淡的绿光笼罩全室，把故事发生的环境很好地烘托了出来。

我并不经常把孩子带到童话室去，一周一次，有时两周一次。对审美需求的满足任何时候都不应达到饱和的程度。一达到饱和程度，就开始出现虚情假意、庸俗的不满、乏味、“消磨”时光……我们在秋季和冬季的傍晚到这儿来——在这种时刻讲故事，孩子们听起来非比寻常，譬如说，就不同于在一个晴朗的白天讲故事。外面天色渐渐昏暗下来，我们不开灯，在暮色中静坐着。忽然，童话故事中的小屋子的窗口亮起灯光，天空闪烁起星星，月亮从树林后面升起。室内朦朦胧胧，屋角里光线更暗。我就给孩子们讲关于妖婆——瘦骨嶙峋的脚的民间故事。我讲的内容，孩子们全知道，但他们的眼睛闪着兴奋的光芒。孩子们对故事主人公的命运感同身受，他们憎恨凶恶的东西，热烈地同情善良的东西。凶狠的女妖婆、轻信的小姑娘阿莲卡和善良的天鹅等玩偶在孩子们的意识中获得了生命，变成了有头脑、有感情的人物。童话对年幼的儿童来说，不只是幻想性的故事；这是一个完整的世界，孩子在这个世界中生活、斗争，并以自己的善良意志对抗邪恶。故事的语言成了表达孩子精神力量的实际形式，同游戏中的动作、音乐中的旋律所起的作用一样。孩子不仅想听故事，而且自己也想讲故事，正如孩子不仅想听歌曲，而且自己也想唱，不仅想观看别人游戏，而且自己也想参加游戏一样。

过了几天，孩子们问：“我们什么时候去童话室？”对欢乐时刻的期待激励着孩子们，于是我们再次在一个黄昏时刻集合，再次由我来讲童话故事，然后由孩子们自己讲。在这种时候，最腼腆的孩子也变得大胆和坚决了。在另一些情况下说话前后不连贯、缺乏条理的孩子，这时也会说得生动流畅、娓娓动听。在语言和思维发展上有困难的一些孩子——尼娜、彼得里克、柳达、斯拉瓦和瓦利娅，也都讲了故事。

每次我们去童话室时，孩子们总想玩一会儿。不管是男孩还是女孩，大伙儿都能找到心爱的玩偶或玩具。游戏变为创造性的活动：孩子们成了童话中的角色，而玩偶在他们手中则帮助他们更好地表达思想和感情。一个孩子抓起了一个玩具——草扎的小公牛（著名乌克兰童话中的一个主人公)，另一个拿起了玩偶老婆婆，第三个拿起了玩偶老公公。于是孩子们就已经生活在童话世界里了。他们不仅重复角色的原话，而且把自己的想象带进童话来做游戏，他们在进行创造。有些女孩子只是想玩一玩娃娃。

于是一个孩子把娃娃放在沙发椅上，用动人的嗓音对它说着温柔和关切的话。另一个女孩的娃娃病了，她正在给它治病。

男女孩子们玩娃娃一连玩上几年，这并不使我担忧。这不像一些教师有时想的那样是什么“幼稚病”，这还是那个童话，还是贯穿着编和听童话的创造过程的那个有生命的人物的化身。娃娃是有灵性的形象，按照法国作家圣爱克久别里的说法，它正是孩子想“亲近”的那个形象。每一个孩子都愿意有一些挚爱至深和无比亲切的东西。我非常留意地观察过孩子和他们心爱的玩偶之间形成的精神上的关系。我为男孩能同玩偶长时间地友好相处而高兴。瞧，科斯佳有一个毫不起眼的玩偶——一个拿着钓鱼竿的老渔翁。这个玩偶有好几次断了腿，最后，科斯佳给它安上了一小块木头，此外，还削了一根带丫的拐杖，老渔翁拄着它就可以去河边了。这个男孩喜欢同自己的老朋友谈话，告诉他哪儿有鲫鱼和鳊鱼……拉里莎心爱的玩偶是奶奶和小孙孙。这个女孩给奶奶做了一副眼镜，脚下垫了一块保暖的小地毯，肩上披了披肩。瓦利娅也有两个玩偶——一只小猫和一只小老鼠。小姑娘每周都在小猫的脖子上系一个新的蝴蝶结，而给小老鼠却不知为什么带来了一条绿色的小毯子，孩子们在童话室里的幻想是无穷无尽的。只要孩子看到一件新鲜东西，就会在意识中把它同别的事物联系起来，产生幻想，孩子的想象便活跃起来，思绪激荡，双眸发光，语言流畅而又滔滔不绝。考虑到这一点，我就有意使童话室的各个角落里尽可能有多种多样相互会产生某种现实的或幻想性联系的东西展现在孩子们的眼前。我希望孩子能幻想、创造和编撰新的童话。那里有一只单腿站立的白鹭，旁边是一只惊恐的小猫——儿童以想象力创造了几则以白鹭和小猫为主人公的有趣的童话。这儿有一只带桨的小船，旁边有一只青蛙——这场景本身就在提示人去编撰童话。在熊窝里探头探脑的小狗熊、蚊子和苍蝇——同小狗熊相比，蚊子和苍蝇的个头大得出奇（但在童话中这是情有可原的），小猪仔和放着一块肥皂的洗脸池——这一切不仅能引起孩子们的微笑，而且使他们产生幻想。

如果我使得一个在思维发展上遇到较大困难的孩子想出一个童话故事来，并在想象中把周围的几件事物联系起来，那我就能满怀信心地说，这个孩子已学会了思索。上面我已说过，我曾花费了好大的力气去激发瓦利娅的思维和巩固她的记忆。激发她思维的方法之一就是把周围事物和现象的联系骤然揭示出来，使她产生一种惊奇的感觉。另外一个也很重要的办法就是童话。瓦利娅长时间都未能独自编出一个故事，这一直使我焦虑不安。直到第三学年，这个小姑娘终于编了一个青蛙、小船和小鱼的故事。下面就是故事的内容。

青蛙看到一只小船泊在河边。打鱼的老爷爷把船留在那里，自己进村取吃的去了。小青蛙想划一划船。它爬出小水洼，跳进小船，操起桨。就在这时候，小鱼游过来说："你这是想干什么？你只会在水洼里游，可船喜欢深水。"青蛙没有听小鱼的劝告，把船划向了水洼。当划近的时候，船也说话了："小青蛙，小青蛙，你把我往哪儿拉呀？"青蛙回答说："我拉你到我居住的水洼里去，让我们所有的青蛙瞧瞧，我是怎么划船的。"小船微笑了一下想道："等老爷爷来了，看他怎么教你划船。"青蛙吃力地划进了水洼。

船陷入了污泥，再也不能朝前移动了。青蛙呼哧呼哧地直喘气，可是船还是纹丝不动。青蛙们都已从水洼中爬了出来，把什么都看得一清二楚，因为小青蛙早冲着水洼喊过："看哪，我划船划得多好啊！"小青蛙害起臊来，一下子跳进水里，烂泥四处飞溅。青蛙们大笑起来。打鱼的老爷爷来了，把小船从泥污中拖了出来。青蛙们被惊动了，它们藏进厚厚的绿藻里。晚上，它们大着胆子爬出来，咯咯地笑了起来。从此以后，每晚它们都咯咯地笑，从晚上到天明，水洼里响彻青蛙的叫声。这是它们在笑爱说大话的小青蛙。

创作童话故事对孩子们来说是一种最有趣的和富有诗意的创造性活动。同时，这也是发展智力的重要手段。

如果你想要让孩子能创作和塑造艺术形象，那你就从自己的创作火花中，哪怕把一颗火星播种到孩子的意识中去也好。如果你不善于创作，或者你认为俯就儿童的趣味世界是一种无聊的消遣，那你将一事无成。

季娜在童话室里有自己心爱的娃娃——一个冶金工人形象的娃娃，它长着一张被铁水照亮的脸膛。小女孩记得在冶炼车间同炼钢工人的会见，而现在，事过三年，她编了这么一个关于火红的铁水的有趣的童话。

在一个大火炉旁站着一个巨人，他在化铁。铁水沸腾，翻滚作响。巨人走近炉子，打开炉门，于是火红的铁水奔流而下。铁水一边流，一边说："人们哪，别错过机会，快取走通红的铁水，把它做成一切需要的东西。"聪明的工匠来到火红的铁水旁，把铁水取出来，翻砂浇铸，用铁水做成人们需要的种种东西。

在儿童的意识中产生了现代巨人——苏维埃祖国保卫者的形象。反法西斯战争和苏联人民的英勇战绩，在我国人民的记忆中和整个精神生活中留下了不可磨灭的痕迹。捍卫祖国的英雄在儿童心目中是神话般的巨人；他们编了鲜明动人的故事来讲述这些巨人。孩子们创作的所有关于我们人民中的巨人的故事，苏维埃人的英勇、不屈和高尚的品质这一根红线始终贯穿其中。

下面是丹科创作的故事。

母亲送儿子去参军。她说："儿子啊，取走一把故乡的土吧。记住，你是它的保卫者！"儿子抓起一把故乡的土，放进了红色的小绸袋，并且永远没有让它离身。敌人发动了侵犯我们祖国的战争。儿子在边境上遭遇了敌军的士兵，他用机枪扫射他们，敌人跌进河里。儿子一步也没有后退。但突然敌人的子弹打伤了他的头部，血流进了眼睛，他的两手软弱无力。敌人靠近了，他们想："我们活捉他。"儿子想起了那一把故乡的土。他的手触到红色的袋子，马上增添了巨大的力量。年轻的勇士又开始射击，敌人都淹死在河里，而在这时，援兵到了——有高速飞机和强大的坦克。

我记下了孩子们在黄昏时刻创作的故事。这些故事对我是宝贵的，因为它们是我在孩子们身上点燃的明亮的思想火花。如果不进行创作，不编童话故事，很多孩子的语言将会是前后不连贯和缺乏条理的，而思维也将会是混乱的。我确信，在儿童的美感和词汇量之间有着直接的联系。美使语言具有了感情色彩。童话越有趣，儿童置身其中的环境越不寻常，儿童的想象力就越活跃，孩子们创作的形象也就越出人意料。我的学生在傍晚时分编述的几十个童话故事已收在手抄的集子里，题名为《黄昏的童话》。

在《黄昏的童话》中收集了饶有兴味的关于飞禽走兽和花草树木的故事。

编述关于花卉的故事，给孩子们和我带来的喜悦尤其多。我给男女学生们讲了人的感情生活，讲了在描写花的歌曲和传奇故事中寄托着的感情。我给童话故事开个头，孩子们就用幻想创造出鲜明的形象。

我们每隔两三个月改换一次"童话室"各个角落的布置，用胶合板镂刻新的人物形象、树木、灌木丛，搭盖小房子、童话式的宫殿、渔夫的茅舍和窝棚。孩子们学会了用纸浆板制作童话中的人物，这就丰富了童话世界。就这样，我们给很多故事做了"插图"：有《伊瓦西克－捷列西克》（乌克兰民间童话）、B. 茹科夫斯基的《睡公主》、C. 阿克萨科夫的《小红花》、B. 达利的《尖牙齿的老鼠和阔气的麻雀》、B. 加尔申的《青蛙旅行家》、安徒生的《雪皇后》、格林兄弟的《不来梅的乐师们》、Ш. 佩罗的《睡美人》《美丽的长辫玛丽亚和万纽什卡》（俄罗斯民间故事）、《自己家里的钉子》（瑞典民间故事）、《夏伯阳的故事》和《驼背的麻雀》（日本民间故事）。这些童话就像永存在我们意识中的给我们带来幸福、为我们所喜爱的人的形象那样，就此进入了孩子们的精神世界。孩子们将终生逐字逐句地记得他们曾听到过的故事，虽然从来谁也没有要求他们这样做。当语言以其独特的美激励着孩子时，它就永远被铭记在心。这样的记忆不仅不会使记忆力感到负担过重，相反，还会使之更加敏锐。

第一次讲述一个新的童话，这在儿童生活中是一件大事。我永远忘不了我们是怀着何等激动的心情为安徒生的童话《雪皇后》布置环境的。那是第二学年的事。初冬的暮色笼罩着大地，孩子们来到童话室。故事发生的环境尖顶的房子、高耸的山岩中奇异的宫殿、快腿鹿和雪堆，都是孩子们自己动手做的。但当时并不是所有的人都听到过这个童话。转瞬间，小房子里亮起灯光，空中飘起雪花来，薄暮降临。孩子们屏息静气地听着教师讲故事结束了，可是孩子们请求再讲一遍。对我来说，对语言这样入迷是十分珍贵的。孩子们请求讲多少遍，我就讲多少遍。孩子们一次又一次地想听雪皇后的故事，并不是因为他们一定要记住其中的话，而是因为这些话听来像是奇妙的音乐。

教师时常在想，怎样才能使孩子深入地掌握祖国的语言，使祖国语言进入他们的精神生活，变成锐利而准确的刻刀、色彩缤纷的调色板和认识真理的精巧工具。语言，这是思想的具体表现，孩子们只有在领会祖国语言含义的同时才能领略祖国语言的鲜明感情色彩和动人的音乐韵律，他才能掌握祖国语言。孩子领略不到语言的美，他也就琢磨不透语言含义的奥妙。孩子不去幻想，不亲自去创作那被称之为童话的作品，那美的领略也就不可思议。

童话是积极的美的创作，包括了孩子精神生活的各个领域：智力、感情、想象和意志。创作始于讲述，其最高阶段是表演。

在我们的童话室里成立了一个木偶戏剧团和一个话剧小组。在这里，孩子们第一次表演了一个名叫《大手套》的乌克兰民间童话，在这只大手套里，居住着许多勇敢的走兽。随后，他们又兴致勃勃地排演了《青蛙公主》和日本童话《驼背的麻雀》。到了第四学年，他们集体编写了《蜻蜓音乐家》的童话，并分别扮演了其中的角色。

在童话室里，我第一次给孩子们朗读了《鲁滨孙漂流记》这部中篇小说，朗读了《缪高津历险记》《格列佛游记》《萨尔坦王的故事》和短篇小说《乐师扬科》。孩子们永远也忘不了那几个严冬傍晚的魅力，当时窗外风雪大作，他们却同乘船罹难的鲁滨孙一起登上了杳无人烟的荒岛，同他一起经受同大自然进行严酷搏斗的苦难。在童话室里我们读完了安徒生、托尔斯泰、乌申斯基、格林兄弟、丘科夫斯基以及马尔沙克等作家写的所有的童话故事。多年的经验证明，如果童年时代读过关于善与恶、真理与谬误、诚实与虚伪的作品，那么这些作品中的道德观念就会成为这个人的财富。童话与童年有着不解之缘。

我们的朗读有自己的特色：这里提到的那些童话和故事，我都能背诵出来。我把书带来只是为了向孩子们展示插图。如同讲故事一样，朗读也是培养理智和善良的人道主义情感的有力工具。

可以毫不夸张地说，童年时代的朗读，这首先是对心灵的哺育，是人的高尚品质对儿童灵魂深处的触动。那些揭示高尚思想的故事总是一点一滴地将人性倾注到儿童的心里，构成善良的心地。

〔5〕我们的“美丽角”①

春天，在第一学年结束之前，我们开始建设“美丽角”。对此，孩子们已盼望很久了。它在我们的想象中应是一个幽静的所在，是在大自然的自然美上又补充了人类双手创造的人工美的地方。我们做了长远设想，设想我们这个角落每年都增添新的植物品种。我们将在这里休息和劳动，迎接春天和辞别夏天。

在校园和灌木丛之间，孩子们找到了一块小小的空地，它与杂草丛生的沟谷斜坡毗连。下雨的时候，这儿总会积下充足的水分。我们清除了空地的杂草，开始把它变成一块绿色的草坪。

“我们的角落将成为绿色的王国，”我对孩子们说，“沟谷的斜坡上将竖起一道蛇麻草的屏障，灌木丛中将有夜莺和黄鹂栖息。”

设想鼓舞了孩子们。我们付出了很多劳动才使空地变为绿草坪。要从草场移来一块块草皮，铺好后还要经常浇水。孩子们急不可待地盼着下雨，好让雨也来浇浇绿色的小草。我们在树林里找到了好几株蛇麻草的幼苗，把它们移植到了沟谷的斜坡上。我们运气真好，夏天不缺雨水，所有的植物长得都很好。在树林里挖了几十株铃兰花的根茎，栽种在草坪的一角。栽了三丛野蔷薇，我们要给它嫁接上玫瑰花，这儿应当变成花的王国。

---

① 《育人三部曲》，237 页。

草坪四周栽种了榛子。孩子们希望我们也能有野花。我们找来了野菊花和其他野生植物。

从暖房里移植了好几丛菊花——让它们一直开到深秋。

瓦里娅种了向日葵。在草坪较远的那一端，孩子们播了一把荞麦种。尼娜和萨莎的父亲送给我们两棵矮种苹果树的树苗。维佳告诉我，他的外婆在栽培郁金香。我们移植了好几丛带着根茎的郁金香。夏季里有一天，孩子们在树林里看到了一棵巨大的开着花的椴树。树丛间，千万只蜜蜂在嗡嗡响，似乎整个树林都像竖琴似的发出响亮的音响。孩子们默默地站着，被大自然的美景所陶醉。他们起了在自己"美丽角"旁种几棵椴树的念头。秋天我们到树林里去挖了一些树苗，开辟了一条林荫道。"到椴树长起来的时候，"孩子们幻想着，"它们茂密的树冠就会连接起来，搭成一条绿荫如盖的走廊。"

每个班都开始建设自己的"美丽角"，力求建得与众不同。1955 年秋季，学校集体开始创建全校性的"美丽角"。在学校大楼旁边，我们开辟了一个玫瑰园。种上了几十株野蔷薇的枝苗，嫁接上品种不同的玫瑰。一年年过去，花园变得愈来愈美丽。春夏两季，这儿是花的海洋。大家都到这儿欣赏大自然和劳动——来创造美。

玫瑰园——现在是整个学校集体的宠儿。凡在公益劳动中取得最出色成绩的班就被授权做花园的主人。这一权利往往给了低年级班和中年级班的学生。允许他们每天剪下几十枝花。把玫瑰花送到各班，送给老师们、母亲们和村里优秀的劳动者。在收获节那一天，孩子们采摘一大束玫瑰花，献给社会主义劳动竞赛的优胜者。

为创造美而进行劳动，能使年幼的心灵高尚起来，能预防冷漠情绪。孩子们在创造大地上的美的过程中，自己也就变得更美好、更纯洁和更可爱。

〔6〕恋爱①

"任何时代、任何民族的教师都痛恨爱情。"A. C. 马卡连柯在一次与教师的谈话中这样说过。在这句玩笑话中含有真理的成分：有的教师不明白，年龄大一点的少年已是男人或女人了，两性之间的爱慕是符合规律的

① 《育人三部曲》，534 页。

现象。

他们没有考虑到少年的性爱的情感色彩与成人的完全不一样。在丰富的、有意义的精神生活的氛围中男孩和女孩之间关系的隐秘的本质，被理想的、纯洁的、高尚的动机和相互接近的愿望所掩盖。他们相互吸引的客观基础是性的本能，但如果直言不讳地对他们说到这一点，他们会感到震惊。

成人干预少年的不容侵犯的情感领域，对此少年特别强烈地感到不能容忍。掌握尊重和理解少年的爱情（这是两个人在一起的利己主义）的艺术，是使成人（教育者）和少年（受教育者）的精神世界和谐的很重要的前提条件。

理解和尊重主要体现在哪里呢？我认为，在学校中必须杜绝不知分寸地、毫无必要地谈论学生之间的恋爱。关于谁爱上了谁这样的话只字也不要说。不要有任何一点蛛丝马迹使一个 15 岁的少年感到有人“戴着铁手套在触摸人心”。爱情在人的一生中应该永远是最灿烂的、最隐秘的、最不受侵犯的。在我们的教师和我们的学生之间有一种默契：我们都知道少年已了解男人和女人之间的隐秘的关系，但我们装出似乎不知道的样子；少年们也知道我们成人了解他们在这方面的知识，但也装作对此一无所知。这是对应该渗透到成人与少年的关系中的正派作风的基本要求。这不是玩弄保密游戏，而是对人性的深切的敬重。关于什么是爱情、男女之间天然的隐秘关系会有什么结果之类的不必要的谈话，我们尽量避免，但同时我们认为有必要使男女孩子们怀着深深的责任感去对待他们相互之间的关系。恋爱自由需要最严厉的、最不容忍轻率行为的纪律和自我约束。只有善于把握住自己的人，善于用理智控制本能的人，才能得到人类最大的幸福。只有在这样的条件下才谈得上恋爱自由。

没有卓越的、高尚的情感的自由，没有理智的、美好的、有约束的和不容忍淫荡的自由，发展人的自尊就是不可思议的，让少年抵御侮辱人格的低级情感也是不可思议的。少年爱情的纯洁和崇高，当然取决于对他们的教诲、临别赠言和充满哲理的话语，但更主要的是取决于少年的生活志趣，取决于他们在精神上的兴趣、需求，取决于我们社会的最重要的道德观念（人是最宝贵的财富）在学校集体中的发展情况。

在少年把自己的朋友当作女性来爱恋之前，他应该首先对在她身上发现了的或正在发现的东西满怀着赞美和惊异的情感。少年的爱情，用形象的语言来说，这是一扇明亮的窗子，进入生活的人穿过这扇窗子看到周围世界最重要的本质——人。我们得知了一个男孩和一个女孩在盛开着花朵的苹果树下坐到深夜，我们不担心也不害怕。我们相信他们之间的一切都是纯洁的、高尚的，因为他们两人都需要相互发现点什么。

通过几十年来对少年的教育工作我发现了一个具有哲理的真理：建立在兴趣、需求这样一些精神财富基础上的少年的爱情，能在人的相互关系中培养起细腻的情感、优雅的举止、彬彬有礼的作风。爱美的人，能感觉到并理解人的美，他就能更善解人意。对少年的隐秘的内心世界的尊重，是正确实施情感教育的一个极其重要的条件（遗憾的是，这同时也是教育方面的一个几乎尚未开垦的处女地）。干预别人的爱情，这好像是在给人的心脏动手术。

在进入这个禁区时我总是有一种巨大的责任感，觉得自己是一个正在打开人的胸腔、“进入他的心脏”的外科医生。我总是担心，在一个人的心还不理解什么是生活的时候就粗鲁地、不知深浅地、笨拙地去触摸他内心最隐秘的角落，这就可能永远地摧毁了这个人的感情，使他对人与人之间关系的纯洁性产生怀疑。哪里关于人与人之间关系的美好的、崇高的观念遭到摧毁、歪曲、玷污，哪里往往就会出现害人的罪犯。

如果您希望您的学生能理解并能体会到崇高的道德、政治思想的美（对祖国的忠诚、义务感、为共产主义而奋斗），您就要努力使他理解并珍爱隐藏在内心深处的情感的美。没有纯洁的内心情感，纯洁的公民情感就是不可思议的。

【问题与思考】

1. 关于学生恋爱问题（到了中学还涉及有关性的问题），究竟是闭口不谈好呢，还是向学生普及关于性的知识，并提出保护措施？教育中一直存在着这两种截然相反的观念，你的想法呢？或者，你还有第三条路径？

2. 苏霍姆林斯基讲到了少年恋爱的纯洁性，但事实上，在网络时代，大量有关性与爱的内容不加分级地蜂拥而至，现在的少年，已经不像信息闭塞时代那样单纯，许多校园恋爱也不复纯真，在这种情形下，一个教师应该如何反应，才能帮助学生形成健康纯洁的精神生活？

解　读

究竟什么是“丰富多彩的校园精神生活”?

如果要从整体上概括一下学校教育，可以说，它在根本上是一种“生活”，这种“生活”因为有明确的教育性，因此可以说是一种“教育生活”。这种教育生活是在师生之间，学生之间来进行的，特别强调了一种交互影响，因此又是一种“共同生活”。这种生活主要是精神性的，哪怕是共同劳动，也强调了其精神意义，所以也是一种“精神生活”。——不同的概括，从不同的方面强调了学校生活这个整体。

许多学校的现状是，只有片面的狭隘的教育，即以追求升学率为目标的教育，而没有生活。它具体表现为：

1. 师生关系是片面的教与学的关系，而不是共同生活的关系。老师只关注学生在课堂上的表现，在学业上的表现，而对学生的与直接学习无关的生活，或者说整体生活并不重视。放了假，更是学生自己的事，是家长的事。

2. 学生与学生之间的关系是自发的，而不是有组织的。也缺乏明确的指导性。

3. 教师之间也是割裂的，各自为战，缺乏协作。

4. 学生自己的生活也是割裂的，学科之间割裂，课上与课下割裂，所学与所为割裂，校内与校外割裂。

5. 家校之间以交易为核心，以提高成绩为主要共识，而缺乏全面丰富的交流和更高的共识。

在这方面，尤其要防止片面的教育，即只追逐分数的教育。

苏霍姆林斯基多次批评说：

现在我们的许多弊病，其根源就在于人的表现的片面性、畸形的单方面性。如果说在许多学校里（也许可以说在绝大多数学校里），人的表现的唯一领域就是知识的评分，就是他能达到学校所规定的那个最高点的程度，那么这样说恐怕并未远离事实。形成了一种习惯的、牢不可破的观点：一个人得了好的评分，那他就是好人，得了坏的评分，那他就是毫无出息。

如果一个人只是在分数上表现自己，那么就可以毫不夸张地说，他等于根本没有表现自己，而我们教育者，在人的这种片面性表现的情况下，就根本算不得是教育者——我们只看到一片花瓣，而没有看到整个花朵。一个人表现自己的领域越狭窄，全体教师的关心越是局限在知识上，那么反而对知识越有害，人对自己在学习上的成就就越冷淡，他的学习愿望就越低落。

而苏霍姆林斯基所谓的“校园精神生活”，就是对这种状况的矫治。校园精神生活，就是校园生活的全部和本质。

（一）丰富，校园精神生活的基础

丰富，或者说全面，是校园精神生活的基础。

所谓丰富或全面，就是要尽可能地提供各种可能，拓展儿童的世界，使之拥有多元化的选择，拥有幸福而充实的精神生活。

在帕夫雷什中学，校园精神生活无疑是丰富的：

学生刚入学，首先进入的不是精确的学科学习，而是“快乐学校”。9月份，孩子每天在教室里上课不超过40分钟，10月份不超过两个小时……更多的时候，孩子们是待在大自然中，在游戏中，绘画中，在童话王国中自由地翱翔，自由地舒展着精神。

等孩子有一定的阅读力，书籍就成了最重要的精神生活的源泉。学校的图书角，丰富的家庭藏书，像汩汩的泉水一样滋养着孩子的心灵。这时的阅读，主要不是指“第二套大纲”，不是为了让孩子更好地掌握“第一套大纲”（那只是收获之一），而是为了孩子精神生活的充实完满：

我尽力使个人阅读成为孩子精神上的需求。在一年级和二年级时，每一两周学生就要从图书馆借走一本书，并进行朗诵。没有这一点，就不可能培养扎实、稳固的迅速阅读和理解的能力。

……

一年级时，我就力求使阅读成为孩子们的精神需求，而不只是以培养快速感知词义和发音技巧为目的的练习。只有符合学生的发展水平——智力、情感和审美发展水平的东西，同时又能促使其进一步发展的东西，才能进入他的精神世界。对读物的正确选择是教育工作者特别重要的任务。令人遗憾的是阅读课本中缺少好多适合儿童理解力的艺术珍品。学年开始三个月之后，我们就开始读没有收入阅读课本中的富有趣味的童话和故事。

……

朗诵诗歌在我们班里占有特殊的地位。那些已列入人类文化宝库的优秀的诗歌典范作品——普希金、莱蒙托夫、茹科夫斯基、涅克拉索夫、费特、舍甫琴柯、列夏·乌克拉因卡、席勒、密茨凯维奇、海涅、别兰热以及其他一些诗人的诗，我都背诵给孩子们听。孩子们产生了要学会背诵自己喜爱的诗歌的愿望。在四个学年中，学生背诵了很多诗。但是在他们尚未感受到诗句的美妙音韵之前，他们绝对不会去背诵的。

……

随着时间的推移，我们开始举办表情朗读晚会和晨会。每个愿意参加的人都为朗读自己喜爱的故事或诗歌做准备。许多别的班的学生也来参加这种晚会和晨会，于是这种朗读活动就逐渐成为全校性的活动了。

我们一年两度庆祝语文节，一次是在第一学期末尾，另一次是在学年末尾。这一节日的某些仪式已成为传统仪式。孩子们邀请村里的长者来参加，由他们来评定谁的故事或诗歌朗诵得最好。这是一种别具一格的创造性的竞赛，赠书给优胜者作为奖励。年长的农庄庄员——爱好和珍惜祖国语言的人，把奖品授予孩子。他们自己也讲童话和背诵诗。有时，学生和年长的庄员朗诵的是同一个作品。四年级的春季语文节持续了两天，希望朗诵故事、诗歌和寓言的真是大有人在。

……

全校性的图书节也成了传统。在开学的前夕，8 月 31 日，孩子和家长都到学校来。在这一天，大家互相赠书：孩子们互相赠，父母赠给孩子。集体农庄的管理委员会在这一天向语文爱好者小组的优秀领导人赠书也成为常规。

我尽力使每个孩子逐步补充自己的藏书，使阅读成为孩子最大的精神上的需求。在孩子们上小学的头两年中我就已做到使每一个家庭都有了藏书。

在一些家庭里，藏书超过了五百册，在另一些家庭里，要少一些，但每家的藏书都逐月增加。如果一个月之中家庭藏书连一本也没有增加的话，那我就认为这是一个令人不安的现象。

书籍当然不是唯一的源泉。孩子们聆听大自然的音乐，经常性地欣赏俄罗斯民歌，以及莫扎特等人的世界名曲，欣赏芭蕾舞剧、歌剧，参加合唱，练习乐器：

同孩子们在一起的四年期间，我们的音乐资料差不多增加了一倍。这不算多，但我关注的不是数量，而首先是让人类音乐宝库（首先是乌克兰和俄罗斯人民的音乐）的一切精华进入儿童的精神生活，并且使他们在聆听同一个作品时能得到美的享受，使音乐在思维和感情生活中留下痕迹。

……

在音乐室里，我们吹奏芦笛，练习喜爱的曲子。二年级时，芦笛爱好者小组中有我们班的九个学生和别的班的四个学生。孩子们自己制造乐器。谢廖扎、尤拉、季娜和莉达真是制造芦笛的能手。他们到小树林中去选取合适的材料，在树荫下检验砍下的树枝，调试乐器的音响，使音色纯正、悦耳。

到了三年级，我们有了两只手风琴和三把小提琴。尤拉、谢廖扎、费佳、莉达、科利亚、季娜、拉里莎、萨尼娅和舒拉都学会了拉手风琴和小提琴。在小学最后一学年时，有19个孩子自己家里有了乐器——手风琴和小提琴。但是孩子们没有忘了芦笛。有些孩子显示出有音乐禀赋，但是我的主要目的不在于培养个别天才，而在于使所有的孩子都爱好音乐，使音乐成为所有孩子精神上的需要。

儿童时代错过了的东西，到了少年时期就无法弥补，到了成年时期就更加无望了。这一规律涉及孩子精神生活的各个领域，特别是美育。儿童时代对美的敏感性和接受能力比个性成长的以后几个时期都要强得多。小学教师主要的任务之一就是培养对美的需求，这种需求在很大程度上决定孩子精神生活的整个结构及其在集体中的相互关系。美的需求奠定道德的美，使人对一切卑鄙和丑陋的东西持毫不调和和不可容忍的态度。

除音乐外，孩子们还逐渐由观察大自然转向观察绘画作品：

观赏绘画，这就是加深对事物的认识，尤其重要的是，这是对情感世界的认识。有些画儿童看不懂，这样的画应该在少年和青年时期看，但是在童年时期“看过一眼”，然后终生再也不会看到的画，是不存在的。在真正的艺术中是没有任何初级品的。每一部艺术作品都是取之不尽用之不竭的情感世界。像И. 希什金的《黑麦》、A. 萨夫拉索夫的《白嘴鸦飞来了》、И. 列维坦的《金色的秋天》和《小白桦林》、K. 尤翁的《俄罗斯的冬天》、A. 普拉斯托夫的《初雪》这样的“初级品”，既可以在童年期，也可以在少年期和青年早期观赏；每一次观赏人都能从中看到某种新的东西。对绘画作品的反复观赏，能丰富和发展情感记忆，培养对美的感知的敏锐性。正是由于反复地感知，造型艺术才进入了少年的精神生活中。所以，随着智力发展、情感发展、审美发展的每一个新阶段的到来，在教育中既要采用许多新的绘画作品，同时还要反复观赏已经观赏过的画。

……

我们的学校有幸得到了达·芬奇的名画《最后的晚餐》的复制品。关于这幅画我们进行了好几次讨论。在谈了这部作品的宗教基础后我把男女孩子们引进了人的复杂的情感世界，我向他们证明，宗教神话只不过是一个外壳而已，它是用来揭示具有深刻的个人印迹的人类欲望的一种托词。男孩和女孩们陶醉于情感认识的领域中，自然就忘掉了他们面前的这幅画是以圣经故事为主题的。他们看到了人类欲望的复杂世界，看到了善和恶、高尚和道德堕落（叛变）之间的冲突。

我们举办了几次专题晚会，赏析达·芬奇的《蒙娜丽莎》、拉斐尔的《西斯廷圣母》等名画，这些晚会让少年们心醉，充满了独特的诗意。我希望我的学生能体验到受人类情感美的感染而得到升华的情感，希望这种美能在世界观形成时期在人的心灵中孕育体验的内在美，在世界观形成时期人的思想特别活跃，对人，对人的道德面貌、精神财富、智力特别敏感。数十年的学校工作使我确信，对人的认识应该受到热烈的、活跃的情感的鼓舞而变得高尚。如果只对少年说“崇高的情感使人变得美好”，这是不够的。如果体验不到、感觉不到情感的美，那么这句话对于心灵可能是毫无意义的。

当然，校园精神生活的丰富多彩远不止这些，还包括种植（我们的“美丽角”），到大自然中去，“环球旅游”（即借助地图介绍世界各地丰富多彩的地貌与文化等）……

随着孩子的渐渐长大，包括进入中学，各种手工课程，机械制作，园艺种植，科学实验……精神生活的领域进一步扩大了。（纵然中学，帕夫雷什中学每天也只上半天课）不仅如此，精神生活的范围不知不觉中已经伸向了另外的领域：理想、信念、世界观……甚至恋爱，或者说就是整个生活本身。

对中学生而言，苏霍姆林斯基尤其强调了文学与传记在校园精神生活中的重要地位：

我们常常集合在“美丽角”“故事室”或其他美丽的地方，我在那里讲述文艺作品。我讲述的都是一些中、短篇小说：果戈理的《圣诞节前夕》、米尔内的《牛槽满时难道牛还会叫吗?》、屠格涅夫的《阿霞》、契诃夫的《草原》、科秋宾斯基的《昂贵的代价》、列夫·托尔斯泰的《哥萨克》、伏尼契的《牛虻》、赫克特·马洛的《无家的人》、马克·吐温的《汤姆·索耶历险记》、尤利·凡尔纳的《神秘岛》、维克多·雨果的《被遗弃的人》、波列伏依的《真正的人》、高尔基的《伊席吉尔婆婆》、冈察洛夫的《大地轰鸣》。少年们从这些作品中了解了一些人的生活和斗争，他们是：布鲁诺、托马斯·闵策尔、谢尔盖·拉佐、伊凡·瓦佐夫、伊凡·博贡、亚努什·科尔恰克、费利克斯·捷尔任斯基、亚历山大·马特洛索夫、卓娅·科斯莫捷米扬斯卡娅、尤利乌斯·伏契克、霍斯罗夫·鲁兹贝赫。

男女孩子们都是怀着急切的心情期盼着讲述文艺作品的课时。

如果我必须把一些思想灌输到少年心灵中最隐秘的角落，如果我必须揭示功勋、英雄主义、自我牺牲、真正的人性的伟大和崇高，我就对孩子们讲述文艺作品。我认为，在这样的时刻，教育者的力量和语言的力量发挥的作用比任何时候都大。

讲述文艺作品时所处的环境，使我们互相接近，带来一种精神上的亲近感，使我们的会谈打上了诗情画意的印迹。我们不愿意在讲述文艺作品时在我们中间出现某个“外人”，即来自另一个集体的人。我们喜欢在冬天的黄昏时刻听人讲述文艺作品。我们也喜欢幽静的夏天和秋天的夜晚。用来叙述的文艺作品全都渗透着这样一些思想：善与恶的斗争、人道和正义的胜利、道德的纯洁和高尚、人的情感的崇高。我努力通过文艺作品去灌输这样一种思想：一个人要忠实于劳动人民的崇高目标和理想。我努力使道德美成为完全是自己个人的、珍贵的、不可动摇的理想。对道德美的体验使少年在心灵上得到升华。在这样的时刻每个少年比任何时候都深刻地感觉到自己是一个真正的人。

……

文艺作品的讲述能磨炼少年的心灵，使之对邪恶、谎言、生活中的阴暗面变得更敏感，激发起对一切有悖于理想的现象的强烈抗议和针锋相对的斗争。我深信，被道德美所感染的崇高的情感在人的内心所取得的胜利，能使人用心灵去敏锐地响应周围世界的现象的能力变得更强。正是在男女孩子们对高尔基的故事中的形象产生深刻印象的那些日子里，一些人的冷漠和自私使他们气愤不平。他们激动地、蔑视地谈论一个40岁的男人，当一个男孩掉进水里时这个男人还在钓他的鱼，甚至连身子也不抬一抬，丝毫没有要救人的表示。一个路过池塘旁的拖拉机手跳进了水里，救起了孩子。我的学生早就知道了这件事，但那个时候那个男人的冷酷没有使他们的心灵激动。现在他们以新的眼光审视这种行为并气愤地说："一个没有良心的人，怎么可以心安理得地在这块土地上行走，怎么可以心安理得地睡觉，心安理得地呼吸诚实的人们所呼吸的空气?"

通过对文艺作品的讲述，可以向男女孩子们揭示作品的潜台词和哲理性，这些东西几乎从来不用语言来表达，但却应激动人心。作品的整个思想深度、它的情感影响的力量，往往就蕴含在潜台词中。当孩子们听完了对屠格涅夫的作品《白净草原》的艺术叙述后，他们是多么想身临大自然中，亲临伟大的艺术家所描绘的那个奇妙的角落。他们的心情激动而又欢乐：这部卓越的作品中一个词也没提到的那些东西，更打动了他们。这就是愉快地被平常的、似乎没有任何特色的美所吸引，这种美随时随地都能看到，但人们对它已习以为常，因而就熟视无睹了。

……

我认为，杰出人物的生活和斗争在文艺作品的叙述中占有特殊的地位。

……

我高兴地发现，随着我把这样的词一个接一个地注入学生们的心灵中，我成功地使他们变得温柔、优雅、富有同情心。

歌颂爱情、忠实、忠诚的诗歌的语言，是一种强大的力量，它能使少年的心灵变得高尚。当我的学生正在进行着成长为男人和女人的神秘的过程时，我给他们朗读普希金的《我记住这美妙的时刻》、涅克拉索夫的《晚上我奔驰在黑暗的大街上》、谢夫琴科的叙事诗《着了魔的女人》以及其他作家的诗和散文作品的片段。任何说教和解释，无论多么头头是道，多么细致入微，都不能像诗歌的语言那样把爱人类美的全部情感的美传递给年轻的心灵。如果一个人崇拜马克思所描述的那个世界中的最纯洁、最隐秘的东西，妇女、母亲、生儿育女，他才有可能认识爱情的美。没有这种认识，这个人就不可能懂得并具有人的修养。如果我们当老师的希望从学校里培养出来的人，没有一个是没有知识的，没有教养的，那么我们就应该在他们的少年时代，就是在他们即将成长为男人和女人的时候，使他们具有这样的认识。

我高兴地证实了这样一个事实，即由于对情感有了认识，每个少年都有了自己所喜爱的抒情诗、书籍和作家。男孩和女孩们都喜欢阅读和浏览的首先是诗人们的作品，这对我来说是莫大的幸福。对诗歌语言的热爱反映出我的学生们的个性特点。瓦里娅心灵细腻、敏感、富有同情心，于是列夏·乌克拉因卡、叶赛宁就成了她喜爱的诗人。尼娜阅读和浏览谢夫琴科和密茨凯维奇的作品。万尼亚喜欢弗兰科·屠格涅夫的《猎人笔记》和奥列西·贡恰尔的短篇小说成了萨什科心爱的书。塔尼娅爱上了保斯托夫斯基的手笔细腻的、富有诗意的中篇小说。孩子们家里的藏书成了他们的精神财富，他们喜欢阅读和浏览这些书，就像喜欢听优美的音乐一样。

不仅如此，在《关于学校教育的思考》一文中，苏霍姆林斯基还对学校的精神生活进行了更深入的思考，将精神生活的领域，延伸到了几乎一切生活，包括夫妻生活。苏霍姆林斯基专门开设了课程，来指导这些未来的父母如何生活，以及如何做父母，这是很了不起的。

现在，越来越多的人已经明白，教育的一个最根本的目标，就是让学生学会生活。校园生活的丰富多彩，是因为生活的丰富多彩，以及为了确保生活的丰富多彩。

（二）和谐，校园精神生活的节奏

但是丰富全面，并不意味着诸多领域的简单相加。例如：德育＋智育＋体育＋美育＋劳动教育＋……

所以一讲素质教育，许多学校便立刻开始做加法：各种乐器、种植、剪贴、舞蹈、航空模型……可以说应有尽有，更不用说形形色色的节日，以及诸如跳蚤市场之类的活动。

这一切，都是对校园精神生活的误解。

首先，校园精神生活，不是被割裂的学科或兴趣项目的简单相加，而是一个不可分割的和谐的整体，不同的学科或项目，只是代表了进入这种整体的精神生活的角度，但无论从哪个角度进入，进入的仍然是一个整体，是儿童活生生的生命。

例如，儿童学习音乐，目的不只是系统地掌握音乐知识，将来成为音乐家。更是因为“它还是一种有力的教育手段，应该从情感上和审美上美化人的全部精神生活。对音乐不理解，不能感受音乐，对于听音乐并因此而获得享受没有强烈的精神需求，就不可能认识情感的世界。没有音乐，就很难使一个正在步入世界的人相信人是美好的，这种信念就其本质而言，是情感修养、审美修养和道德修养的基础”。现在许多家庭，不顾孩子的兴趣，拼命地带孩子参加各类补习班，提升乐器级别，这就是一种技艺的操练，跟精神生活并无关系。

同样，孩子学习阅读，也不只是为了掌握课堂教学中的关键知识；孩子学习种植，更不是为了将来做农民……

在校园精神生活中，有一些内容是直接作用于儿童精神的：

一些综合性课程，例如新教育实验中倡导的儿童课程，包括读写绘、晨诵、整本书共读、童话剧、话剧等。

一些聚会，以及典礼、仪式，例如开学典礼、阅读节、升旗仪式、班会、生日庆祝、重要节日庆祝、期末庆典等。

一些活动以及日常性的习惯，例如到大自然中去远足或旅游、自由阅读或交换图书、参观博物馆等。

有一些内容，是兼具多种功能，但侧重于儿童精神的。例如阅读、各种课外兴趣小组、艺术、种植园艺等。在这里，特别要区分音乐与音乐课，读写绘与美术课等，它们相互联系，但又有很大差别，后者更多的是精确学习，更强调知识的学习和技艺的修炼。

在这里，特别要强调指出的是，整个智力活动领域（以学科课程为主），不能仅仅窄化为知识的传授，这是导致学生厌学的根源之一。要将智力活动领域当成校园精神生活的最重要的领域。

怎样才能使智力活动成为精神生活的一部分？

当知识与积极的活动紧密联系在一起的时候，学习才能成为孩子精神生活的一部分。很难做到使孩子自然而然地对乘法表或计算矩形面积公式本身感兴趣。只有当知识成为达到创造性活动和劳动目的的手段时，知识才能成为儿童要求得到的东西。我极力设法使儿童在低年级时就对体力劳动发生兴趣，使劳动能给他们表现机敏性和发明才能的机会。学校最重要的任务之一就是教会学生使用知识。由于在低年级阶段，脑力劳动按其性质而言，主要是同不断获取新的技能和技巧联系在一起的，所以正是在这个阶段，有把知识变成一堆死东西的危险。如果只掌握这些技能和技巧，而不在实际中应用它们，学习就逐渐脱离孩子精神生活的范畴，就不能吸引他和使他感兴趣了。教师想防止这种现象，就必须注意让每一个孩子创造性地应用自己的技能和技巧。

我们认为，教育的任务就是要使少年在自己的智力劳动中，在教学中把自己提高到形成世界观的阶段上。不允许不假思索地死记、机械地识记，这是很重要的。死记硬背不仅是智慧的大敌，也是道德的大敌。在死记硬背时作为积极的创造力量的个性正在消失。

我把每堂历史课和文学课首先当作是与被教育者的谈话，诉诸他们的思想和心灵。如果我不了解我的每个学生的心灵，我就无法备课。例如，我在准备讲述斯巴达克的勇士们在温泉关下的战斗时，准备讲述关于布鲁诺、伊凡·苏萨宁或斯大林格勒的永垂不朽的保卫者们时，如果我不能体察到这些日子以来在科利亚和萨什科、托利亚和尼娜、彼得里克和瓦利娅的心里在想些什么，我就不可能用知识去教育他们。每堂课是对少年心灵的召唤，号召他们不要做冷漠的旁观者，不要做各种事件的不偏不倚的见证人。

说那些“普遍真理”，不仅会使文化珍品庸俗化，而且也贬低了人格。文学教学在培养世界观方面的意义在于，他在使人的精神得到升华的同时帮助他肯定自己身上的道德美，把他提高到我称之为赞美道德美的那个层次上。为了成为真正的人，少年应该尊重自己，没有自重就谈不上人的修养，也就不可能对一切贬低人格的东西深恶痛绝。

如果没有心灵的参与，个人信念的形成一般来说是不可能的，那么，在文学课上一颗冷漠的、无动于衷的心，这就是还在沉睡的智慧；思想在表面掠过，因为真理没有通过心灵，心灵没有把这样的信息传送给大脑：想一想，这关系到你个人！不能根据学生对教师提出的问题的回答来判断学生的观点和信念。（如果能通过背诵真理来形成世界观，教育就变成一件很容易的事情了。）更不能根据在文学课上的回答得出有关学生世界观情况的结论。学习文学完全不是为了让一个人在中学毕业几年后再去重复他过去背诵过的东西，对于这一个重要的真理我须臾不敢忘却。生活时刻为人安排着考试，人用自己的行为、自己的活动通过考试。形成人的内心世界，即形成人的道德、修养和美，是学习文学的最终目的。当我看到一个少年很激动，艺术形象使他受到了震撼，当他在听文学作品时也在考虑自己的命运，这对于我来说，比他能正确回答问题无比重要得多。也许，在某种程度上这是一种夸张，但下面这一思想让我不得安宁已有30年了：

在读完文艺作品之后向学生提出问题，就像在听完音乐作品之后要求学生说出所听过的内容一样，是不合时宜的。

简要地说，要使智力活动，或者说使知识的学习成为精神生活的一部分，必须使知识能够进入人的心灵或者说精神世界，甚至成为人的信念，而不是像货物一样只是临时寄存在大脑中以备考试时提取出来。

换句话说，要让知识活起来。而知识只有进入人的精神世界，才有可能是活的。

——要让知识与生活相关联。把知识与大自然联系起来，把知识与孩子的生活联系起来，让知识在不断的运用中进入孩子的精神世界。

——要让知识与生命相关联。要让知识浸透着思考与情感，成为孩子灵魂的一部分。尤其是，我们在课堂上与孩子所讨论的知识，必须经过诗与思的洗礼，真实地进入孩子的生命。在这一点上特别重要的是，教师必须相信自己所传授的知识，甚至必须使这些知识成为自己的信念。

所以，校园精神生活的丰富，同时应该意味着和谐（否则只能叫“杂多”而不能叫“丰富”），和谐意味着校园精神生活的平衡与节奏。

生命不同部分不同要素之间的全面（而不是片面）和平衡（但不是平均），包括道德的、思想的、公民的、智力的、创造的、劳动的、审美的、情绪的、身体的，等等。唯分数论，就是不和谐的表现。

每一部分都不能离开生命这个整体，尤其是精神生活的整体而进行训练。例如，不能离开整体的心理、精神生活，而单独对某一器官或能力进行脱离背景的形式训练，智力训练不能脱离精神背景成为机械操练。

每一部分或不同职能之间相互依存不可割裂，例如知识与能力、思考与记忆、智慧与双手、物质需要与精神需要、劳动和能力、家庭和学校、个人利益与社会利益、认识世界和自我表现，等等。

学习从根本上是非强迫的，即一种自觉、自愿、自主。例如，在个人利益与社会利益相结合，个人服从于社会义务时，应当符合个人的愿望……

（三）个性，校园精神生活的核心

从学校角度来说，要尽可能地为儿童创设丰富而优质的环境，包括课程环境，以满足儿童多种多样的需要，丰富儿童的精神生活。

而从学生角度来说，在丰富而自由的探索中，必定要有一个鲜明的方向，教师也应该努力地促成这个方向：

培养全面发展的个性的技巧和艺术就在于：教师确实要善于在每一个学生面前，甚至是最平庸的、在智力发展上最有困难的学生面前，为他打开精神发展的领域，使他能在这个领域里达到顶点，显示自己，宣告大写的“我”的存在，从人的自尊感的泉源中吸取力量，感到自己并不低人一等，而是一个精神丰富的人。……如果一个人不能宣告自己的存在，不能在人类心灵的某一个领域里成为主宰者，不能在活动中和成就中（这一点尤为重要）确立自己的地位，如果他没有感到自己作为一个创造者的自尊感，如果他不能自豪地抬起头来走路，那么，所谓个性就是不可思议的。

我们认为许多学校在教育过程中存在的缺点之一，就是教师在几年的教学过程中没有能够发现每一个学生独特的能力、潜在的力量和才干，而这些东西正是他们后来能够取得成就的重要前提条件，是他们能够创造性地进行劳动的基础。每个孩子都有他自己在某一方面的积极性，都有某种特殊的禀赋、某些自然的素质和某方面的倾向性。我们应该发展孩子们身上的这一切，应该给他们创造条件，让他们身上最美好的东西得到最充分的，最理想的施展。每一个儿童身上都有许多“根”，这些“根”向全身输送养料，滋养着他们精神上的美质。我们应该保护这些“根”，对它们爱护备至。

也就是说，在全面发展中，必须有主导性的因素，即个性。一个学生的个性，就是一个学生身上最鲜明的特质，最能够体现他的潜质的方面，是他应对世界的方式，也是他的自尊心的最重要的来源。或者说，就是他的自我的最高体现。

缺乏个性的学生是可怕的：

令我们很不安的是，我们发现在个别男孩和女孩的精神生活中缺乏个性，他们没有自己的思想、观点和立场。这是危险的，因为这会导致无原则性，有时甚至会导致阿谀奉承。

没有个性的人是低自尊的，因为他不能在任何一个领域确立自己的地位，也就无从显现自己的尊严。没有个性的人也往往是缺乏信念的，很容易人云亦云，成为外在观念指挥下不自觉的牺牲品，成为“无名的大众”，并容易为一般的利益关系所左右。

在这里，要将苏霍姆林斯基所谓的“个性”与通常所说的“性格”区分开来。这里的“个性”，并不是指任何人都有的那种反应模式，而是指一种成熟的、稳定的、深思熟虑的、与个人内在倾向性相一致的一种精神特征，是个体才能以及精神气质的集中显现。缺乏个性的学生也是有性格的，例如暴躁的、懦弱的、易怒的、羞怯的……而个性则意味着人格的成熟与稳定。

许多学生走出校门，他们并不清楚自己的人生方向，只是被周围环境（包括家庭在内）所左右，在选择职业等事情上表现出令人惊讶的茫然，而缺乏一种内在的方向感和坚定性，这就是一种缺乏个性的表现。

而没有了个性，就谈不上所谓的精神生活，就像要是没有了太阳，万物都将处于隐没不彰的状态一样。

那么，如何能够促进学生的个性发展？

从时间上讲，要给学生以闲暇。苏霍姆林斯基甚至认为，学生每天的空闲时间不应少于4小时，而且在这个时间内学校不应该安排学习，在家也不应该做功课，这是孩子多方面发展精神生活的必需的时间。在任何时候，必要的闲暇，都是发展个性的前提条件。可悲的是，在应试背景下，许多学校甚至家庭，对孩子的时间进行了全方位的控制和填充，孩子的自由空间消失了，他就不容易发展自主性，而没有自主性，个性从何谈起？

同时，学校应该开设多种多样的选修课程，包括尽可能地组织各种兴趣小组，教师也应该研究学生的兴趣、爱好和特长，有针对性地推荐书籍和活动，以“培养学生的个性，启迪并发展其兴趣、爱好和才华”。在帕夫雷什中学，学生下半天都在忙于参加各种各样的兴趣小组：

在少年期，使每个学生从许多种劳动中找到他能够获得幸福的那条道路是非常重要的。自尊感和荣誉感好比是个性的精神核心，它是要人在自己的劳动成果中发现了自己——发现了自己的技能和创造性以后才能获得的。我们力求使每一个少年都在劳动中“发现自己”。我校现在有540名学生。我们为他们建立了几十个从事心爱劳动的角落。在那里，每一个人都能从事一件有趣的事，尝试自己的力量和才能。在校办工厂和工作室、温室和果园、学校养蜂场和集体农庄畜牧场、生物研究室和农艺化学研究室、无线电实验室和学校少年机械化小队里，都有这样一些角落。

这几十个“从事心爱劳动的角落”包括校办工厂和工作室，温室和果园，学校养蜂场和集体农庄畜牧场，生物研究室和农艺化学研究室，无线电实验室和学校少年机械化小队等，这对于只有500人左右的学校来说，是很了不起的。

不但如此，学校还计划在高年级开设由学生自选喜爱科目的课程，统称为创造课。总之，帕夫雷什中学的课程设置，在努力地满足所有学生的兴趣和爱好。

最后，除了要有必要的闲暇、课程设置的丰富多彩与兴趣小组的多样化之外，更为本质的，是学校或教师，要努力地做到对每一个儿童的个别对待。个别对待意味着，不只在兴趣小组，在任何时候，哪怕在学科课堂中，教师也要留意学生的个性潜质并予以有意识的培养和引导。

别忘了，那些卓越的老师，不但能给学生以知识，还能给学生以方向感。

那么，在校园精神生活中，丰富（全面）、和谐、个性，这三者之间是怎样的关系呢?

丰富（全面），说其广，从面上讲；和谐，讲其整体的结构及其状态，从形态讲；个性，在前两者的基础上，讲它的独特性。离开了全面和谐的个性是伪个性，而没有个性的全面就只是平均化的教育。全面与个性之间会有张力，最好的状态，乃是和谐。

和谐，特指几个因素之间的平衡：集体和个人，物质需要与精神需要，快乐与责任……全面，指的是这个生命发展将同时是道德的、美学的、劳动创造的、智力的等诸个方面的（请注意，这些划分是人们为了理解复杂的生命现象而提出的概念，在生命中，它们原是一个相互影响与依赖的整体中的几个部分或要素）。

（四）校园精神生活与班级精神生活

如果要总结一下苏霍姆林斯基的“校园精神生活”，会发现它有着自己的结构：

1. 共产主义道德系统

一所校园，一定有自己的道德人格系统或者说文化系统。在当时的历史背景下，帕夫雷什中学的系统是明确的，而校园精神生活也指向和围绕这个核心。图书馆里，放着大量关于革命先烈事迹的书籍，课堂上，开展着关于世界观与信念问题的讨论……当然，潜藏在这套系统之下的，甚至更为重要的，是一种人道主义。

2. 由学科课程与各种课外活动联合组成的课程系统

在学科领域，体现为知识中心的编排体系，以及以第二套大纲为标志的辅助系统，并让每一门学科都脱离片面的知识传授而具有精神生活的特征。在课外活动领域，以强调阅读，强调动手操作，强调观察自然为特征，既丰富了学生的才能，发展了学生的个性，也为社会准备了合适的劳动人才。

但是今天，我们重新思考校园精神生活这一概念时，却完全有可能比苏霍姆林斯基走得更远。例如：

更为普适的，也更为民族的文化系统与德行系统，它同时容纳了民主、自由等普适价值，又深扎于民族文化及道德系统的土壤之中，对之进行更新、融合。不但如此，它还拥有自己的使命、愿景、价值观体系，拥有自己的鲜明个性，拥有自己的故事、传统、英雄……拥有自己的仪式与庆典。

超越知识中心主义逻辑的以人为中心的丰富的课程系统，不但包括学科课程，还包括道德人格课程、儿童课程、校本课程以及形形色色的特色课程。

在这种背景下，校园精神生活这一概念将更为丰富和鲜明，更适应于这个急剧变革的时代。

但对一间间教室而言，或许不无启发的是，如何促成丰富多彩的班级精神生活？

显然，班级精神生活也应该是丰富、和谐和个性化的。一个只依赖训诫维持纪律，依赖以分数为中心的恶性竞争维持学习积极性的班级，是谈不上“精神生活”的。

所以如果你拥有一个班级，那么必须思考一些问题：

我们如何为自己的班级命名？

谁是我们的英雄？

哪些“特殊人物”是我们教室里的“同学”“导师”？（或者说，谁是我们的榜样或自我镜像？）

我们拥有哪些节日，为什么是这些节日？

我们如何理解我们的校园生活——尤其是学科生活，包括可能躲避不开的恶性竞争（考分排名）？

我们拥有怎样合宜的课程体系？

我们拥有怎样的规则系统？

什么是高品质的班级精神生活？它是否足够丰富？是否能够激发整个班级的积极性和向上感？是否让每个孩子身处其中自由而富有创造性？

与孩子们一起思考和讨论这些问题，为共同的愿景，共同的生活而欢笑和哭泣……这一切，都是你的“班级精神生活”。

资源与拓展

校园精神生活，是一个非常宽泛的概念。

苏霍姆林斯基在当时历史条件下的探索，已经几乎抵达了那个时代可能性的上限。今天，时代环境已经发生了翻天覆地的变化，所以，如何在新的历史条件下既继承苏霍姆林斯基的遗产，又尽可能地超越苏霍姆林斯基，是一个很大的挑战。

一、围绕本章，还可以继续阅读苏霍姆林斯基《公民的诞生》一书。

二、如果你是校长，还可以进一步阅读《帕夫雷什中学》这本书。

三、下列资料（可通过网络搜索），对在当代背景下继承和超越苏霍姆林斯基是有启发的：《缔造完美教室——新教育实验第十二届研讨会主报告》。